精品课

EXCELLENT COURSE

高等院校精品课程系列教材

产品创新思维与方法

PRODUCT INNOVATION THINKING AND METHODS

主　编　李牧南
副主编　余建军　李淼

机械工业出版社
CHINA MACHINE PRESS

图书在版编目（CIP）数据

产品创新思维与方法 / 李牧南主编 . -- 北京：机械工业出版社，2021.10（2024.1 重印）
（高等院校精品课程系列教材）
ISBN 978-7-111-69246-1

Ⅰ. ①产… Ⅱ. ①李… Ⅲ. ①企业管理 - 产品开发 - 高等学校 - 教材 Ⅳ. ① F273.2
中国版本图书馆 CIP 数据核字（2021）第 197629 号

本书以“产品创新或发明问题”为导向，结合创新思维、创新管理和创新方法等领域的相关理论与工具，注重产品创新的思维训练和实践能力提升，是对我国普通高等学校“创新创业”教育课程体系的有效补充。全书共 5 篇 12 章，围绕创新、创新障碍和创新思维，新产品开发、创新标杆及产品演进，产品创新设计的问题识别，产品创新问题求解及发明专利撰写，产品或技术创新的批判性思考等主题，系统地介绍了产品创新相关的理论、方法和工具。同时，本书通过大量生动的例题和具有时代气息的鲜活案例，对关键知识点进行了较为详尽的阐述。

本书非常适合作为普通高等学校工商管理、市场营销、工业工程和工业设计等专业本科生的教材，也可以作为硕士和博士研究生“创新创业”通识教育的教材。此外，本书对于产品研发管理人员、产品设计工程师等也具有一定的指导意义，可以作为产品创新设计相关培训用书。

出版发行：机械工业出版社（北京市西城区百万庄大街 22 号 邮政编码：100037）

责任编辑：李晓敏	责任校对：殷 虹
印 刷：北京建宏印刷有限公司	版 次：2024 年 1 月第 1 版第 2 次印刷
开 本：185mm×260mm 1/16	印 张：15
书 号：ISBN 978-7-111-69246-1	定 价：49.00 元

客服电话：（010）88361066 68326294

前 言
PREFACE

我与产品创新相关课程建立联系，要追溯到 2011 年广东省创新方法与决策管理系统重点实验室的申报及后续的建设工作。广东省创新方法与决策管理系统重点实验室由华南理工大学工商管理学院和广东工业大学机电工程学院共同作为第一责任单位承担建设任务，这是广东省首次由高校人文社科学院担任省级重点实验室的第一责任单位，属于省级重点实验室建设方式及管理机制的突破和创新，也部分响应了国家对广东省“先行先试”、锐意进取的战略性要求。

从目前国内围绕“产品创新”相关主题的课程和教材建设现状看，针对大学通识教育的专用教材还不多见，能将经济管理领域的创新管理和工程领域的创新方法有机结合的教材更少。党的二十大报告深刻阐述了习近平新时代中国特色社会主义思想的世界观和方法论，即“六个必须坚持”。其中，“坚持问题导向”，对产品创新相关课程来说有很强的指导意义。本教材以“产品创新或发明问题”为导向，结合创新思维、创新管理和创新方法等多个领域的相关理论和工具，注重产品创新的思维训练和实践能力提升，是对我国当前大学生“创新创业”教育相关课程与教材体系的积极探索和有益补充，并且可以作为普通职业教育和企业产品设计工程师培训的重要参考书。

2012 ～ 2013 年，我和余建军副教授先后参加了国际创新方法协会（国际 TRIZ 协会）组织的创新方法培训，并获得了国际 TRIZ 协会颁发的 MA-TRIZ 二级和三级证书，我们也是国内首批获得 MA-TRIZ 三级证书的高校教师。与此同时，广东省生产力促进中心承担了科技部创新方法的推广专项，我和余建军副教授成为广东省创新方法推广的首批骨干教师，多次参与指导了面向广东省中小微企业技术创新能力提升的培训，参与培训的企业技术人员和管理人员近千人，我们也获得了一些来自科技服务机构和企业的好评，创造了较为积极的社会效益和价值。

2015年前后，为了进一步响应国家的“创新创业”教育战略，以及配合华南理工大学有关进一步丰富和完善创新创业课程体系的号召，我开设了面向全校本科生的通识课“产品创新设计理论与实践”。截至2020年12月，该课程累计开课8个班次，选课学生累计近600人次。选课学生对课程教学效果的反响良好，最近2个学年，课程最高的学生评教分达到了4.903（满分为5.0）。

随着“产品创新设计理论与实践”通识课逐渐得到一定的关注，我开始考虑编写一本与课程教学内容更为匹配的教材。2019年11月前后，我开始认真考虑如何编写一本有关产品创新的教材。经过华南理工大学工商管理学院其他老师介绍，我联系到了机械工业出版社华章分社的吴亚军编辑。亚军编辑对教材编写计划和大纲给予了充分肯定和鼓励，这也是这本教材最终能够完成的重要原因。在此，我要对吴亚军编辑的帮助和鼓励表示最衷心的感谢。此外，参与本教材编写的还有华南理工大学设计学院的讲师李淼。李淼博士在上海交通大学攻读博士学位的时候就参加了TRIZ的二级和三级培训，与我和余建军副教授属于同一批创新方法学员。在我的邀请下，李淼博士也积极参与了本教材的编写工作。

由于2020年的新冠疫情，很多事务性的工作一再阻碍了教材的编写进度。尽管总体进度有所延缓，但在我们三位编者的共同努力下，这本教材终于在2021年春节前完成初稿。本教材在撰写过程中得到了华南理工大学校级教改项目“本科生创新方法训练与创新能力培育课程体系建设及教学模式改革研究”和华南理工大学校级一流本科课程“产品创新设计理论与实践”的资助。

我负责本教材的内容设计、大纲编写，以及正文第1章至第4章、第7章和第12章共6章内容的编写及修订完善。李淼博士负责第5、6和8章共3章内容的初稿编写。余建军副教授负责第9、10和11章共3章内容的初稿编写。最后，我负责全书的修订、增补和文字校订工作，其中对第 5、6 和 8 章初稿内容的修订和增补比例约为 25%；对第 9、10 和 11 章初稿内容的修订和增补比例约为 20%。此外，由于教材的部分素材和资料取自互联网及公开的新闻报道，可能存在引用不全或遗漏，在此特向相关资料的著作者表示感谢。

鉴于时间仓促，加之编者的能力和水平所限，本教材难免会有错漏之处，敬请各位领导、专家、老师和同学批评指正，以便再版时修订完善。

李牧南

目 录

CONTENTS

第1篇

PART 1

创新、创新障碍和创新思维

第 1 章

CHAPTER1

绪　　论

“创新”在汉语体系中，既是一个古老的词语，又是一个被赋予现代工业文明色彩的新词。深入理解中外有关“创新”概念的演化以及基本内涵和关联概念，可以帮助我们进一步理解当代中国经济发展背景下的创新内涵及现实意义。

1.1　创新的内涵

随着中国整体经济水平的提高，尤其是 2001 年，随着中国加入世界贸易组织（WTO），以及产业链全球化的趋势，中国逐渐成为全球工业产业链最为完整的制造业大国，而“中国制造”也成为一个世界级的品牌和经济现象。但是，我们还需要看到，我国制造业的整体水平，尤其是一些高精尖领域的技术水平，与欧美发达国家相比还存在显著差距，因此我国还不是制造业强国。

2018 年以来，随着美国特朗普政府宣布对中国进口工业制品征收额外关税，中美贸易摩擦正式升级，围绕包括芯片、光刻机和工业软件在内的多项关键技术的禁运和技术制裁使得中国部分企业面临严峻挑战，一些领域的“卡脖子”技术问题开始凸显，这都要求我们进一步提升技术水平和产品创新能力，加大研发投入，提高研发效率，全面促进我国的经济发展模式从要素驱动向创新驱动转变。

从汉语的话语体系看，创新是一个汉语词语，也作“剏新”，一是包含创立或创造的意思，二是含有首先、领先或首创的蕴意。“创新”一词，最早来自《南史·后妃传上·宋世祖殷淑仪》：“据《春秋》，仲子非鲁惠公元嫡，尚得考别宫。今贵妃盖天秩之崇班，理应创新。”[㊀]因此，“创新”一词在汉语的话语体系中历史悠久，但其意义和今天汉语话语体系中的意义存在一些显著差异。

大部分学者认为，现代汉语中的“创新”是对英文“innovation”的翻译，而在英语中，innovation 最早的经济学定义来自熊彼特（J. A. Schumpeter）的《经济发展理论》。作为著名的经济学家，熊彼特在传统演化经济学理论体系的基础上，搭建了自己的“熊彼特主义”或“熊彼特创新经济学”。在熊彼特构建的经济学理论体系中，创新理论被称为新基石之一，可以用来解释经济系统的运行和演化现象。在经典熊彼特主义的基础上，通过整合演化经济学、复杂性科学和系统科学的理论、方法、工具，形成了新熊彼特理论（Neo-Schumpeterian Theory）。它与经济学新古典学派注重总量、均衡和宏观现象的微观分析不同，注重量变到质变的动态过程，以及中观（产业）层面的经济分析，不仅可以用于宏观经济现象的微观分析，还可以用于产业、货币和公共层面的运行机制分析。

关于熊彼特的创新经济学，正如著名管理大师彼得·德鲁克（Peter F. Drucker）曾经评论的那样，“如果说第二次世界大战前后，凯恩斯是最受欢迎的经济学家，凯恩斯主义甚至被称为一个时代的潮流，随着时间的推移，熊彼特学说最终会展现出智慧之光”。从今天世界各国对待创新的战略来看，德鲁克在1983年前后关于凯恩斯主义和熊彼特创新经济学的评论非常具有代表性。从第一次世界大战开始一直到第二次世界大战结束，人类在近代工业文明发展的年轮中，经历了从传统资本主义经济模式，到凯恩斯主义和社会主义模式的积极探索，如今，社会经济系统演进的复杂模式依然是主流经济学和系统科学研究的重要内容。

尽管熊彼特的创新理论可以更好地应用于当代经济系统的一些场景中，以及解释一些流行的现象，但是经济系统从来就不是一个独立的系统，而是与社会政治、文化和制度环境等因素密切相关的。创新是经济理论体系中的一个重要成员，这一点已经成为一种共识。然而，熊彼特对创新的定义却非常简洁：创新反映的是价值的增值，这种价值的增值可以通过改进生产函数中的效率或降低投入要素的成

㊀ 百度百科：https://baike.baidu.com/item/%E5%88%9B%E6%96%B0/6047?fr=aladdin。

本来实现。目前，学术界大部分采用了熊彼特关于创新的经济学定义，即创新体现的是价值增值，从企业到社会、从微观到宏观的波浪效应最终可以形成宏观经济增长的涌现。[㊀]

当然，熊彼特关于创新的定义也遭遇一些经济学者的挑战和质疑，他们认为熊彼特的创新理论忽视了研发活动和技术变革的巨大作用。熊彼特将资本主义经济演化动力解释为"企业家 - 创新"机制存在一定的合理性，但有一些经济学者认为缺乏技术和企业家行为理论的支撑。技术发明或创造不仅仅是利润（经济利益）驱动的，也可以是文化或制度驱动的。实际上，熊彼特的创新理论并没有完全忽略技术，只是包括在生产函数的模型中，并且人为地将发明创造与创新区别开来，造成了所谓的"人为理解障碍"。但是，将发明创造与创新适当进行区分是符合熊彼特的经济学理论框架和体系构建需要的，在某种程度上能较好地实现逻辑自洽。

【课堂练习 1-1】 尝试对发明创造与创新之间的联系和区别进行分析，并用简洁的话语予以总结和陈述。

若将创新定位于一种价值或利润的增值，则可以更好地与发明创造的基本概念进行区别。人类历史上的发明创造要远远多于真正实现价值增值的有形产品或无形产品，也就是说，发明创造本身并不直接具备价值赋予属性或经济学属性，而"创新"（innovation）是一种价值赋予标记，是典型的经济学概念。简单而言，创新是产生了实际价值或利润的发明创造，是被市场证明的技术变革和研发活动。

创新是研发投入、技术变革或发明创造的价值体现，而价值是一个典型的经济学概念或属性。但是，创新实现显然存在一定的风险，这种风险既包括资本和人力投入风险，也包括可能存在的时间（机会）成本或风险。一些基础性研究、通用或共性技术的研发就需要一定的公关政策和公共财政予以支撑，因为这些基础性研究和共性技术的研发将会产生显著的正向外部性（溢出效应），而这种知识溢出效应对于研发投入的个人和机构（企业组织）却可能是不盈利的，甚至亏损的。原始创新或重大创新也往往存在巨大的投入风险，从而导致大部分企业都集中于应用层面，以及技术层面的简单改进和迭代，而基础创新则需要相应的激励措施，这也是熊彼特创新经济学的主要贡献。

㊀ 霍兰德．涌现：从混沌到有序 [M]．陈禹，等译．上海：上海科学技术出版社，2006．

2018年以来，随着中美贸易摩擦的升级，美国开始对包括华为、中兴在内的多家高新技术企业发起调查和技术禁运，甚至制裁，并且针对我国的一些高校、科研机构也频繁发起所谓的“实体清单”进行某种技术禁运和限制，这些都给我国产业进一步升级，实现“中国智造”，以及国际竞争力的持续提升带来了巨大的挑战。

创新反思 1-1

创新对企业到底意味着什么

2016年3月，美国商务部对中兴通讯股份有限公司（以下简称“中兴通讯”）实施出口限制措施，导致中兴通讯在股票市场暂时停牌交易。技术和产品禁运事件爆发后，在中美两国政府的磋商和协调下，美国商务部给中兴通讯颁布了临时许可证，从而在一定程度上保证中兴通讯可以正常采购美国生产的电子元器件和软件产品。

2017年3月，中兴通讯因被控违反美国的相关出口禁令，同意接受处罚，支付11.9亿美元的罚款。2018年3月8日，中兴通讯主动向得克萨斯州北区美国地方法院报告相关情况。2018年4月15日，美国国家网络安全中心发出电信行业不要使用中兴通讯的设备和服务的警告。中国政府相关部门和中兴通讯表示强烈抗议，反对美国政府的处罚和禁运措施，以及美国政府不同部门之间相互矛盾的行为和举措。

从我国通信行业近10年的专利数量看，华为和中兴通讯一直处于前列，而专注于手机业务的小米公司则走出了一条延伸产品开发链条，积极吸引用户参与产品研发和改进的“开放式创新”模式，专利数量也增长很快。

关于创新，小米公司创始人雷军在接受新闻媒体采访时曾经提出：“我们应该把创新说得简单一点，创新不就是做别人没做过的事情吗？但是，为什么创新这么稀缺？从一个简单的逻辑来看这个问题，创新就是做别人没有做过的事情，别人为什么不做？因为做了怕输，容易失败，所以大家才不去做。”雷军这段有关创新的个人观点，可以认为是从一名中国企业家的角度去重新审视创新背后隐藏的东西。

提示问题

1. 美国商务部对中兴通讯的出口限制是否表明，我国的某些核心技术依然依赖从美国进口，基础创新能力和原始创新能力有待提升？你有什么评论和观点？

2. 针对上述雷军关于创新的表述，你有什么想法或不同的意见？

3. 如何看待我国高新技术企业提高自主创新能力？

4. 如果你是中兴通讯的产品开发经理，你有什么具体的想法？

1.2 企业、企业家与创新

一般认为，现代汉语中"企业"一词来自日语"企業"（きぎょう，读音为：kigyo）的翻译。与社会科学领域常用的其他一些基本词语来源一致的还有业务、科学、商业和组织等新生词语。明治维新期间，日本在大规模引进西方文化与制度的过程中，也翻译和引入了大量的汉语词来丰富它的词语库（西方大量科学和文化概念的引入促使日本通过引入更多汉语词来丰富其对新知识的标记手段），而戊戌变法之后，这些汉语词又从日语词语库被大量引进现代汉语的语料库中，尤其是人文科学和自然科学中有很多术语来自日语。因此，汉语和日语中存在很多相同的词语，而且词义相近，只是部分词语的发音大相径庭。这其实也是近现代中国和日本文化相互影响的一个具体例子。

创新反思 1-2

日本的明治维新

1853年，美国以炮舰威逼日本打开国门的"黑船事件"促使日本开启明治维新。1854年，美国和日本签订《日美亲善条约》（又称《神奈川条约》），这是日本与西方国家签订的第一个贸易条约。其他西方国家跟随美国纷纷向日本提出通商的要求，于是英国、俄国、荷兰等西方国家都与日本签订了亲善条约（自由贸易条约）。日本被迫结束锁国时代，它的幕藩体制也随之瓦解。在武装倒幕（府）运动中，日本的中下级武士、商人、资本家和新兴地主为主体力量。伏见和鸟羽两大战役过后，幕府军队战败，德川幕府被推翻，日本正式结束封建军阀统治时代，效仿西方建立君主立宪制国家。可见，日本在19世纪中期开始接触西方的科学和社会制度体系。

“黑船事件”可以认为是西方文明与古老东方文明的一次激烈冲撞，之后日本开始效仿西方国家建立现代科学体系、经济和政治制度，加上现代企业制度在日本萌芽和发展，日本的综合国力逐渐提升。

提示问题

日本的明治维新对我们有哪些启示？在新时代中国特色社会主义建设背景下，请尝试围绕“创新驱动”和“高质量发展”进一步探讨“发展才是硬道理”的科学命题。

一般而言，在熊彼特的创新经济学理论框架发表之前，企业、企业家与创新可以认为是相对独立的概念体系。企业是指以营利为目的，运用各种生产要素（土地、劳动力、资本、技术和企业家才能等），向市场提供产品或服务，实行自主经营、自负盈亏、独立核算的法人或其他社会经济组织。

在商品经济范畴内，企业是作为组织单元的多种模式之一，按照一定的组织规律有机构成的经济实体。企业以营利为目的，以实现投资人、客户、员工、社会大众的利益最大化为使命，通过提供产品或服务换取收入，是社会发展的产物，因社会分工的发展而成长壮大。企业是市场经济活动的主要参与者；在社会主义经济体制下，各种组织形式的企业并存而共同构成社会主义市场经济的微观基础。企业有三种基本组织形式：独资企业、合伙企业和公司制企业，公司制企业是现代企业中最主要的、最典型的组织形式。现代经济学理论认为，企业本质上是“一种资源配置的机制”，其能够实现整个社会经济资源的优化配置，降低整个社会的“交易成本”。㊀

企业在经济系统演化中扮演着重要的微观角色，而企业家作为企业职能的执行者，具有“创新”或“创造性”破坏的功能。企业家与管理者之间存在显著差异，entrepreneur在国内往往被翻译为创业者（开拓者），而企业家的主要行为特征就是创业（entrepreneurship）。因此，如何准确定位并理解企业、企业家和创业，涉及对整个经济制度和运行机制的深层次思考与定位。一般而言，在私有制占

㊀ 百度百科：https://baike.baidu.com/item/%E4%BC%81%E4%B8%9A/707680?fr=aladdin。

主导地位的市场经济体系中，企业家和创业行为的驱动模式存在较为显著的内生性；而在公有制占主导地位的计划经济体系中，国家干预和行政命令的监督作用则更大。

创新反思 1-3

我国的股份制改革与股份制改造

我国的股份制改革在1978年前后就开始萌芽了。1978年中共十一届三中全会后，我国农村的某些社办企业为了扩大生产能力，自发地采用了集资入股、股份合作、股金分红的办法来搞活和做大企业。农民以各种生产要素入股，形成了农村股份合作制企业，这就是我国股份制企业的雏形。在大多数人不知股票为何物的时候，在理论界和实业界还在争论市场经济和股份制应该姓“资”还是姓“社”的时候，各种形式的股份制实体先后登上了历史舞台。

1983年，我国第一家股份制企业深圳宝安联合投资公司成立。1984年7月20日，北京天桥百货股份有限公司成立，这是我国第一家股份有限公司，即公开发行股票募集社会资金的股份制企业。颇具戏剧性的是，到了1990年12月19日上海证券交易所正式开业，大规模的股份制改革还没进入实施阶段，真正意义上的股份有限公司也没出现。

1997年，资本收益率只有3.29%的中国国有企业已经深陷危局，此时，国有企业股份制改革得以全面推开。在1997年之后的十多年里，国企改革以股份制改革为方向，脱胎换骨，凤凰涅槃，走进了气象开阔的新天地。2002～2007年，国有企业户数每年减少近1万户，但销售收入平均每年增加1.9万亿元，实现利润平均每年增加2 500亿元，上缴税金平均每年增加1 800亿元，年均增长率分别为16.1%、33.7%和18.2%。[㊀]国有企业股份制改革成为中国经济改革历史中浓墨重彩的篇章。

股份制改造是指开设或变更企业为股份有限公司的行为，其中首要任务是确定发起人，由发起人签订设立公司的协议，承担设立公司的责任。发起人在达成设立公司的协议后，可以委托一个发起人办理设立公司的申请手续。《中华人民共和

㊀ 数据来源：李荣融．五年来国企改革有重大进展 竞争力增强［N］．人民日报，2008-03-17.

国公司法》（简称《公司法》）规定，设立股份有限公司，应当有2个以上发起人，其中须有半数以上在中国境内有住所。发起人可以是自然人，也可以是法人。原有企业作为发起人的，要经原有企业资产所有者的批准。如不以原有企业作为发起人，可以以原有企业投资者作为设立公司的发起人。

提示问题

仔细阅读上述历史资料，分析我国的股份制改革与股份制改造之间的区别和联系，谈一谈你对公司股份本质的理解。

1.3 创新的等级、分类和流行模式

创新的度量以价值创造为依据，那么创新的等级或水平可以根据新产品（服务）能创造的新价值来衡量。按照创新的强度划分，一般可以分为渐进式创新、激进式创新和颠覆式创新。渐进式创新是指在原有的技术轨迹下，对产品或工艺流程进行的不断的、渐进的小程度创新。激进式创新是指那些在技术原理和观念上有巨大突破和转变的创新。如果前两种创新是量变的话，颠覆式创新就是质变，从逐渐改变到实现颠覆，形成全新的价值链。从人类文明进程来看，颠覆式创新往往指那些影响人类文明进程和历史演进的重要创新，其中包括蒸汽机、交流电和直流电、飞机和航空航天飞行器等。激进式创新和颠覆式创新有时也不做区分，可以认为是针对某个重要产品或服务的替代和更新，例如，无线通信技术对传统有线电话的替代，新能源车对传统燃油车技术的替代等。现实中大部分创新都是基于已有的技术或产品，进行局部和细节的改进和完善，从而实现产品功能或性能的提升，或者生产成本的下降，这些创新都可以认为是某种程度的渐进式创新。

按照创新的连续性，可划分为持续性创新和间断性创新。持续性创新是固守原有的技术轨迹进行的创新，间断性创新则是指脱离原有的技术轨迹而进行的创新。按照创新过程的开放性程度，可划分为开放式创新和封闭式创新。按照创新实现的途径和方式，可划分为产品创新、技术创新、工艺创新、服务创新、概念创新等。随着互联网技术的日益发展，以“社会责任”为核心的科技伦理价值嵌入创新中，负责任的创新概念受到广泛的重视。这些类型将在下文具体有针对性地加以介

绍，其他不再详述。

1.3.1 目前较为流行的创新模式

现将当前一些较为流行的创新模式介绍如下。

1. 开放式创新

开放式创新（open innovation）的概念是从高技术行业的案例研究中提炼出来的，是将企业传统封闭式的创新模式开放，引入外部的创新能力。在现代互联网环境中，如何处理个性化需求与小批量生产的现实环境，从而将用户需求纳入产品或服务改进的环节？小米公司的做法提供了很好的借鉴意义。小米手机的研发和改进采用了大规模用户参与的方式。传统的产品创新模式往往囿于企业自身的研发团队，可能出现与市场，尤其是与终端用户需求脱节的现象，从而造成产品研发失败。因此，通过引入终端用户参与的方式，可以极大降低产品开发风险，提高用户的满意度。

通过构建开放式创新平台来为企业创新活动提供新的助力，已经成为互联网经济时代一种较为流行的创新模式。一般而言，开放式创新平台是一个能够提供数字化服务的虚拟环境，不同的创新参与者都可以在平台上表达对产品的需求、对产品和服务提出改进意见以及与其他用户交流观点和创意。企业可以利用大数据分析对这些需求、建议和创意进行筛选，并结合具体需求运用到创新活动中。

2. 颠覆式创新

颠覆式创新（disruptive innovation）的概念大致可以追溯到哈佛大学商学院克里斯坦森（Christensen）教授的代表性论著。在颠覆式创新之前，克里斯坦森提出了颠覆式技术（disruptive technology）的概念，他指出，颠覆式技术并不一定是技术的更新换代或更为先进的技术，而是针对特定的细分市场开发的专用技术。例如，为了开拓非洲市场，一些冰箱厂家专门开发出了一种价格低廉、容量较小，而且适应非洲电力供应不稳定的小型冰箱，算是一种低端产品。但是，这种小型冰箱却逐渐得到了发达国家年轻一代，尤其是在大城市奋斗的单身白领的欢迎，并逐渐进入主流家电市场，甚至开始淘汰一些主流生产厂家的冰箱产品。

在颠覆式技术逐渐无法完全解释创新过程后，鉴于技术并不一定是颠覆式创新的主要因素，克里斯坦森教授就直接用颠覆式创新概念取代了颠覆式技术的概念，并且这一新概念受到了广泛的关注。美国著名胶片厂商柯达公司由于不能快速转入数字影像时代，或者没有及时吸收数字存储技术而被市场淘汰，这算是颠覆式创新的经典案例之一。由于影像质量无法与胶片相机相比，早期的数字相机都处于最低端产品线，甚至是一次性的产品，但是随着数字影像质量的提升，以及存储和携带更为方便，数字相机很快开始替代主流的胶片市场。柯达公司最终申请破产。

关于颠覆式创新的概念，目前学界也存在一定的争议，克里斯坦森在2015年前后针对优步（Uber）案例进行点评认为，Uber是一种持续性创新，也就是在原有汽车租赁服务基础上的持续性创新，而不属于颠覆式创新。因为无论是从价格，还是从乘坐体验来看，Uber不是定位于低端市场，而是占领了原有汽车租赁市场的空白点，即不能认为是从低端市场起步，或者开辟了一个全新的市场。因此，克里斯坦森认为Uber以及我国的滴滴打车其实依然属于持续性创新范畴。当然，克里斯坦森教授的观点也受到一些研究商业模式创新的学者的质疑，他们认为，Uber和爱彼迎（Airbnb）等属于典型的“共享经济”范畴，而共享经济模式本身就是一种典型的颠覆式创新。

【课堂练习 1-2】 尝试分析和总结一下颠覆式创新的主要特质。除了课本上提到的例子，你还能想出一个颠覆式创新的案例吗？

3. 负责任的创新

负责任的创新（responsible innovation）是近年来科技伦理领域的热点课题之一，尤其是随着基因编辑、合成生物和人工智能等领域相关技术的快速发展和应用，有关科技伦理以及负责任创新的概念开始出现交叉和融合，并且开始吸引全球相关领域学者的注意。负责任的创新主要基于技术管理领域的科林格里奇困境，即一项技术的社会后果不可能在技术生命的早期被预料，而当该技术已经全面融入人类社会之后，其技术风险和威胁却变得很难去除。例如，早年为了提高早期汽车燃油的稳定性，人们意外发现加入重金属铅可以稳定燃烧性能，从而极大地提高了汽车整体功能的稳定性，并日益普及应用，但是含铅汽油的普及也产生了极大的负面效应，而这时含铅汽油已经全面进入了人类生活。一直到最近二三十年，某些发展中国家才全面取消了含铅汽油的使用。

1.3.2 产品创新和服务创新

产品创新（product innovation）和服务创新（service innovation）是目前较为流行的概念或创新方式，广义的产品创新包含有形产品创新和无形产品创新（即服务创新）。在“互联网+”和大数据时代，产品创新与服务创新之间是深度融合和贯通的，而且还比较难以切割和分离，这与创新本质是实现价值增值这一特质分不开。

1. 产品创新

狭义的产品创新一般指有形产品改进和新产品开发。相对而言，产品的更新换代、性能改进和工艺流程改进是产品创新的主要方式。新产品开发尽管可能会带来全新的市场机遇，但也可能面临较大风险。大部分企业在进行较为稳定的产品持续性创新或渐进式创新的基础上，对新产品研发的一定投入也是在为更大规模的产品生命周期演化做技术和市场营销储备。简单来说，传统家电制造商持续改进自己的空调产品是维持其自身稳健发展的重要管理手段，而积极投入新能源汽车领域的新产品开发，则可以认为是对企业占领更大的市场进行技术和管理储备。

2. 服务创新

服务创新与产品创新没有本质区别，就是围绕无形产品（服务）进行服务内容扩展、成本降低的价值增值活动和行为。与有形产品，如家电、汽车和手机等相比，服务存在自身的特点。例如，服务存在即时性或临时性，在服务消费发生期间，消费者只是享有相关服务，并不享有该服务输出实体或个人的所有权。例如，移动通信服务消费者只是享有通信服务，而产生这些服务的基础设施如基站、数据传输线路等并不属于消费者，而是属于服务运营商。因此，服务产品的提供者也一般称为服务提供商（service provider），而服务提供商又可以分为基础服务提供商

（fundamental service provider），如中国移动、中国电信和中国联通等，而诸如腾讯、网易和新浪等可以认为是增值服务提供商（value-added service provider）。实际上，电信运营商往往也提供一些增值服务，这就可以认为是某种程度的服务创新。例如，中国移动推出的彩信、彩铃和来电管家等就属于典型的服务创新。又如，腾讯公司利用自身的庞大基础客户群，不断推广所开发出的手机App（如腾讯会议和腾讯课堂），尤其是在全球性新冠肺炎疫情期间，Zoom、腾讯会议和腾讯课堂等都实现了快速的用户覆盖，都可以认为是某种程度的服务创新。

在当前互联网和信息经济时代，服务创新是指通过非物质制造手段而进行的增加有形或无形“产品”的附加价值的经济活动。从技术角度看，服务创新是以满足人类需求为目的的软技术创新活动。这种活动可分为围绕物质生产部门的管理、组织、设计等创新活动，围绕文化产业、社会产业推动社会和生态进步、丰富精神生活的软技术创新活动，以及围绕传统服务业和狭义智力服务业的软技术创新活动。从社会角度看，服务创新是创造和开发人类自身价值，提高和完善生存质量，改善社会生态环境的活动。

服务创新是企业为了提高服务质量和创造新的市场价值而发生的服务要素变化，对服务系统进行有目的、有组织的改变的动态过程。服务创新的理论研究来源于技术创新，两者之间有着紧密的联系。但是，服务业的独特性使服务业的创新与制造业的技术创新有所区别，并有它独特的创新战略。

【课堂练习 1-3】产品创新与服务创新的区别和联系有哪些？请举出一个例子予以说明。

1.4 产品创新的理论

当前有关产品创新的理论比较多，可以分为创新基础理论（包括传统的演化经济学、熊彼特的创新经济学）和整合了多个不同理论的新熊彼特主义等相关理论。从微观层面看，企业的动态能力理论和企业战略相关理论也是关于创新的基础理论。从操作层面看，有关新产品开发、产品创新设计、工业设计等相关理论也可以认为是产品创新相关的理论。

此外，人是产品创新和服务创新的主体，研究产品创新设计的本质规律需要从设计者的角度探索设计固有的认知规律，即认知机理。现代认知心理学的主流学派的理论之一是以信息加工观点研究认知过程，即把人看作一个积极的知识获得者和信息加工者。产品设计是人类创造有使用价值的创新产品的实践过程，最终表现结果就是产品模型，其过程本质在于创造与革新。

支持实现产品创新的技术和学科背景如下：

（1）会聚技术（nano-bio-info-cogn，NBIC）或称为技术会聚（technology convergence）。其中，会聚技术是近几年出现的新概念，融合了几个领域的科学知识，也可以认为是合成式创新（synthetic innovation）。任何技术之间的融合、会聚或合成，可以产生新的效能。美国将会聚技术认定为推动美国经济长期繁荣和增长的关键。会聚技术，通过纳米科技、生物技术、信息技术、认知科学的融合发展，跨越学科之间的壁垒，使这些技术能发挥出更大的潜力。

（2）信息通信技术（information and communication technology，ICT）。信息是人类认识世界和改造世界的知识源泉。信息通信技术是指在信息的产生、获取、储存、传递、处理、显示、使用和传播等方面能够扩展人的信息获取和感知的技术。

（3）认知科学（cognitive science）。认知科学的产生受到了计算机科学、语言学、神经科学等学科的影响，是关于人类心智的多学科、跨学科的合作性研究，由心理学、计算机科学、语言学、人类学、神经科学和哲学六个领域的学科组成。认知科学探索人类智力如何由物质产生，是研究人类感知和思维信息处理过程（如感觉、语言、学习、记忆、思维、意识）的科学，研究领域涉及从感觉的输入到复杂问题的求解。

本章小结

本章重点介绍了创新和产品创新的基础知识，主要包括创新的基本概念、企业的本质、企业家与创新、创新的分类和模式，以及产品创新的相关理论等。

复习思考题

1. 什么是创新?

2. 发明创造与创新之间有什么联系和区别？
3. 发明创造就等于创新吗？为什么？
4. 创新的本质是什么？
5. 企业创办人获得收益的机理是什么？
6. 什么是创新风险？企业运营风险等于创新风险吗？

实践案例 1-1

企业上市与创新

企业上市是指股份公司首次向社会公众公开招股的发行方式。首次公开募股（IPO）新股定价过程分为两部分：首先是通过合理的估值模型估计上市公司的理论价值；其次是通过选择合适的发行方式来体现市场的供求，并最终确定价格。

首次公开募股是指一家企业第一次将它的股份向公众出售。通常，上市公司的股份根据向相应证监会出具的招股书或登记声明中约定的条款通过经纪商或做市商进行销售。一般来说，一旦首次公开上市完成后，这家公司就可以申请到证券交易所或报价系统挂牌交易。

另外一种获得在证券交易所或报价系统挂牌交易的可行方法是在招股书或登记声明中约定允许私人公司将它们的股份向公众销售。这些股份被认为是“自由交易”的，从而使得这家企业达到在证券交易所或报价系统挂牌交易的要求条件。大多数证券交易所或报价系统对上市公司在拥有最少自由交易股票数量的股东人数方面有着硬性规定。

根据我国《公司法》的规定，股份有限公司申请其股票上市必须符合下列条件：

（1）股票经国务院证券管理部门批准已向社会公开发行。

（2）公司股本总额不少于人民币5 000万元。

（3）开业时间在三年以上，三年连续盈利；原国有企业依法改建而设立的，其主要发起人为国有大中型企业的，可连续计算。

（4）持有股票面值达人民币1 000元以上的股东人数不少于1 000人，向社会公开发行的股份达公司股份总数的25%以上；公司股本总额超过人民币4亿元的，其向社会公开发行股份的比例为15%以上。

（5）公司在三年内无重大违法行为，财务会计报告无虚假记载。

（6）国务院规定的其他条件。

满足上述条件可向国务院证券管理审核部门及交易所申请上市。

根据《首次公开发行股票并在创业板上市管理办法》，创业板上市条件为：

（1）发行人是依法设立且持续经营三年以上的股份有限公司。有限责任公司按原账面净资产值折股整体变更为股份有限公司的，持续经营时间可以从有限责任公司成立之日起计算。

（2）最近两年连续盈利，最近两年净利润累计不少于1 000万元；或者最近一年盈利，最近一年营业收入不少于5 000万元。净利润以扣除非经常性损益前后孰低者为计算依据。

（3）最近一期末净资产不少于2 000万元，且不存在未弥补亏损。

（4）发行后股本总额不少于3 000万元。

资料来源：该案例素材取自多个互联网渠道，如百度百科、国家法律法规数据库、中国证券监督管理委员会官网等。

提示问题

1. 企业上市的内在需求和外在需求是什么？
2. 企业寻求上市的主要目的和动力是什么？
3. 企业上市与创新之间存在联系吗？

实践案例 1-2

200多亿元的“错误”会计处理

2019年4月的某一天，中国A股市场再次炸响一颗重磅“地雷”。凌晨时分，国内某家知名上市公司披露的年报显示，公司2018年营收190多亿元，同比增长约10%；实现净利润11亿元左右，同比下滑大约47%。在发布2018年年报的同时，该上市公司还发布了一份会计事项更正公告，称有超过200亿元的“错误”会计处理。因此，此后连续多天，该公司的股票连续跌停。

2018年，该上市公司曾遭质疑存在财务造假嫌疑，因公司出现了货币资金过高、大股东股票质押比例过高以及“存贷双高”等问题。

该上市公司2018年披露的半年报显示，公司货币资金余额为300多亿元，有息负债也高达300多亿元，占净资产的比例分别约为110%和108%。此外，公司还发布了一份《前期会计差错更正公告》，修改了2017年的年报数据，解释了被广泛质疑的“存贷双高”的原因。该上市公司称通过自查后，对2017年财务报表进行重述，结果发现，2017年多计入了货币资金200多亿元，存货少计入近200亿元，坐实了财务造假质疑。

资料来源：案例素材取自新浪财经，并进行了部分内容改写。

提示问题

作为中国股票市场的老牌上市公司，该公司的200多亿元财务造假直接震惊了整个中国金融市场，你如何评价上市公司财务造假金额如此巨大的行为与企业创新本质之间形成的巨大现实冲突和矛盾？有什么内在逻辑或预防措施吗？

参考文献

[1] 熊彼特．经济发展理论 [M]．何畏，易家详，译．北京：商务印书馆，1990．

[2] 霍兰德．涌现：从混沌到有序 [M]．陈禹，等译．上海：上海科学技术出版社，2006．

[3] 张林．演化经济学的技术创新理论：制度主义与熊彼特的综合 [J]．学习与探索，2015（2）：102-107．

[4] 朱海就，李立尧．熊彼特企业家理论与其制度演进论的内在关联 [J]．财经问题研究，2016（10）：10-16．

[5] 熊彼特．资本主义、社会主义和民主 [M]．杨中秋，译．北京：电子工业出版社，2013．

[6] 张完定，李垣．企业家职能、角色及条件的探讨 [J]．经济研究，1998（8）：29-33．

[7] 何郁冰. 国内外开放式创新研究动态与展望 [J]. 科学学与科学技术管理, 2015, 36 (3): 3-12.
[8] 王丽, 施建军, 邓宏, 等. 颠覆式创新: 一个文献综述 [J]. 现代管理科学, 2016 (2): 3-5.
[9] 梅亮, 陈劲. 负责任创新: 时域视角的概念、框架与政策启示 [J]. 科学学与科学技术管理, 2016, 37 (5): 17-23.
[10] 黄先海, 胡馨月, 刘毅群. 产品创新、工艺创新与我国企业出口倾向研究 [J]. 经济学家, 2015 (4): 37-47.
[11] 张峰, 刘曦苑, 武立东, 等. 产品创新还是服务转型: 经济政策不确定性与制造业创新选择 [J]. 中国工业经济, 2019 (7): 101-118.

第 2 章

CHAPTER2

创新障碍与思维训练

本章围绕产品创新常见的障碍和思维训练开展相关的知识讲解和重点内容介绍。创新障碍是一个复合的概念，经常与发明困难、发明障碍、思维定式和思维惰性等相关概念交织在一起。

2.1 创新障碍

有关创新障碍的讨论一直存在一定的争议，从经济学角度看，创新障碍有不同的维度。创新经济学指出了价值增加的目标导向，而围绕广义生产函数或经济学基础的投入与产出模型，则可以将创新障碍分解到宏观环境、政策和制度、微观的企业组织、员工行为和企业文化，以及个体思维的障碍等不同维度。

2015 年 1 月 22 日，《光明日报》刊发题为《是什么阻碍了创新？》一文引起较大反响，⊖该文章指出，随着我国劳动力成本逐渐提高，我国传统的比较优势正在逐步下降。中国企业陷入低端产业的“比较优势陷阱”，在全球产业链和价值链上处于弱势地位，只有创新才是实现经济发展的持久动力。但是，目前阻碍创新的因素比较复杂和多元，既有外部和客观层面的原因，也有企业或企业家自身的短期行为和思维定式或思维惯性，以及经营氛围和企业文化等方面的因素。

⊖ 邱玥. 是什么阻碍了创新？ [N/OL].（2015-01-22）[2021-05-01]. https://epaper.gmw.cn/gmrb/html/2015-01/22/nw.D110000gmrb_20150122_1-13.htm.

【课堂练习 2-1】你能想到的创新障碍有哪些？可以采取发散思维的方式开展小组讨论。

2.1.1 思维定式

1. 思维定式的含义和影响因素

思维定式是由过去一系列的心理活动所形成的一种思维准备状态。思维被锁定，即我们所说的进了牛角尖，创新思维就很难被发掘和展现出来。思维定式是如何产生的呢？一般认为主要的影响因素有盲目相信权威、从众心理和羊群效应等。个体盲目地、有理无理地顺应了某个群体，顺应一些先验知识，还有个人情感因素等都会对思维定式产生影响。因此，思维定式是人们在解决新问题或拓展新领域时，受到原有思考问题成功的局限而处于停顿的心理状态。

2. 书本思维定式

对书本知识的完全认同与盲从被称为“书本思维定式”，谚语——尽信书不如无书，以及著名的“纸上谈兵”的典故都从一个侧面阐述了这种现象。但是，赵括指挥的长平之战真的是一败涂地，完全暴露了赵括不擅长指挥的缺陷吗？受到后世嘲笑的“纸上谈兵”的主角赵括真的是那么难堪大任，对于赵国灭亡需要背负主要责任吗？

创新反思 2-1

透过“长平之战”看“书本思维定式”

秦国和赵国之间的“长平之战”分为三个阶段，而司马迁在《史记·廉颇蔺相如列传》记载的是“长平之战”的第一阶段和第二阶段，前后大约历时三年之久。长平之战在第三阶段峰回路转，不知司马迁是有意回避，还是放到了其他历史人物传记中，如《史记·范睢蔡泽列传》等。

事实上，“长平之战”的历史作用远远超出了“纸上谈兵”典故所体现的意义和价值，而赵括的故事也证明了“书本思维定式”的部分弊端。如果要客观地解读

"长平之战"，除了司马迁的《史记》外，还要结合有关秦昭王、赵孝成王等的相关文献一并分析。

公元前262年，秦昭王派大将白起进攻韩国，占领了野王（今河南沁阳），从而截断了上党郡（今山西长治附近）和韩都的联系。上党郡的郡守冯亭不愿意投降秦国，谋划利用赵国的力量抗秦，于是派使者带地图要把上党郡的17座城池献给赵国。赵孝成王派军队接收了上党，两年后，秦国派王龁把上党团团包围。

长平之战的第一阶段：赵孝成王派廉颇率领近25万大军去解上党之围。廉颇带大军驻守长平，秦国也派大军向长平进攻。战场经验丰富的老将廉颇根据形势在长平调兵布阵，准备与秦军打一场持久战。任凭秦兵挑衅，廉颇只是坚守阵地。秦军后方的补给线长，运输困难，难以持久。两军长期对峙，秦军已经慢慢地显出疲态，前线的指挥官眼见即将不支，只好如实向秦昭王禀报。秦昭王采纳范雎的主意，离间赵国，并毁谤廉颇老了不敢应战。

长平之战的第二阶段：公元前260年，赵括统率20万大军来到长平，廉颇只好交出兵符。赵括总共率领近45万大军，完全尊重赵孝成王的意见，改变了廉颇的作战方针——如果秦兵再来进犯，一定要迎头痛击；如果敌人被打败，一定要马上乘胜追击，非杀得他们片甲不留不可。而此时，秦昭王派出白起接任年龄偏大的王龁。白起号称战国时期著名军事家，采取诱敌深入的策略，成功将赵军主力围困在一处险地40多天，赵括兵败而亡，近30万赵国投降将士被白起坑杀，但是秦国近60万大军死伤接近一半，也损失惨重。秦国以白起挂帅，并且拥有绝对兵力优势，也只是惨胜。如果赵括没有先死，率赵国军队继续作战，秦国只会损失更大，后续战局将难以预料。

长平之战的第三阶段：白起全歼赵国40多万军队，尤其坑杀近30万赵国投降将士引起巨大争议，以魏、韩为代表的诸侯国终于感受到灭顶之灾。秦国内部也由于白起的过度嗜杀和居功自傲引发矛盾，宰相范雎利用这一点，以秦昭王的名义，让白起自尽而亡，并安排自己的亲信郑安平为大将接管了长平军队。彻底惊醒的其他诸侯国开始发起联合行动，其中就有信陵君窃符救赵等著名历史事件。诸侯联军很快打败了郑安平统率的秦国军队，郑安平兵败投降了赵国，举荐郑安平的范雎只能向秦昭王请辞。

当我们仔细回顾长平之战的三个阶段后可以看出，赵括并没有那么不堪，反而展现了一个优秀将领的很多素质，发动进攻是赵孝成王的根本战略意图（廉颇守了近三年，赵国也不堪重负，但所有赵国现役将领都认为守城是唯一正确方式，换句话说，军中没有大将愿意执行赵孝成王进攻的策略。历史事实证明，包括乐毅和李牧在内的著名将领都是对的，与秦国精锐军团开展大规模的对攻战，很难有胜算）。

但是，面对白起的绝对优势兵力，赵括依然以15万伤亡让秦国也付出了近30万伤亡的代价（秦国总兵力近60万），如果不是赵括战死，剩下的近30万赵国将士有可能会对秦国军队造成更大的伤害（这也是后人对赵括最大的诟病，为什么不及时向秦国军队发起进攻，而是在等待援军失败，被围困40多天之后才发起进攻，但其中更多细节已经难以追究）。尽管长平之战几乎让赵国主力被屠戮殆尽，但也极大削弱了秦国的军事实力，不但白起死于秦国内部斗争，而且宰相范雎也在长平之战结束后不久辞官，随后病死应县家中。

总体而言，秦国在经过商鞅变法之后，秦昭王任用范雎、蔡泽和王翦等能人贤臣，且后期还有吕不韦和李斯等优秀人才辅佐嬴政，已具备了统一六国的基本底蕴，历史车轮滚滚向前，难以阻挡。

资料来源：该历史事件素材取自互联网多个渠道，如百度百科、知乎等，编者进行了部分改写和加工。

提示问题

1. 著名历史典故“纸上谈兵”中的赵括真的那么难堪大任吗？
2. 司马迁《史记》中的所有记载就一定是绝对权威吗？
3. 你如何理解所谓的“书本思维定式”？有什么解决办法吗？

2.1.2 思维惯性

思维惯性是指人们不自觉地用某种习惯了的思维方式去思考已经变化的事物。一头驴子背着一袋盐过河结果盐被河水溶化，驴子觉得很轻松，后来驴子背着棉花过河，结果呢？

关于思维惯性，我们可以尝试从下面的两个较为经典的心理测试用例和一个课堂练习来理解。

【心理测试用例】 测试一：在三个小盒子里分别装满火柴、图钉和蜡烛，要求把蜡烛点燃并垂直地置于软木屏风上。

测试二：画一条直线把一个等腰梯形（见图2-1）分成两个完全相等的三角形。

【课堂练习2-2】 1930年前后，针对爱因斯坦创建的相对论，德国出版了一本批判相对论的书《100位教授出面证明爱因斯坦错了》，请你想一想爱因斯坦会怎样回答。

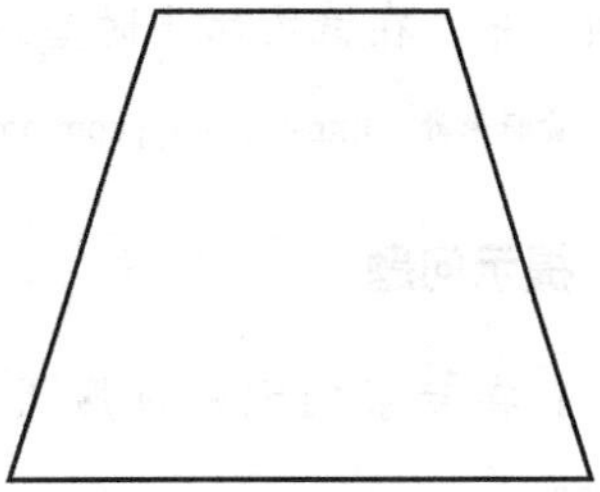

图2-1　测试题的梯形

创新反思2-2

莱特兄弟为什么成功了

1890年，航空先驱奥克塔夫·查纽特（Octave Chanute）在一次演讲中曾经大胆预言，“没有一个人”可能拥有解决飞行问题所必需的想象力、机械敏锐度、数学能力和融资技能。他认为：“这可能是因为完成一项完整的发明需要各种各样的才能，所以进展非常缓慢。”从某种意义上看，查纽特是对的；从另一种意义上看，他又是错的。人类飞行的问题不是一个人能解决的。但是，有两个人做到了。莱特兄弟永不满足的好奇心使他们拥有了广泛的知识面和巨大的勇气，使他们对机械和数学就像对艺术、生物和文学一样得心应手。

威尔伯·莱特和奥维尔·莱特都不是专业人士。事实上，莱特兄弟都没有上过大学，也没有接受过任何正规的技术培训。莱特兄弟利用自行车生意的利润，建造了成本不到1 000美元（相当于今天的2.8万美元）的莱特飞机。莱特飞机的第一个原型（见图2-2）飞行高度为852英尺[⊖]，经过改进后，它最终

图2-2　莱特兄弟的飞机雏形

⊖　1英尺 = 0.304 8米。

飞行了 40 多英里⊖。

在莱特兄弟设计和测试他们的飞机的同时，史密森学会的秘书、大学教授塞缪尔·兰利也在设计他的飞机。兰利花了 7 万美元（相当于现在的 200 万美元）建造他的飞机，大部分资金来自美国陆军的拨款。不幸的是，兰利的飞机在它的“处女航”中，在试图起飞时坠入了波托马克河。

资料来源：https://new.qq.com/omn/20200326/20200326A0MRFL00.html，编者进行了改编。

提示问题

1. 在专家们无法征服天空的时候，莱特兄弟因拥有什么样的气质而征服了天空？

2. 飞行的问题是什么？征服天空需要像莱特兄弟那样独特的头脑来解决吗？

2.1.3 思维封闭和决策困境

面对复杂多变的事物，人们仍用简单的非此即彼或顺序排列的方式去思考。美国驾驶员考试曾出过这样一个题目：“在一条公路中间，左边是一个人，右边是一条狗，眼看就要轧到他们了，你是轧人还是轧狗？”

思维上的局限性有时会造成决策困境，接下来将介绍两个典型的故事——“布里丹选择陷阱”和“霍布森选择”。

创新反思 2-3

决策困境

从前有一个叫布里丹的外国人，他的驴子饿得直叫，他就牵着驴子到野外去找草。看到左边的草很茂盛，他便带驴子到了左边，又觉得右边的草颜色更绿，他就带驴子跑到右边，但又觉得远处的草品种更好，他便牵着驴子到了远处。布里丹带着驴子忽左忽右、忽远忽近，始终拿不定主意。结果，他的驴子被饿死在路途中，这就是“布里丹选择陷阱”。

霍布森（Hobson）是英国的一位养马人。话说霍布森养了一群马，租马人很

⊖ 1 英里 = 1 609.344 米。

多，可顾客都要租那匹跑得最快的马，结果，跑得快的马天天累得口吐白沫，而其他的马却整天优哉游哉，养尊处优，而且跑得越来越慢。霍布森看在眼里，急在心头，最后想出一个办法。他将所有的马编上号，然后告诉想要租马的人，这里有很多马，任何人都可以自由挑选；但是，当顾客来租时，却只能按号取马。因为想租马的人很多，所以不仅霍布森的好马可以得到充分的休息，差马也可以得到锻炼。当然，租马人实际上根本就没得选择，后来人们就慢慢地把这种“没得选择的选择”称为“霍布森选择”。

资料来源：该素材部分来自百度百科和 MBA 智库，编者进行了部分修改。

提示问题

你还能想出一个类似“布里丹选择陷阱”或“霍布森选择”的例子吗？

2.1.4 思维惰性

很多人把懒惰当成毁掉一个人的根本原因，实际上毁掉一个人的不一定是懒惰，而是下面这五种惰性思维，这些思维决定了懒惰的本质，进而一点一点把一个人彻底给毁掉。

（1）**车到山前必有路→实际上变成了得过且过，不积极解决问题**。很多时候，我们就是抱着这样的态度，用车到山前必有路来安慰自己，实际上就是得过且过，走一步算一步，对以后的事情没有任何预测和规划，总是事情到了跟前才去想办法，这就是典型的惰性思维。

（2）**自己不干自有人干→最后还真没人干**。这是个体没有责任感的体现，总是认为这件事情自己不干自然会有人干，所以自己就不干，也是等靠要的惰性思维，最后这件事情可能真的没人干，在这种恶性循环当中一点一点地把自己的善意、进取心和前途给耽误了。

（3）**多干活可能很吃亏→于是各扫门前雪**。这种思想更是害人不浅，很多人就是不愿意多干一点活，看自己的同事忙得不可开交，自己装作在干活，也不愿意去帮别人，总认为自己干多了很吃亏，结果自己需要别人协助的时候，没有人帮自己，这就是各扫门前雪的惰性思维。

（4）**努力也得不到承认→于是把偶然当必然，急功近利**。这种思维模式也害人不浅，很多人努力了一把，结果没有得到认可，也许不是别人或领导不认可，而是自我感觉良好，而且把这种本来是偶然的情况当作一种必然情况。一个人的努力，只有持续才能得到更多人的认可，这种认可是有很多标准和条件的，比如说符合企业和组织的价值观，能够得到别人认可的结果等。这种把偶然当必然的惰性思维，让很多人老早就放弃了自己的职业追求。

（5）**人家都是这么干的→于是盲目从众，不思进取**。从众的心理即认为别人都是这么干的，所以自己还是就此打住为好，这种从众的心态让很多人放弃了自己本来态度很坚决的追求。一个人的思维决定着这个人的行为，而这些行为一旦变成习惯之后就变成了可怕的惰性思维，再想去纠正，难度就会非常大。

惰性思维的产生就是因为个体主观依赖性严重或者抱着消极悲观的人生态度等，从而缺失了积极主动的主观思维能力，不积极主动地去思考，这是创新的最大障碍之一。创新本质上是价值的增值，而创新主体是具有能动性的人，但人同时又是社会性动物，也具有追求舒适和趋利避害的天然属性。因此，打破惯性思维和惰性思维的重要方式之一，就是适当走出舒适区，直面挑战，用积极的心态和方式应对困难和挑战。

2.1.5 个体知识有限

对于创新而言，个体知识的有限性几乎无法逾越。随着专业分工越来越精细，各领域知识都在快速增长，个体需要把握很多不确定性变量。

认识到个体知识的有限性才能更好地让个体参与到团队活动中。创新很多时候是人类集体的智慧以及协同工作的结果。无论是有形产品创新，还是服务和商业模式创新，都可能集中了群体的智慧和汗水，认识到这些才能更好地推动集体的创造性劳动，提高群体协作的效率。

【课堂练习 2-3】请尝试列举能让液体移动的方法。

类似的问题还有，列举能让固体或气体移动的方法等，而囿于个体知识的有限性，很少有单个人提出足够多的方法。

以爱迪生试验电灯材料为例。为了找到合适的灯丝材料，爱迪生曾经用过 1 600 多种金属材料和 6 000 多种非金属材料，而采集的材料有 14 000 多种；在发明蓄电池过程中试用了 9 000 多种材料，失败了 50 000 多次。因此，爱迪生曾经说道："我们人类在试错中损失的时间和精力远比在自然灾害中遭受的损失要惨重得多。"这其实也是对个体知识有限的一种解读。

2.2　创意思维和创新思维

一般而言，创意思维（creative thinking）和创新思维（innovative thinking）存在一些概念上的差异，但是在很多场合可以通用。创意思维是指以新颖独创的方法解决问题的思维形式，通过这种思维能突破常规思维的界限，以超常规甚至反常规的方法、视角去思考问题，提出与众不同的解决方案。创新思维是指在创意思维的基础上，导入产品、服务和价值的理念，实现创意思维向创新思维的跃迁，从而产生新颖的、独到的、有社会意义的思维成果，其本质在于用新的角度、新的思考方法来解决现有的问题，并且实现产品或服务改进，从而实现社会价值。

针对创意思维和创新思维的联系和区别，有学者认为，虽然创造与创新的内涵的确存在一定程度的重叠，但二者在核心范畴中的差别不应被忽视。创意思维是建立在想象力、遗传与天赋、智商、思维联结的基础上的，进而发展为强调独创性、发散性和适切性的一种原生性思维；而创新思维则是建立在新技术和新发明的产品应用与推广的基础上，强调其社会效益和经济效益的一种再生性思维。两类思维在想法新颖性、想法可行性、环境激发性、主观能动性和产品承载性方面存在共同点；但在价值目标、思考方式、时间阶段、主体规模和务实程度方面存在差异。在当前创新型社会的背景下，对创新人才的培养更应该同时考虑创意思维与创新思维的联动式发展。产品是创意思维向创新思维转化的一个载体，产品创作是创造性思维与创新思维联动的关键阶段。创新思维方法有以下几种。

（1）头脑风暴法。该方法由美国奥斯本首创，主要由价值工程工作小组人员在正常融洽和不受任何限制的气氛中以会议形式进行讨论、座谈，打破常规，积极思考，畅所欲言，充分发表看法。头脑风暴法出自"头脑风暴"（brain-storming）一词。所谓头脑风暴最早是精神病理学上的用语，是相对精神病患者的精神错乱状态而言的，如今转变成无限制的自由联想和讨论，以产生新观点或激发创新设想。在群体决策中，由于群体成员的心理相互影响，易屈从于权威或大多数人的意见，形成所谓的“群体思维”。群体思维削弱了群体的批判精神和创造力，损害了决策的质量。为了保证群体决策的创造性，提高决策质量，管理学领域发展了一系列改善群体决策的方法，头脑风暴法是较为典型的一种。

【课堂练习 2-4】针对自动驾驶存在的潜在风险，开展头脑风暴。每组人数：4～9人；时间：5分钟；基本要求：气氛宽松，不打断、不批评、不修改，鼓励在他人意见的基础上更进一步提出自己的想法。

（2）发散思维法。发散思维又称求异思维、辐射思维，是指从一个目标出发，沿着各种不同的途径去思考，以探求多种答案的思维。与聚合思维相比，它具有流畅性、灵活性、独创性三个主要特点。

（3）逆向思维法。逆向思维就是有违常理、从反面探索问题和解决问题的思维。逆向思维法具有挑战性，常能出奇制胜，取得突破性解决问题的方法。

创新反思 2-4

招牌的竞争

在广州市天河区粤垦路上，同时开了三家蛋糕店。可是，因为距离太近，所以生意上的竞争非常激烈。为了能够压倒别人，吸引更多的顾客，三家蛋糕店纷纷在门口招牌上做文章。一天，一家蛋糕店在门口招牌上写着“广州最好吃的蛋糕店”，结果吸引了许多顾客光临。看到这种情况以后，另一家蛋糕店也不甘示弱，第二天就在门口挂出了“全中国最好的蛋糕店”的招牌，结果也招揽了不少顾客。

提示问题

第三家蛋糕店的门口招牌怎么写才能吸引到更多的顾客光临呢？

（4）侧向思维法。侧向思维是一种通过把注意力引向外部其他领域和事物，从而受到启示，找到超出限定条件的新思路，实质上是一种联想思维。

【课堂练习 2-5】 某家大公司的面试题如下：在一间黑房子里，你只有 1 盒火柴，不过，你前面的桌子上有一堆密度不均匀、长短粗细都不同的蜡烛，而且这些蜡烛确认都可以燃烧 1 个小时。请问：你能否在 45 分钟的时候走出这个房间？

（5）横向思维法。横向思维是一种通过非常规的方法和原理去解决疑难问题的思维方式。

┆创新反思 2-5┆

某工厂的办公楼原先是一座 2 层楼的建筑，占地面积很大。为了有效利用土地，工厂新建了一幢 12 层的办公大楼，并准备拆掉旧办公楼。员工搬进了新办公大楼不久，便开始抱怨大楼的电梯不够快、不够多。尤其是在上下班高峰期，他们得花很长时间来等电梯。

管理咨询顾问想出了几个解决方案：

- 在上下班高峰期，让一部分电梯只在奇数楼层停，另一部分电梯只在偶数楼层停，从而减少那些为了上下一层楼而搭电梯的人。
- 安装几部室外电梯。
- 把公司各部门上下班的时间错开，从而避免高峰期拥挤的情况。
- 在所有电梯旁边的墙面上安装镜子。
- 搬回旧办公楼。

提示问题

你会选哪一个方案？为什么？

除了上述创新思维方法外，还有质疑思维法、右脑思维法和六顶帽子法等。

本章小结

本章主要围绕思维障碍的维度和种类、思维定式、思维惯性、个体知识有限等介绍了有关创新障碍和思维训练相关的内容，并结合一些最新的案例进行了思考和讨论。

复习思考题

1. 创新障碍有哪些？
2. 思维定式与思维惯性的区别有哪些？
3. 如何理解思维惰性？
4. 逆向思维与侧向思维有哪些区别？
5. 什么是发散思维?
6. 创新思维与创意思维之间的联系是什么?
7. 如何理解个体知识的有限性?

实践案例

RIKA 造假事件爆发后的 RIKA 门店运营思考

2020 年 1 月的某天，知名做空机构浑水公司声称，收到了一份长达 80 多页的匿名做空报告，直指 RIKA 公司的销售数据造假。2 月初，RIKA 否认浑水公司所有指控。

2020 年 4 月初，美国多家律师事务所发布声明，提醒投资者，有关 RIKA 的集体诉讼即将到最后提交期限。加州的 GPM 律所、Schall 律所，纽约州的 Gross 律所等均表示，在 2019 年 11 月至 2020 年 1 月购买过 RIKA 股票的投资者如果试图追回损失，可以与律所联系。

2020 年 4 月 2 日，RIKA 发布公告，承认虚假交易大约 20 亿元人民币，股价即刻暴跌超过 80%，盘中数次暂停交易。

2020 年 4 月 3 日，中国证监会高度关注 RIKA 财务造假事件，对该公司财务造假行为表示强烈的谴责。中国证监会将按照国际证券监管合作的有关安排，依法对相关情况进行核查，坚决打击证券欺诈行为，切实保护投资者权益。

2020 年 4 月下旬，银保监会谈 RIKA 财务造假，表示将积极配合主管部门依法严厉惩处。

北京时间 2020 年 5 月中旬的某个晚间，RIKA 发布公告称，收到纳斯达克交易所通知，要求从纳斯达克退市。6 月底，RIKA 发布声明：将于 2020 年 6 月 30 日停牌并进行退市备案。同时，RIKA 全国 3 000 多家门店将正常运营。

资料来源：该案例素材取自公开的新闻报道和互联网，编者对部分内容进行了改写。

提示问题

1. RIKA 的财务造假问题为什么不影响其全国 3 000 多家门店的正常运营？
2. 假如你现在是 RIKA 的一家门店店主，你在提升门店营业额方面有什么好的策略？

参考文献

[1] 曾丽雅．科技创新的体制障碍与改革方向 [J]．企业经济，2012，31（11）：150-153．
[2] 黄蓉生，方建．创新思维的理论逻辑与实践运用 [J]．中国高校社会科学，2020（2）：34-42，157-158．
[3] 詹泽慧，梅虎，麦子号，等．创造性思维与创新思维：内涵辨析、联动与展望 [J]．现代远程教育研究，2019（2）：40-49，66．

第 2 篇

PART 2

新产品开发、创新标杆及产品演进

第 3 章

CHAPTER3

新产品开发流程

前面章节在介绍产品创新的时候，重点提到了产品创新可以分为新产品开发和产品改进两个基本方式。其中，新产品开发由于涉及更多的知识，过程相对复杂，可能带来新的需求和市场，因此面临更大的技术风险和市场风险。本章重点围绕新产品开发流程展开相关知识讲解，并结合相关的案例进行分析。

3.1 产品开发的一般流程

在部分教材和文献中，产品开发和新产品开发并没有进行严格区分，这其实也存在一定的合理性。无论是英文语境下的“ product development”，还是中文的“产品开发”都可以认为包含新产品的开发。但是，大部分产品开发都是针对已有产品的改进，例如，对 A 公司最新开发的变频空调而言，该变频空调对于 A 公司可能是新产品，而对市场上的其他企业来说，变频空调并不算新产品。因此，新产品开发需要放到不同环境中予以全面考虑。

新产品开发（new product development，NPD）可以从不同维度和视角来定义。如果是开发一款市场上暂时处于空白状态的产品填补某种潜在市场需求，或者市场盲点，这属于较重大的创新活动；如果仅仅基于企业视角观察新产品开发，该产品可能是市场已有的成熟产品，或是简单改进的产品，也有可能是填补市场空白的新产品，这就需要结合具体的市场状况来考察该产品的新颖（novelty）程度。

一般而言，产品开发是企业改进老产品或开发新产品，使其具有新的特征或用途，或者改进性能以满足用户的需求。由于市场需求经常变化，而且用户本身对产品性能和质量的要求逐渐提升，企业只有不断改进产品，增加产品的功能或改进性能，不断提高产品质量，才能适应用户不断变化的需求。例如，家用照明技术的升级、电视和汽车产品的更新换代、家电产品的不断迭代等。除了有形产品外，服务性的无形产品依然需要遵循产品自身演进的某些特定规律。

从图 3-1 可以看出，产品（含新产品）开发的一般流程包括：产品创意、产品定义、产品开发与测试、产品推广和上市后产品生命周期管理几个不同的阶段，而每个阶段所面临的任务与挑战均不同。在实际的产品开发过程中，还可能会根据市场和用户反馈对产品进行迭代更新和改进，因此图 3-1 只是一个基本的产品开发流程，每个不同阶段可能涉及一些不同的分支流程。

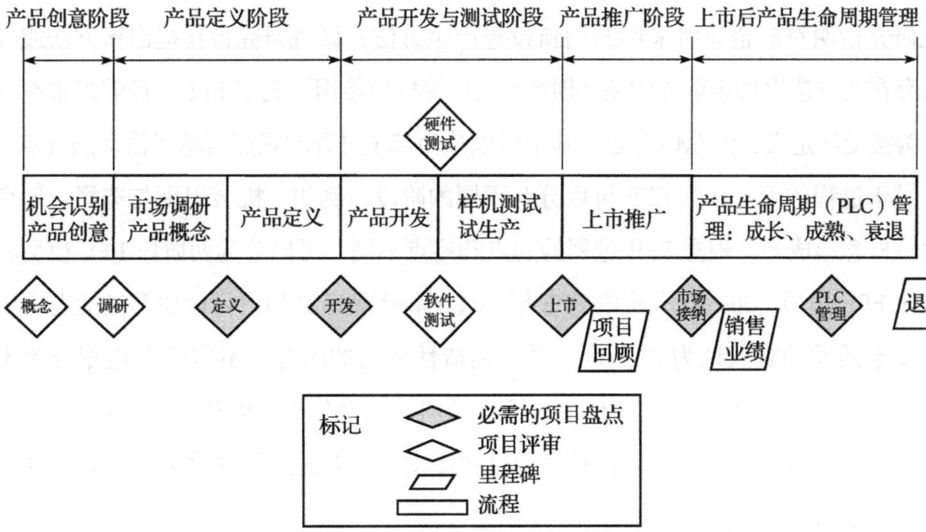

图 3-1　产品开发的一般流程

此外，图 3-1 中的产品开发基本流程展现的是一种线性模式，而实际的产品开发或企业产品开发可能是并发模式，往往是非线性推进的，即不同阶段也存在连续的信息交互和协同推进的现象。

3.1.1 产品创意阶段

1. 产品创意

产品创意的概念有狭义和广义之分。狭义的产品创意一般是企业从自己角度考虑它能向市场提供的可能产品的构想。这种构想的可能产品既迎合了市场的需求，也体现了企业或研发者自身的研发和创造能力。一个好的产品创意可能会带来整个行业的变革，对于一个行业的发展有着重要意义和价值。

产品创意阶段所面临的主要任务包括创意的结构化表述、初步市场机会分析、初步的客户需求评估等内容。这个阶段的输出包括围绕市场、技术和财务等维度开展的新产品机会分析报告。

2. 模糊前端

产品创新最初的阶段被称为模糊前端（fuzzy front end，FFE）。通常认为FFE阶段的创新设想产生是神秘而困难的。关于这方面的研究可分为宏观与微观两类。宏观研究指明目前企业所采用的创新设想产生方法；微观研究旨在提出新方法或改进已存在的方法以供企业或创新（创意）工厂等机构使用。关于FFE，目前尚未有一个广为接受的定义，但总体而言，基本可以分为基于过程的观点与基于活动的观点。

基于过程的观点认为FFE可以分为不同的阶段，例如，机会识别与选择、创意产生、概念形成等。根据FFE过程的起点和终点不同，可以分为两阶段FFE模型和多阶段FFE模型，而一些多阶段FFE模型甚至将产品定义和项目计划都包括进来。

基于活动的观点认为FFE是一系列创造性活动的综合，不能简单地划分为不同的阶段。例如，有学者将FFE分为机会识别、机会分析、创意产生、创意选择、概念形成和技术开发五大活动，并强调这些活动并没有先后顺序之分，有些活动可能会发生多次。

3.1.2 产品定义阶段

1. 产品定义阶段的内容

产品定义阶段的主要内容包括市场调研、产品概念模型生成和产品定义三个部分。其中，市场调研和产品概念模型生成在某些时候也可以合并到产品创意阶段。因此，市场调研和产品概念模型生成是产品创意和产品定义两个阶段的过渡与衔接。

（1）**如何生成产品概念模型？**产品概念模型生成需要开展大量的头脑风暴和市场调研等相关工作，并且需要进行多轮的概念模型迭代，才能尽量完善产品概念模型。产品概念模型生成相关的流程如图3-2所示。

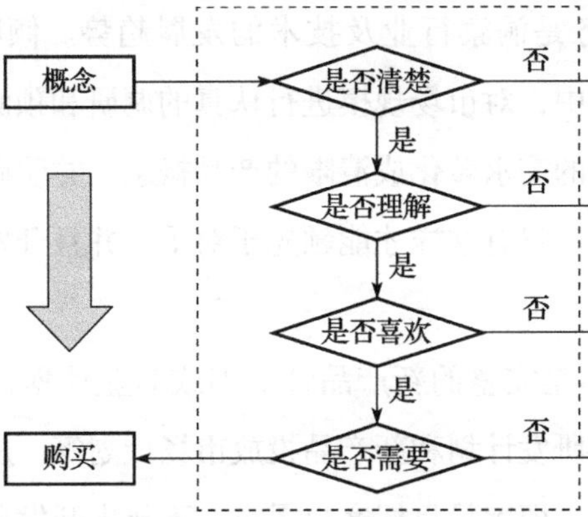

图3-2 产品概念生成相关流程

产品概念模型生成需要综合考虑企业、行业和市场，甚至考虑制度和政策等因素。具体而言，普遍意义上的产品概念模型可以参考以下基础模板（见表3-1）。

表3-1 产品概念描述模板

产品概念________
版本号________
1. 客户需求、客户问题和场景假设
要求：尽量全面反映客户需求和愿望，以及客户使用环境场景。
2. 核心创意
要求：用一句话概述如何满足客户（心理）需求。
3. 解决方案
要求：把核心创意分解为功能要求和技术要求，功能要求应描述项目最终交付产品的特征，技术要求根据功能要求产生，把创意转变成有形的针对消费者心理的实体。
4. 客户的收益
要求：具体描述产品如何满足客户需求及其关键利益，以及客户对产品的特征有什么感觉。
5. 产品的价值
要求：具体描述该产品如何产生价值和企业收益。

【课堂练习3-1】某牙刷生产厂家考虑生产一款全新的牙刷产品，请考虑构想这款在市场上全新的牙刷，并生成概念模型。

【课堂练习 3-2】 某计算机配件生产厂家考虑生产一款全新的键盘，该键盘综合了多种功能，请考虑其概念模型。

（2）在概念模型的基础上，如何进一步详细定义产品？

第一，能否做好新产品定义是决定产品开发与否的关键评估指标，以产品创新设计获取利润的公司极少会把没有做好产品定义的产品推向市场。

产品定义前期阶段的任务是洞察行业及技术的发展趋势。倾听客户的声音，将客户的需求融入新产品开发中，对市场规模进行认真的调研和预测，提高市场需求分析的准确度，同时将模糊的需求转化成清晰的产品概念，并明确产品的关键成功指标，包括产品功能的取舍。只有这样才能领先于对手，并且开发出满足潜在或未来需求的产品或服务。

第二，产品定义要交付的是完整的新产品计划书或商业计划，它包括产品的市场分析、新产品财务分析、研发计划和新产品投放市场计划等，从而保证新产品开发项目的四个目标同时实现，即满足目标客户需求，不超出开发预算，保证产品质量，以及产品按时上市。根据新产品研发成本的统计，产品定义阶段只花费了新产品研发总投资的 20%，而新产品所有成本的 80% 是在产品定义阶段决定的。

第三，从国内外优秀企业的产品开发实践来看，在市场营销体系中最重要的是产品市场部（或组），这个部门的主要职责是做新产品的定义，包括决定市场开发、市场宣传和渠道开发计划的制订和执行。

公司往往会安排非常有经验的市场人员担负新产品定义这一重要任务。公司高层，包括公司总经理以及市场、财务、销售和生产部门的总监，往往都会亲自参加产品定义阶段的评估会议，并签署同意与否的意见。如果新产品定义没能通过评估，新产品开发的所有工作就会被叫停或按产品定义阶段的任务重新开始。

图 3-3 所示为产品定义流程图。可以看出，产品定义在整个产品开发过程中扮演着极为重要的角色，是客户需求调研和产品创意、产品概念测试、市场分析和财务分析的重要总结，同时又是生产和市场投放阶段的重要发起点（参考图 3-1）。在市场分析和调查阶段，更为准确地把握客户需求就显得尤为重要，而客户需求的分析和呈现，则可以用经典的卡诺模型（也称 Kano 图）来表示，如图 3-4 所示。

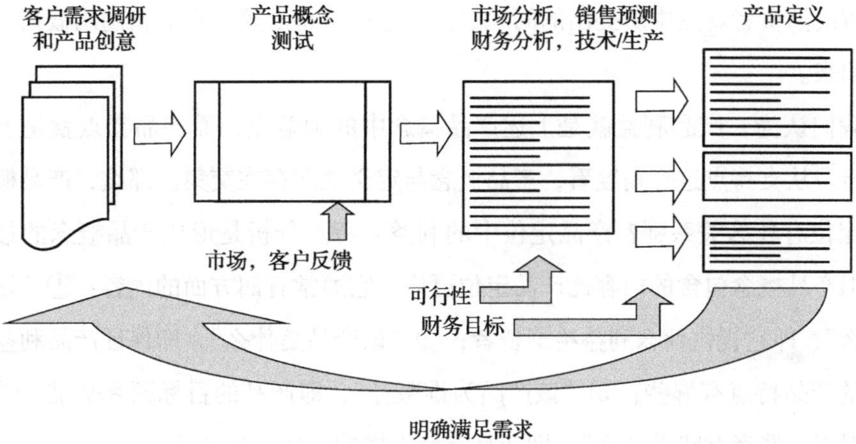

图 3-3　产品定义流程图

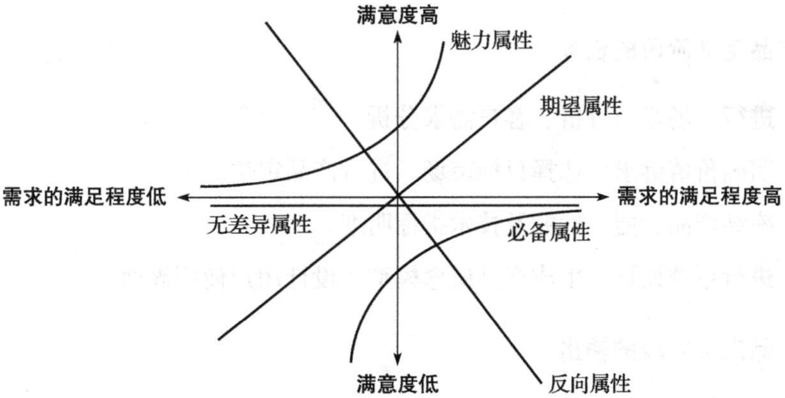

图 3-4　面向客户需求测试的 Kano 图

资料来源：百度百科“Kano 模型”词条，有改动。

卡诺模型是一种较为经典的产品需求分析模型，但是也存在指标难以量化和测度，以及不同指标之间的权重如何选择和排序等若干应用问题。因此，在实际产品开发工程中，还可以与一些定量化模型和分析方法联合使用。当然，卡诺模型还可以用来对互联网服务、电子商务网站、企业的品牌、产品和服务等进行评价。

产品概念测试就是将企业初步设定好的一个产品概念或几个可以替代的产品概念，展示于一群目标消费者面前，并获取其反应。在进行产品概念测试时，通常用文字来表达或用图片来描述产品概念。

通常，一个完整的产品概念由四部分组成：①消费者观点，从消费者角度提出有关问题；②利益点，说明产品能为消费者提供哪些好处；③支持点，解释产品是怎样解决消费者观点中所提出的问题的；④总结，将上述三点的精髓用概括的语言表达出来。

我们认为，产品利益就是上述产品概念中的利益点，而产品特点就是上述的支持点。从支持点这个角度看，产品概念与定义之间存在交集。那么，产品概念和产品定位有什么关系呢？产品定位中的利益 – 特点分析是形成产品概念的最好来源，但产品概念包含的内容比产品定位更广，它通常有四方面的内容：①“该产品做什么”，即它提供什么利益给消费者；②“该产品是什么”，即保证产品利益得以实现的产品特点有哪些；③“该产品为谁服务”，即产品的目标顾客是谁；④“该产品对于消费者意味着什么”，即产品有什么样的个性、形象等。

具体而言，产品定义阶段的任务、输出、面临的挑战如下。

2. 产品定义阶段的任务

（1）进行市场竞争分析、客户需求分析。

（2）明确价值诉求，选择目标市场，进行产品定位。

（3）冻结产品功能、性能及技术指标明细。

（4）进行系统设计，生成产品概念模型，设计用户使用界面。

3. 产品定义阶段的输出

（1）最终产品定义——作战方案。

（2）最终的新产品财务分析。

（3）更新研发计划。

（4）初步生产计划、新产品投放市场计划。

4. 产品定义阶段面临的挑战

（1）产品功能指标的取舍。

（2）产品投资效益的评估。

（3）销售预测、产品定价。

如果把新产品的开发看成产品创新的一场战役，新产品定义就好像是作战方案，除了要有战场地图、战情分析、作战方针，还要有必须拿下的战略阵地、兵力部署、作战时间表。

3.1.3 产品开发与测试阶段

从产品创意生成到最终形成一个完整的产品，困难和挑战重重，其中包括：产品创意能否完全实现，产品定义阶段的技术和非技术参数能否高效实现，客户需求能否以一个较为合理的成本来满足，现有工艺是否需要改进等一系列相关的实际问题。

产品开发与测试阶段的主要任务涉及工业设计（抓住客户的目光）、样机开发（打造产品原型）、规划产品开发战略路线图（如何推进产品开发与企业战略契合）、规划产品平台（平台的可重复性）、产品族设计、产品构架和衍生产品设计等。

在产品原型开发完毕，以及小批量的生产完成之后，可以进行小范围的试用和测试，并通过收集客户的反馈对产品的功能和性能予以进一步完善。在产品测试期间，目标用户群体的选择应当尽量符合随机抽样的统计学原则，从而可以减少误差，提高客户反馈的有效性。

产品测试除了需要进行最终用户测试之外，还需要进行其他合规性检测和质量及性能检测。进行批量化生产之前的各类产品测试非常关键，需要尽量发现潜在问题，否则一旦进入大批量生产环节，纠正错误的成本就会变得极为高昂，甚至导致整个产品的失败。

【课堂练习 3-3】假设某个电子厂最近准备开发一款新的充电宝产品，你认为需要做哪些质量及性能检测，以及合规性检测？假设其中一项合规性检测未通过，你能否模拟出一个折中的解决办法（场景）？

3.1.4 产品推广阶段

产品在完成小范围测试、进一步完善功能和性能，以及优化产品相关的供应链之后，可以考虑制订详细的市场推广计划，选择合适的销售渠道和目标客户群体，开展大规模的市场推广活动。进行新产品（服务）的市场推广需要制定详细的营销策略，在企业总体战略指引下，开展具体的渠道开拓、经销商管理、品牌宣传和运营以及大客户管理等相关的工作。

一般而言，新产品进入市场时有两种规模可供选择：一是针对目标细分市场全面投放新产品，二是针对目标细分市场采用某种顺序进行滚动式投放。目标细分市场可以是一个，也可以是多个。一个细分市场还可以划分为多个亚（子）市场，以便更好地进行资源配置。

典型的细分市场包括按产品的采用范畴、地理区域、分销渠道、销售队伍、广告媒介以及某些其他有用的变量划分的市场。新产品的目标细分市场可以是这些市场中的任何一个。产品进入市场的方式可以是滚动式进入，也可以是全面铺开式的投放。例如，对于时装等依靠口碑传播或示范作用而取得成功的产品，可以采用滚动式的市场进入，将初期的重点集中在追赶潮流的一群人身上，会以较小的成本取得较大的收益。因为这一部分客户会因为自己的满意而影响到身边的朋友，或通过这些客户的示范作用带动许多潜在消费者。

但是，对于啤酒、烟草等产品，按地理区域划分的细分市场，可能是市场进入的最佳目标。由于这些产品在各地都有竞争者，因此全面铺开式的投放可能不太现实。实际上，很多啤酒厂商首先是进入地理位置接近的细分市场，然后才扩展到地区、全国，并最终扩展到全球。至于洗发水、洗面奶等日用品，可以通过不同分销渠道的细分市场滚动式投放。例如某新型洗发水，可以先在高价的百货商店、精品专卖店销售，然后可以滚动到杂货店销售，最后滚动到折扣商店销售。

当然，对于大部分的新产品，针对目标细分市场进行全面铺开式的投放也是可行的，但如果不是拥有强大实力的企业，采用这种方式则可能会面临不必要的麻烦。新产品采用滚动式进入方法，可以在存在高风险和对市场反应不能确定的情况下取得较好的效果。因为从第一个细分市场学习到的经验，可以为第二个细分市场的进入服务，进而调整既定的市场投放营销计划。因此，进行足够的学习之后，进入某些细分市场可能不需要做市场调研。

3.2 集成产品开发

集成产品开发（integrated product development，IPD）是一种相对成熟的产品开发的管理思想、模式和方法。它是根据大量成功的产品开发管理实践总结出来的，被 IBM、思科、华为等国内外知名企业成功实施，且被证明是一种高效的产品开发模式。

IPD 基本上涵盖了产品从概念到生命周期结束的全过程管理，是一套完整的、系统性的、可操作的产品开发模式。IPD 对传统研发体系中存在或隐藏的各种弊端具有较好的针对性，并且均提出了较好的解决办法。集成产品开发的系统性强，但并不僵化，尽管流程实施有些复杂但不失灵活，可以根据企业自身的特点进行灵活的裁剪和定制，因此受到了高科技企业和行业的欢迎并被广泛采纳。

一般而言，IPD 将开发流程划分为六个阶段，分别为：概念、计划、开发、验证、发布、生命周期（见图 3-5）。在 IPD 的流程中有定义清晰的决策评审点，这些评审点不仅仅是技术（technology）评审，更多的是业务（business）评审，更关注产品的市场定位以及盈利前景，只有完成了规定的工作（环节），才能由一个决策评审点进入下一个决策评审点。

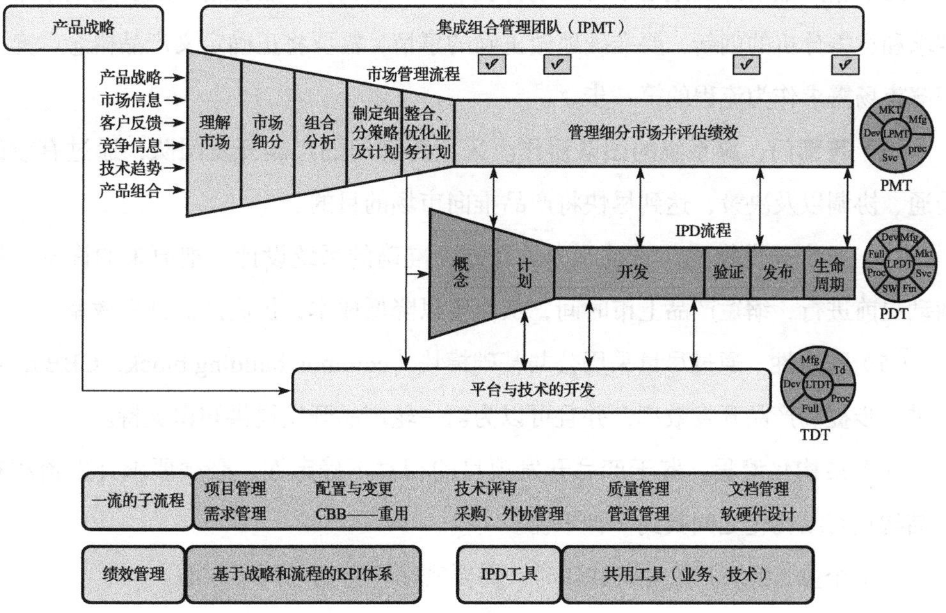

图 3-5　IPD 的基本框架

在上述 IPD 的六个阶段，每个阶段都有其阶段性的目标、关注点以及需交付的阶段性成果。在 IPD 中，一般有两种类型的团队：一个是管理决策层的 IPD 团队，被称为集成组合管理团队（integrated product management team，IPMT），另一个是执行层的产品开发团队（product development team，PDT）。上述两个团队由开发、市场、生产、采购、财务、制造、技术支持等不同部门的人员组成，其人员层次和工作重点都有所不同。IPMT由决策层人员组成，他们确保公司在市场上有正确的产品定位，保证将公司有限的资源投入到高回报的项目上。PDT是具体的产品开发团队，他们制定具体产品策略和业务计划，按照项目计划执行并且保质保量完成。

IPD的关键要素包括跨部门团队、结构化流程、一流的子流程、基于战略和流程的KPI体系、IPD工具等。作为业内先进的产品开发理念，IPD的核心思想概括如下：

（1）**新产品的开发是一项投资决策**。因为它是投资决策，所以需要对它进行有效的投资组合分析，在开发过程中，设置检查点，通过阶段性评审来决定项目是继续、暂停、终止，还是改变方向。

（2）**新产品的开发是基于市场的开发**。IPD强调，产品创新一定要是基于市场需求和竞争分析的创新，要准确地做正确的事情，需要将正确定义产品概念、充分理解市场需求作为流程的第一步。

（3）**跨部门、跨系统的团队协作**。采用跨部门的产品开发团队，通过有效的沟通、协调以及决策，达到尽快将产品推向市场的目的。

（4）**异步开发模式**。通过严密的计划、准确的系统设计，把原来的许多后续活动提前进行，缩短产品上市时间，从而可以降低成本，提高产品开发效率。

（5）**重用性**。通过尽量采用公共基础模块（common building block，CBB），可以进一步提高产品开发效率，并且可以为新一轮产品开发提供知识支持。

（6）**结构化流程**。鉴于产品开发项目的相对不确定性，必须要求开发流程在非结构化与结构化之间找到一种平衡。

一个企业（组织）在实施IPD时，需要密切注意如下两个方面：

一是整体规划、分步实施。IPD的组成要素是相互关联且彼此独立的，企业完全可以根据自己的实际情况和需要，分步实施，或者结合实际情况，可以考虑优先实施结构化流程、项目管理、异步开发与公共基础模块这几个方面。

二是实施IPD需要相关软件来支撑一系列流程、制度、方法和模板，常用的有微软的Project Server、青铜器RDM研发管理系统、IBM的Rational系列等。

3.3 发明问题导向的新产品开发流程

3.3.1 发明问题解决理论

发明问题导向的思想来自经典的萃智理论（TRIZ）。TRIZ（俄文“теории решения изобретательских задач”的缩写，“ТРИЗ”被翻译为“发明家式的解决任务理论”，用英语标音可读为 Teoriya Resheniya Izobreatatelskikh Zadatch，缩写为 TRIZ。英文说法：Theory of Inventive Problem Solving，TIPS），也有人缩写为 TIPS。TRIZ，直译是“发明问题解决理论”，国内形象地翻译为“萃智”或“萃思”，取其“萃取智慧”或“萃取思考”之义。

TRIZ 之父是苏联专利分析科学家阿奇舒勒先生。他在整理第二次世界大战接收的德国专利数据库的过程中，逐渐发现这些发明专利可能存在一些共性的特征和规律，也就是说，通过对几十万专利的分析和总结，阿奇舒勒和他的团队认为，发明创造除了传统的头脑风暴和不断试错之外，可能也存在一定的规律性，而这些规律性的知识可以极大提高产品创新的效率，甚至成功率。

毫不夸张地说，TRIZ 理论及应用在美、苏两个超级大国对抗的“冷战”时期发挥了积极作用，尤其在生产实际、技术创新和工艺优化等方面，具有较为显著的作用和功效。

20 世纪末和 21 世纪初我国开始引入有关 TRIZ 的理论和书籍，在中华人民共和国科学技术部（以下简称“科技部”）及科技部下属的 21 世纪议程中心等机构的大力资助和扶持下，以 TRIZ 为代表的创新方法开始逐渐被更多的高校、企业和研究机构所了解。一些高校和培训机构纷纷开办了相关的课程，也是对国家“大众创业、万众创新”战略的积极回应和具体实践。

在导入了 TRIZ 的一些理论和方法之后，传统的新产品开发流程也发生了一些变化，逐渐形成目前（新）产品开发的一种全新框架。

3.3.2 导入发明问题解决理论思想的新产品开发

在导入了 TRIZ 的基本思想之后，新产品开发需要进一步应用逆向或超前思维，综合考虑以下问题：

- 什么是系统的最终目标？（设计最终目的为何）
- 什么是理想化最终结果？（理想解是什么）
- 哪些事情阻止我们获得理想化最终结果？（达成理想解的障碍是什么）
- 这些事情为什么阻碍我们获得理想化最终结果？（出现这些障碍的原因是什么）
- 如何使前项"阻碍因素"消失？（不出现这些障碍的条件是什么）
- 可以使用哪些资源建构环境？（存在哪些可用资源来创造这些条件）
- 是否已有其他产业或研究能解决了此问题？（是否已经有了可以借鉴的标杆）

从上述TRIZ基本思想所提炼的一些问题，可以进一步帮助企业在产品开发的时候更为深入地考虑新产品研发的最终目标和价值点。TRIZ理论体系对创新的本质也有着相对独特的理解和度量。

首先，TRIZ认为，创新就是产品的关键价值参数（main parameter of value，MPV）的提升，而所谓的MPV就是顾客（用户）愿意付钱购买的功能或性能，可以理解为对产品或服务消费决策过程做出关键贡献的因素。

其次，人类世界的绝大多数发明是对原有系统不同程度的改进，使得系统更加完善。

最后，发明不是高深莫测的，绝大多数发明都是利用相同的原理在不同领域和行业进行创新。

3.3.3 导入TRIZ思想的新产品开发流程

在TRIZ的基础体系中，发明问题的识别处于关键地位，因此，TRIZ的很多理论和方法都可以帮助确认和识别发明问题，其中包括创新标杆、功能分析与建模、流分析、因果链分析、进化法则分析、功能裁剪、功能分析等，而这些方法还可以与头脑风暴、聪明小人、鱼骨图分析等方法进行集成（见图3-6）。

从图3-6可以看出，总体流程与传统的产品开发没有区别，可以分为问题识别、问题解决和概念验证三个基本阶段。但是，无论是问题识别还是问题解决，在导入了TRIZ之后，TRIZ的矛盾分析、40个发明原理、标准解、产品进化法则等方法均可以应用到产品创新过程中。

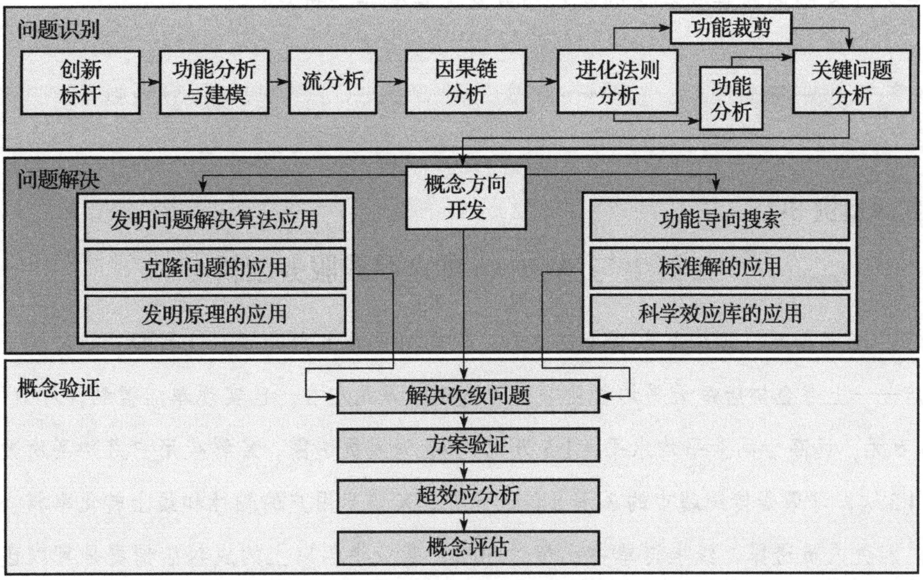

图 3-6　导入 TRIZ 思想的新产品开发流程

本章小结

本章主要介绍了有关产品开发流程的相关知识，其中有关集成产品开发和导入发明问题理论的新产品开发流程是目前很多大型高科技企业都在实施的产品开发或研发管理模式，具有很好的管理实践意义。

此外，本章对后续章节内容做了一个总体概括和铺垫，重点介绍了导入 TRIZ 的新产品开发流程等相关的知识，读者需要进行深入理解，并阅读一些课外资料进行自我学习和强化。

复习思考题

1. 产品开发的一般流程有哪些？
2. 什么是集成产品开发？
3. 什么是产品开发的模糊前端？
4. 产品创意阶段的模糊前端存在哪些挑战和困难?
5. 如何进一步改进产品创意的模糊前端问题?

6. 什么是发明问题解决理论？

7. 导入了发明问题解决理论的新产品开发流程有哪些特点？

实践案例 3-1

X鲜生与Webvan的产品或服务创新

2016年前后，国内某电商企业的新一代电商平台X鲜生正式上线投产。X鲜生首家店——上海金桥店每天平均营业额就可达100万元左右，已实现单店盈利，坪效[⊖]约5.6万元，远高于同业平均水平（1.5万元）。管理人员透露，X鲜生用户月购买次数达到4.5次，坪效是传统超市的3～5倍。此外，X鲜生用户的黏性和线上转化率相当惊人。相关人员透露，线上订单占比超过50%，营业半年以上的成熟店铺更是可以达到70%，而且线上商品转化率高达35%，远高于传统电商。

从远期规划来看，X鲜生对自身的定位先是一家物流企业，其次才是一家超市，公司会持续地布局产地直采、自建仓储以及自建物流，从而实现未来对外从品牌到产品及技术的输出。

2020年初暴发的新冠肺炎疫情期间，X鲜生的网上订单数量相较2019年同期激增220%，但平均客单价却从2019年的80～90元下降至40元左右。相关人士透露，原因在于疫情期间民生单品需求暴增，网上订单主要集中在蔬菜、柴米油盐、方便面、冷冻食品等，同时客户购买频次增加，也摊薄了客单价。同样带来的问题是人员紧缺。在货源方面，很多产品无法从外地很快运到上海，也造成了一部分商品短缺。

相比X鲜生所取得的成功，电商生鲜Webvan就颇具悲剧色彩，是产品定义和设计失败的经典案例。

成立于1996年的美国生鲜O2O企业Webvan在没有完全搞清楚用户在哪里的时候，就斥资4 000万美元建了一个现代化生鲜仓库，该仓库在那个时代就实现了自动化，即使放到现在，也体现出了技术先进性。

1999年，当Webvan的仓库投入应用之后，从来就没有达到过盈亏平衡点，始终

⊖ 每坪的面积可以产出的营业额。

也没有达到它所需要的订单数和用户数。1999年5月，Webvan仓库中心开始正式运行，6月接到了第一个订单，一个月之后它和一个大供应商签订了10亿美元的合约，准备和这个供应商在美国复制26个大型仓库，总金额大约是10亿美元，平均每个仓库的花费是3 000万～4 000万美元。

1999年8月，Webvan首次公开募股，即使是在互联网泡沫时期，这也是当时最大的IPO之一，高达4亿美元。Webvan的估值曾经一度高达85亿美元，超过当时美国三大生鲜杂货零售商的市值总和。但是，这家公司最终的命运是在运行了两年之后，也就是2001年7月份，宣告破产。从1999年8月IPO到2001年7月，两年间Webvan烧掉了12亿美元。如果把Webvan的订单数和消耗的资金做一个对比，可以发现，Webvan每接受一笔订单，消耗的资金是130美元。不仅如此，这家公司的破产不仅把自己带入深渊，最重要的是把整个产业带入了深渊。Webvan的惨败导致很长一段时间所有的美国风险投资机构都不敢踏入这个行业，这就是为什么美国生鲜行业O2O在20年前就开始了，现在却落后于中国。

资料来源：案例素材来自公开的新闻报道和互联网，编者对部分内容进行了改写。

提示问题

1. 对比X鲜生的成功，电商生鲜的先驱Webvan失败最主要的原因是什么？
2. 1996年成立的Webvan的商业模式与2016年成立的X鲜生有本质区别吗？

实践案例 3-2

华为公司实施IPD的经验分析

华为公司是第一家引进和实施IPD，也是受益最大的国内高科技企业。1999年初，在IPD项目的启动会议上，IBM咨询作为华为聘请的管理咨询机构，其项目经理说：“IPD将优化华为公司的整体运作。”当时很多人将信将疑，但几年下来，IPD确实帮助华为建立了世界级的研发管理体系，并优化了公司的整体运作。

其实，从1998年初，华为就开始自己摸索实施IPD，也取得了一定的经验，但走了很多弯路。当时，华为成立了项目组（成员主要由一批MBA构成），要求设计出行之有效的解决方案。为了避免被打扰，华为专门为他们在一间酒店配备了办公室。最后，项目组拿出了一套基于IPD的研发体系变革方案，并进行了推广实施，期望公司研发从此按照IPD模式来运行。

华为按照新的方案调整了组织结构，基于IPD的研发流程和项目管理体系也在各产品线推行。看起来各项目组开始按照IPD模式运作了，也积累了一定的经验，然而，效果并不像人们预期的那样。此次变革遭到了很多老员工的抱怨，有人认为，此次变革不仅没有解决原有问题，同时又产生了不少新问题，也有人认为，新流程占据了他们过多的时间而没有效率，还有人因为难以适应新的工作方式而不满。其中以下问题尤为突出：

首先，变革后研发组织从结构上看并不是一个真正的新产品开发机构，并没有贯穿产品开发的全过程，产品经理也没有获得充分授权，其成员大部分来自研发部，生产和服务部门的人员还正在逐步参与，市场方面目前只有一个接口人，而且这个接口人本身又可能忙于其他事情，市场指导作用有限或信息不明确，有时甚至造成误导。

其次，新转变过来的各个部门、各个职位的职责没有很好地定义清楚，同时也缺乏合理有效的绩效考评指标。实际运作中有时候不但没有提高效率，反而使效率降低。最突出的一点就是产品线与资源线之间的关系没有很好地定义清楚和理顺。

另外，大多数产品经理来自研发部门，技术比较好，但在管理方面缺乏相应的培训或缺乏管理方面的技能。同时，由于个人业务经验方面的局限性，他们在处理问题时习惯以技术为导向，不太注意站在市场、用户角度去考虑产品开发。

在研发流程方面，对研发全过程考虑得不是很全面，在实际运作中存在很多不合理的地方，如流程的整体架构和层次不清晰，主流程和子流程之间脱节，流程之间的关系不顺畅。在流程的实际运作中，职能部门扮演的角色比产品线要重要得多，造成人为割裂流程，如研发流程、中试流程、生产流程等，这种随组织结构而制定的各种流程之间的接口松散，出现有些问题没人管、有些问题多方管的现象，在这些接口上做大量的协调、沟通工作，会浪费大量的人力、物力。

后来，华为公司经过分析认为，不能再闭门造车，需要请咨询机构来帮忙。于是华为决定请IBM咨询来帮助解决问题。

根据IBM咨询的方法论，华为项目划分为关注、发明和推广三个阶段。在关注阶段，华为进行了大量的“松土”工作，即在调研诊断的基础上，进行反复的培训、研讨和沟通，使相关部门和人员真正理解IPD的思想和方法。发明阶段的主要任务是方案的设计和选取三个试点，并教练试点按IPD进行运作。推广阶段是逐步推进的，先在50%的项目中推广，然后扩大到80%的项目，最后推广到所有的项目。

IPD在华为公司的实施是艰难的，不仅因为IPD牵涉的面很大，还因为华为公司规模大、产品线宽、系统复杂、技术含量高。华为公司总结出来的“先僵化，后优化，再固化”的经验，后来成为国内其他企业纷纷效仿的系统实施原则。

资料来源：该案例素材来自互联网，编者进行了相关的整理和修改。

提示问题

你如何看待IPD在华为公司的实施经验，华为公司的经验能否应用到规模较小的研发类企业？

实践案例 3-3

韩国三星电子公司全面导入TRIZ开展产品研发和创新活动

韩国三星电子公司（以下简称“三星电子”）成立于1969年，早期靠引进日本家电技术发展起来；20世纪80年代中期，进入半导体产业；世纪之交，三星电子获得突破式发展。2006年1月，三星电子市值突破1 020亿美元，正式迈入千亿美元集团行列，并且远超索尼的410亿美元市值。2020年，三星电子销售额突破2 108亿美元。2020年12月24日，三星电子市值突破4 754亿美元。

三星电子1990年就引入TRIZ系统，用它来进行发明思考。现在，每个新员工都要参加TRIZ培训，TRIZ已经成为三星电子的文化。2003年，三星电子产品生产因采用TRIZ理论指导项目研发而节约成本1.5亿美元，同时通过应用TRIZ理论研制开发的67项研发项目中有52项成果成功申请了专利。三星公司也因此在2003年成为全球品牌价值增幅之首；2004年，三星电子创造了全球市场份额第一的成绩；2005年，三星电子品牌价值达149亿美元；2006年，三星电子获得美国发明专利2 453项，从“技术跟随者”成为“行业领跑者”。2003年，三星TRIZ协会成立。由于三星电子在推广实施TRIZ过程中取得的突出成就，三星TRIZ协会成为国际TRIZ协会唯一的企业会员。2003年，三星机电SEM首次举办年度TRIZ竞赛。2005年1月16日，CEO尹钟龙表示：未来的发展取决于技术，而专利是技术的核心。在2005年和2006年，三星电子要分别注册2 000多项专利技术（以申请美国专利为准）进入世界前5大专利企业排行榜，并于2007年进入前3位。2005年，三星电子以1 641项美国发明专利授权超过Micron Technology和Intel，在全球排名第5，领先于Intel和日本竞争对手索尼、日立、松下、三菱和富士通公司。

可以说，在1998年之前，三星电子只是一家著名的韩国企业，但现在，已成为世界著名的跨国公司。是什么力量使三星电子从一个世界上的二流企业变为世界一流企业，使之从一个技术上的“跟随者”成为“领跑者”？其中，以TRIZ为核心的技术创新理论和方法实施所造就的创新企业文化，功不可没。2005年9月19日，美国《财富》杂志75年专刊发表的《三星：永久的危机机器》一文中，三星首次在主流媒体上宣布技术创新成功的秘密与实施TRIZ密切相关。三星电子自创立至今，其产品开发战略演变大致经历了“拷版战略”“模仿战略”“紧跟技术领先者战略”和“技术领先战略”四个阶段，TRIZ相关的新产品开发策略扮演了积极角色。

资料来源：韩国三星电子公司实施TRIZ的资料主要来自互联网和三星公司网站，部分资料为直接从英文翻译过来，编者进行了部分改写。

提示问题

1. 三星电子为什么要导入TRIZ？
2. 三星电子的成功可以全部归功于导入TRIZ吗？
3. 三星电子如何在整个公司实施TRIZ？
4. 导入TRIZ的新产品开发流程与传统产品开发流程存在哪些本质的区别？
5. 导入TRIZ的新产品开发流程与集成产品开发存在哪些联系和区别？可以进行互相整合吗？

参考文献

[1] 檀润华，杨伯军，张建辉．基于TRIZ的产品创新模糊前端设想产生模式研究[J]．中国机械工程，2008，23（16）：1990-1995．

[2] 陈劲，王方瑞．技术创新管理方法[M]．北京：清华大学出版社，2006．

[3] 檀润华．TRIZ及应用：技术创新过程与方法[M]．北京：高等教育出版社，2010．
[4] 翟丽，洪志娟，张芮．新产品开发模糊前端研究综述[J]．研究与发展管理，2014，26（4）：106-115．
[5] 万莉，崔紫芳，程慧平．基于卡诺模型的移动云存储服务质量要素分类研究[J]．现代情报，2019，39（11）：98-106，177．
[6] 胡东方，李奕辰，李彦兵．基于卡诺和人工免疫系统的顾客需求产品设计[J]．计算机集成制造系统，2018，24（10）：2536-2546．
[7] 金春华，高俊山．基于卡诺模型的B2C电子商务网站质量要素研究[J]．中国流通经济，2018，32（4）：77-84．
[8] 王永贵．产品开发与管理[M]．北京：清华大学出版社，2007．
[9] 梁鸣．集成产品开发（IPD）探讨[J]．科技管理研究，2010，30（17）：120-122．

第 4 章
CHAPTER4

产品创新标杆与产品演化

当前婴儿和老年人用的“尿不湿”的主要原料之一是高吸水性树脂（简称高分子 SAP），它是以淀粉和丙烯酸盐为主要原料制成的。之所以称之为“尿不湿”，是因为其突出特点是吸水和蓄水量大得惊人。实验发现，SAP 可以吸收的生理盐水是其自身重量的 40 ～ 60 倍，可以吸收的纯净水是其自身重量的 50 ～ 100 倍。尽管 SAP 目前非常流行，但最早的产品是单独制造给宇航员用的，在 20 世纪 90 年代初期开始大规模民用的时候，也是借鉴了早期制造飞机零部件的粉尘打孔技术，这是该产品走向民用并被大规模批量生产的重要技术之一。

4.1 创新标杆的内涵

相对于普通民用技术或产品开发而言，军事、航空航天和医疗等高精尖行业由于涉及国家层面的安全和竞争，以及人类健康和生命保障等方面的关键问题，因此，这些行业更容易得到并应用更为先进的技术，而国家和地区也往往首先考虑将一些最新的科学成果和新兴技术应用到这些关键行业中，甚至有时候不考虑应用成本，仅考虑实际效果。但是，经过一段时间的技术转化和应用之后，军事、航空航天和医疗行业的很多高精尖技术也具备了转为民用的前提和基础。综上所述，创新标杆是指针对某项具体的技术难点或产品发明问题，首先需要充分考察在军事、航空航天和医疗等领域可能已投入使用的技术或解决方案。尽管这些技术或解决方案可能不一定完全适合当前产品创新或发明的问题情景，但其所蕴含的科学原理或技术可以被借鉴、模仿或直接使用。

产品开发过程中首先去寻找创新标杆，就是从航空航天、军事和医疗领域去寻找已有的技术或解决方案，有时候可以起到事半功倍的良好效果。在民用领域的某些技术难点或产品发明问题，很可能在多年前的航空航天、军事或医疗领域已经有了具体的应用技术和应用案例。

创新反思 4-1

军事技术在生活中的应用

现在非常流行的方便面中往往有个蔬菜包，这种脱水蔬菜的制作工艺就来自航空航天技术，早期是专门给宇航员食用的。实际上来自航空航天的技术非常多，今天较为普及的太阳能电池最早就来源于航空航天技术。

当代计算机技术最早可以追溯到第二次世界大战期间启动研发的用于军事领域的埃尼阿克（ENIAC）。该设备于 1943 年在冯·诺依曼的主持下开始研制，1946 年 2 月 15 日正式上线运算，用于计算原子弹和氢弹的爆炸参数。1996 年 2 月 15 日，在世界上第一台通用电子数字计算机问世 50 周年之际，美国副总统戈尔再次启动了这台计算机，以迎接信息时代的到来。

提示问题

你还能想到生活中在使用的军事技术吗？

4.2　产品和工程系统的演化

产品和工程系统（engineering system）往往遵循某种特定的演化趋势，这种特定演化趋势也吸引了很多研究者、产品经理、开发工程师和技术创新工作者的注意。当我们回顾产品开发和演化历史的时候，会发现一个有趣的现象：绝大多数产品都会经历一个完整的孵化—过渡—成长—成熟—衰退，甚至退出市场和历史舞台的过程。

手机（移动电话）的演化历史：1973 年全球第一台移动电话（见图 4-1）问世，尽管依然是模拟信号，但是实现了较为清晰的通话，从而移动通信技术也迈出了历史性的一步。手机的演进如图 4-2 所示。

图 4-1　1973 年全球第一台移动电话问世

图片来源：https://baijiahao.baidu.com/s?id=1597510588382712841&wfr=spider&for=pc

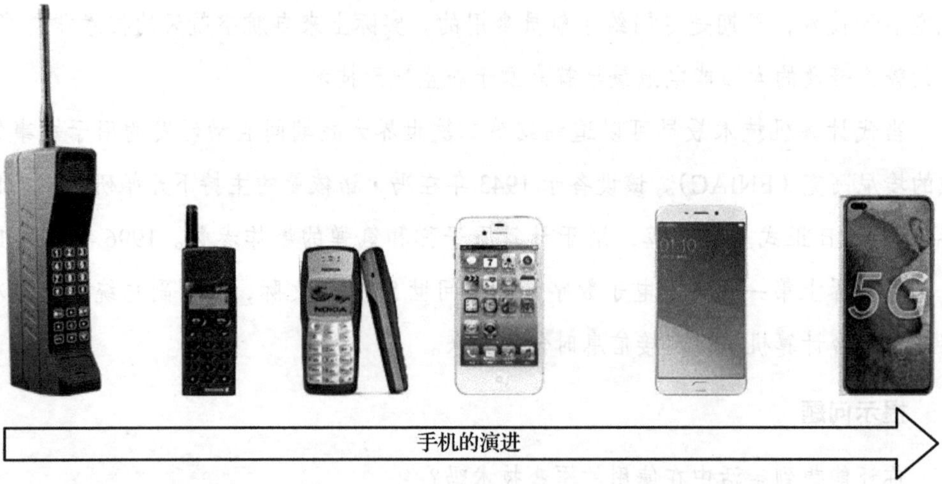

图 4-2　手机的演进

图片来源：https://baijiahao.baidu.com/s?id=1597510588382712841&wfr=spider&for=pc

计算机的演化历史：对计算能力的增长一直是我们孜孜以求的目标。计算机的演进如图 4-3 所示。

从上述两个例子可以看出，产品进化存在功能或性能持续改进的态势，但是成本却呈现出显著下降的共同趋势。同时，随着移动通信技术的发展，以及手机集成的功能越来越多，传统的照相机、游戏机以及音频、视频等专用播放设备则面临衰退，甚至退出市场和历史舞台的困境。

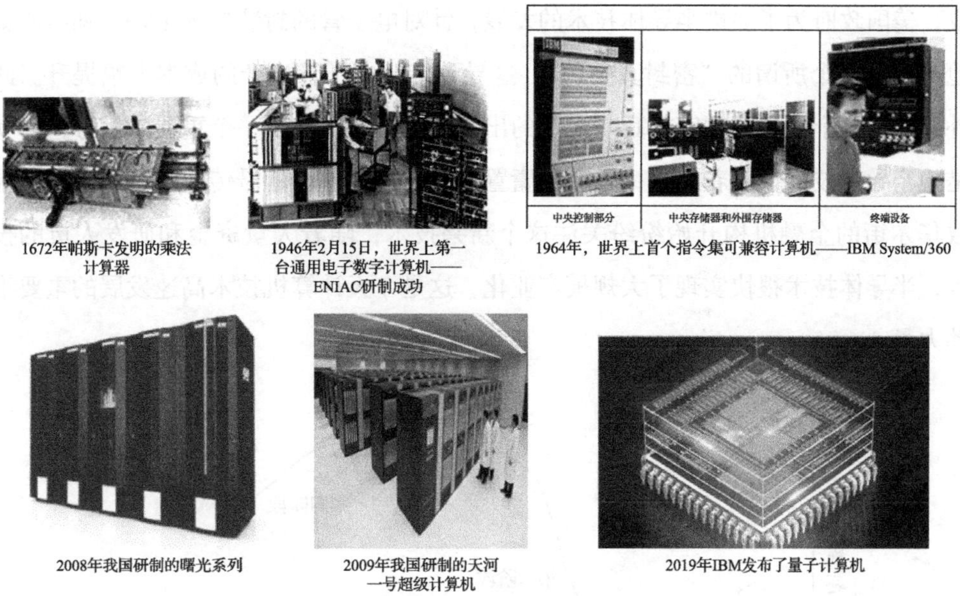

图 4-3　计算机的演进

图片来源：https://baijiahao.baidu.com/s?id=1597510588382712841&wfr=spider&for=pc

4.3　产品生命周期的 S 曲线趋势

产品生命周期理论是产品开发、产品创新策略和路径选择的重要理论基础。该理论把产品的开发和销售过程比作人的生命周期一样，要经历出生、成长、成熟、老化、死亡等阶段。就产品而言，也就是要经历一个开发、引进、成长、成熟、衰退的阶段。针对任何产品在市场上的演变趋势，以价值或利润为导向的企业经营行为和战略就需要进行一定的调整来适应这种演变。

从图 4-4 可以看到，针对某个产品或某类产品的开发，在该产品演化的不同阶段需要采取针对性的研发策略，这是由于不同阶段所面临的挑战存在显著性差异。首先，当一款新产品具备了前期的技术积累，可以投入应用和开辟新市场的时候，由于可能面临与既有成熟产品的激烈竞争，同时也可能面临高昂的研发投入成本，因此在某个新产品开发的孵化期，不同企业需要结合自身的经济和技术实力，以及国家的宏观政策或区域政策，制定研发投入策略。例如，半导体技术诞生的时候，面临传统电子管的激烈竞争，而当时由于半导体电子器件的成本太高，根本无法与电子管竞争。但是，显然半导体技术有着显著的优势，尤其是可以进行大规模集成，美国政府为了促进半导体技术的发展，针对电子管的封装技术工艺，别出心裁地出台了一个所谓的“密封真空税”，这导致传统电子管生产的成本大幅提升。此外，这样一个别致的“密封真空税”的出台也给市场发出了一个重要的信号，那就是：半导体技术代表着未来，具有毋庸置疑的优势。这个信号传递得如此明确，导致华尔街的金融机构开始纷纷关注这个新兴技术，随着大量资金和研发人员的投入，半导体技术很快实现了大规模产业化，这是今天计算机技术高速发展的重要推动力量。

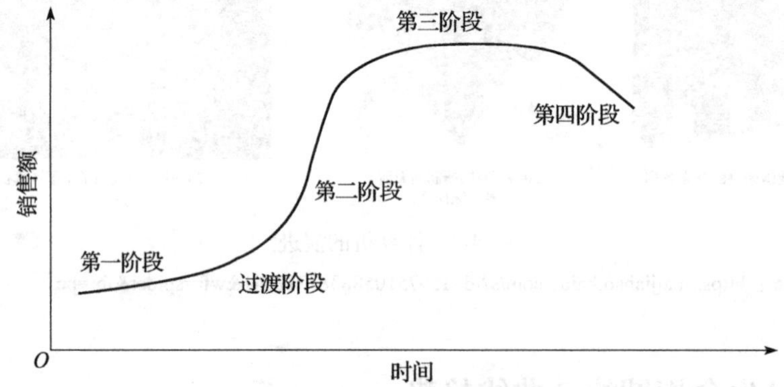

图 4-4　产品生命周期图

当一个产品开始进入成熟期的时候，它的功能和性能已经很难出现质的飞跃，更多是小幅度的功能追加或性能迭代，这表明这个产品已经进入了成熟期，规模、成本和服务成为产品成熟期的重要竞争手段，品牌优势和号召力开始成为重要因素，早期众多二线、三线品牌开始退出主流市场，去城市郊区、农村或发展阶段更为低阶的国家和地区寻找市场机会。例如，我国的智能手机已经步入了一个产品成熟期，产品销量的增长接近极限，手机品牌开始聚集在少数几个大型企业手中，大量不同品牌手机之间的功能和性能差异已经变得很小，如何开辟新兴手机市场已经成为国内众多手机厂家的重要战略目标，此时，印度、东南亚和非洲大陆迅速成为智能手机竞争的新大陆。

4.4　产品不同演化阶段的创新战略选择

基于产品生命周期理论，产品存在不同的发展阶段。如何判断一个产品处于哪个阶段？目前依然没有完全精确识别的量化方法。一般而言，大多数企业会选择在该产品进入快速发展期的时候开始介入，这样就是所谓的“搭乘顺风车”思维，既可以极大地降低研发投入的成本和风险，又可以享受技术溢出所产生的外部效应，并且可以快速地进入新兴市场。但是，这种“搭乘顺风车”思维也会在某种程度上影响一个地区企业的创新精神和创新文化，而且随着知识产权保护体系、制度和法律的完善与健全，采取技术跟随战略的企业将面临极高的知识产权壁垒，从而在未来快速增长和孵化之后的市场面临一定的竞争劣势。

对一些初创企业而言，如果没有雄厚的资金实力，则需要根据自身的技术和人才储备情况选择某个产品创新的切入点。实际上，对任何一个具体的企业而言，不存在绝对无风险的企业竞争行为，无论是从产品孵化长期，还是产品市场已经出现，产品进入成熟期，都存在利弊参半的问题。因此，深入了解产品生命周期理论，以及产品进化的内在驱动力就具有非常积极的意义。

4.5 价值与价值工程

产品创新或改进的内在驱动力表面上是企业追求市场占有率、销售收入和利润等经济指标的自然行为。但是，从价值工程角度看，产品创新背后的内在驱动力是价值增长的需求。从早期熊彼特关于创新的经济学定义看，创新可以认为是一个结果，是通过生产方式或管理方式的改进所产生的价值增值。价值是体现在商品中的社会必要劳动，是劳动的社会属性之一，本身也可以认为是内生性或社会性的。价值的大小取决于生产这一商品所需的社会必要劳动时间的多少。不经过人类劳动加工的东西，如空气，即使对人们有使用价值，也不具有价值。

价值工程（value engineering，VE），是以产品功能分析为核心，力求用最低的产品生命周期（PLC）成本实现产品的必备功能，从而提高价值的一种有组织、有计划的创造性活动和科学管理方法。VE 最早于 1947 年由美国通用电气公司设计工程师麦尔斯（Miles）在研究和选择原材料代用品时所提出。价值工程通常用于两个领域：

（1）新产品研发领域。价值工程涉及价值、功能和生命周期成本三个基本要素。价值工程是一门工程技术理论，其基本思想是以最少的费用换取所需要的功能，以提高工业企业的经济效益为主要目标，以促进老产品的改进和新产品的开发为核心内容。

（2）产品制造领域或作业过程通常被称为价值分析（value analysis，VA）。需要指出的是，价值工程中所说的“价值”有其特定的含义，与哲学、政治经济学、经济学等学科关于价值的概念有所不同。价值工程中的“价值”就是一种“评价事物有益程度的尺度”。价值高说明该事物的有益程度高、效益大、好处多；价值低则说明有益程度低、效益差、好处少。例如，人们在购买商品时，总是希望“物美而价廉”，即花费最小的代价换取最多、最好的商品。价值工程把“价值”定义为“对象所具有的功能与获得该功能的全部费用之比”：

$$V\text{（Value）}=\frac{F\text{（Function）}}{C\text{（Cost）}} \tag{4-1}$$

式中：V代表价值分析中的“价值”，F为功能，C为成本。

价值 V：指对象具有的必要功能与取得该功能的总成本的比例，即效用或功能与费用之比。

公式为$V=F/C$，或者$U=F/C$，在某些场合，效用（utility）也是一个经常被提到的概念。

功能 F：指产品或劳务的性能或用途，即所承担的职能，其实质是产品的使用价值。

在VE或VA中，“功能”对于不同的对象有着不同的含义。对物品来说，功能就是它的用途或效用；对作业或方法来说，功能就是它所起的作用或要达到的目的；对人来说，功能就是他应该完成的任务；对企业来说，功能就是它应为社会提供的产品和效用。

价值工程认为：功能是对象（产品或服务）满足某种需求的一种属性。

仔细研究VE所阐述的“功能”，我们发现，它实际上等同于使用价值的内涵，也就是说，功能可以被认为是使用价值的具体表现形式。任何功能无论是针对机器还是针对工程，最终都是针对人类主体的一定的需求或目的，最终都是为了人类主体的生存与发展服务，因而最终将体现为相应的使用价值。因此，价值工程所谓的“功能”实际上就是使用价值（包含服务）的产出量。

成本 C：产品或劳务在全生命周期内所花费的全部费用，是生产费用与使用费用之和。

可以看到，价值工程所谓的成本是指人力、物力和财力资源的总耗费。其中，人力资源实际上就是劳动价值的表现形式，物力和财力资源就是使用价值的表现形式，因此价值工程所谓的“成本”实际上就是价值生产所需要的资源要素（劳动价值或使用价值）投入量的总体表现形式，并没有脱离劳动创造价值这个基本的科学命题。

价值工程认为：成本是价值资源投入的总体表现形式。

价值工程的主要特点有：

- 以使用者的功能需求为出发点。
- 对功能进行分析。
- 系统研究功能与成本之间的关系。
- 产品（服务）改进方向是提高价值。
- 需要多方协作，有组织、有计划、按程序地进行。

但是，价值工程自身也存在一定的局限性。例如，有学者认为价值工程缺乏理论深度，而且价值本身更多侧重于物理价值，对于人的思想价值、文化价值和知识价值等缺乏有效的分析。从实际操作层面看，价值工程缺乏时间因素，VE 的“价值”实际上就是产出的价值量与投入的价值（资源）量的简单比值，这就是人们常说的“价值效益”。不难发现，与价值率（单位时间内系统的产出价值量与投入价值量之比）的概念相比，价值工程所谓的“价值”可以看作一种不考虑时间因素的价值率。

价值工程把“功能与耗费的比值”确定为判断工程价值的客观标准。这种判断标准实际上就是工程类事物的发展特性判断的标准，只是还没有把时间因素考虑进去。随着社会生产力的不断发展，时间所间接赋予的价值内涵（虽然时间本身并没有直接的价值）越来越巨大，对事物的发展特性影响也就越来越大。理论证明，事物生存与发展的决定性因素是该事物的价值率，人对事物的根本态度的决定性因素也是该事物的价值率，而不是简单的“功能与成本的比值”，因此，计算和比较不同工程类事物的价值特性的参量应该是“价值率”，而不是“功能与成本的比值”。

4.6　最终理想解

最终理想解（ideal final result，IFR）是发明问题解决理论提出的一个重要概念。IFR 认为在解决发明问题（包括产品或服务创新）过程中，需要明确产品创新或改进的方向，主要体现在以下四个方面：①保持原有系统（产品）的优点；②消除原有系统（产品）的不足；③没有使得系统（产品）变得更为复杂；④没有引入（带来）新的缺陷或不足。

IFR 的上述四个特点尽管看起来非常简单，但是在真实的新产品开发和既有系统的改进过程中很难完全满足这四个基本特点。TRIZ 理论认为，任何为人类提供功能或服务的工程系统都存在一个提高自身理想度或水平（ideal degree or ideal level，ID/IL）的内在驱动力，而这种理想度或水平可以用下面的公式来近似表示：

$$\text{ID/IL}=\frac{\Sigma UF}{\Sigma HF+\Sigma C} \tag{4-2}$$

在式（4-2）中，一个产品或工程物理系统的理想度可以用一个比值公式来近似描述。根据式（4-2）也可以看出产品提升其自身理想度存在以下四个重要法则：

- 法则 1：更为快速地提升产品的有用功能。
- 法则 2：降低产品的有害功能。
- 法则 3：降低产品的成本。
- 法则 4：以上三个法则的组合。

【课堂练习】牙刷可以用来清除食物残渣，从而使牙齿和口腔保持一个相对干净的环境，进而可以预防龋齿；但是，牙刷也存在一个潜在的有害功能，即对牙龈组织造成一定的损害。请你根据理想度提升法则，列出牙刷类产品的改进方案。

【提　　示】改进方案 1：生产具有更高质量的牙刷头，考虑用具有一定的消炎或杀菌作用的纳米材料来制造牙刷，提高有用功能。

改进方案 2：考虑到去除牙缝食物残渣会部分损害牙龈组织，可以发明一种不伤害牙龈组织的牙刷毛，或者发明一种不用牙刷的清洁牙齿的工具，如漱口水等。

改进方案 3：考虑到成本和环保问题，用可降解和回收材料制作牙刷柄等，一方面降低产品使用成本，另一方面降低产品的环境成本。

从上述例子可以看出，IFR 和理想度提升法则可以作为产品发明或创新的重要参考和目标导向。第一，IFR 是理想度提升原理或产品理想度提升法则的重要依据和参考；第二，理想度提升的极限目标就是尽可能达到或解决 IFR；第三，IFR 还是一种解决产品发明或创新问题的重要思考方式，可以在某种程度上提高产品创新方案的产生效率。

基于 IFR 和理想度提升法则的产品开发或创新的具体流程和主要概念有以下几个方面。

1. 理想化方法与思想实验

理想化（idealization）是科学研究中创造性思维的基本方法之一。它主要是在大脑之中设立理想的模型，通过思想实验（mind experiment）的方法来研究客体运动的规律。

理想化的一般程序为：首先对经验事实进行抽象，形成一个理想客体，然后通过想象，在观念中模拟其实验过程，把客体的现实运动过程简化和升华为一种理想化状态，使其更接近理想指标的要求。

理想化方法最为关键的部分是思想实验，或称理想实验。思想实验是从一定的原理出发，在观念中按照实验的模型展开的思维活动，模型的运转完全是在思维中进行操作的，然后运用推理得出符合逻辑的实验结论。思想实验是形象思维和逻辑思维共同作用的结果，同时也体现了理想化和现实性的对立统一。

新的理论往往与常识相去甚远，人们常常为传统观念所束缚，不易走向理论创新，因此，借助思想实验来进行理论创新以及对新理论加以认知，不失为一种有效的手段。

2. 理想模型

理想化方法的另一个关键部分是如何设立理想模型。理想模型建立的根本指导思想是最优化原则，即在经验的基础上设计最优的模型结构，同时也要充分考虑到现实存在的各种变量的容忍程度，把理想化与现实性有机结合起来。理想中的优化模型往往具有超前性，这是创新的天然标志。

理想模型的设计并不一定非要迁就现实的条件，有时也需要改造现实，改变现实中存在的不合理之处，特别是需要彻底扭转人们传统的、落后的思维方式和生活方式，为理想模型的建立和实施创造条件。

创新反思 4-2

科学家的思想实验

爱因斯坦是20世纪最伟大的物理学家之一，他所发现的广义和狭义相对论到今天依然深刻地影响着人类社会。一次，他在接受新闻记者采访的时候就无意中提到了与思想实验非常类似的场景。在描述那个简洁的 $E=MC^2$ 的质能方程的发现过程时，爱因斯坦回忆道，“那些简洁而美妙的方程式好像立体出现在脑海里，而且我还能进行一些内在的逻辑推导”。

爱因斯坦

图片来源：https://baijiahao.baidu.com/s?id=1660110965530736971&wfr=spider&for=pc.

一些伟大的物理和数学理论的提出，很多时候都是科学家思想实验的结果。在一些灵感涌现时，在思想实验中构建一个理想模型进行抽象，有时是创新的重要途径。

提示问题

科学家的思想实验对我们有哪些启示？

与理想化相关的几个概念如下：

- 理想系统：没有实体，没有物质，也不消耗能源，但能实现所有需要的功能。
- 理想资源：存在无穷无尽的资源，供随意使用，而且不必付费。

- 理想方法：不消耗能量及时间，通过自身调节，能够获得所需的功能。
- 理想机器：没有质量、体积，但能完成所需要的工作。

3. 理想化设计

理想化设计可以帮助设计者跳出传统问题解决办法的思维圈子，进入超系统或子系统寻找最优解决方案。理想化设计常常能够打破传统设计中自以为最有效的系统，获得耳目一新的新概念。

理想化设计和现实设计之间的距离从理论上讲可以缩小到零，这距离取决于设计者是否具有理想化设计的理念，是否在追求理想化设计。

4. 如何应用 IFR

当我们在应用 IFR 概念来进行产品开发和创新活动的时候，可以参考以下步骤：

- 产品设计的最终目的是什么？需要定义出主要功能和主要的功能参数，并确定功能的消费者群体。
- 所设计或开发产品的最终理想状态是什么，即最终理想解是什么？
- 该产品在实现 IFR 过程中的障碍有哪些？主要是功能层面还是成本控制层面的？
- 产品开发过程中出现这种障碍的可能结果有哪些？
- 影响产品开发或创新的障碍是否可以消除？有哪些可用资源来消除这些障碍？

4.7　基于理想度提升法则的产品开发策略

基于上文的 IFR 和理想度提升法则，我们可以知道在产品生命周期的不同阶段，需要采取差异化的竞争战略，或者产品开发和创新策略，如图 4-5 所示。

从图 4-5 可以看出，产品生命周期的不同阶段，需要采取不同的开发和创新策略。首先，当产品处于第一阶段的时候，尽管存在巨大的市场潜力，但是该阶段同样面临着较大的市场不确定性。其次，即使当某个具体产品处于成熟期，甚至是衰退期的时候，依然存在一定的市场机遇，以及产品更新换代的创新机会。

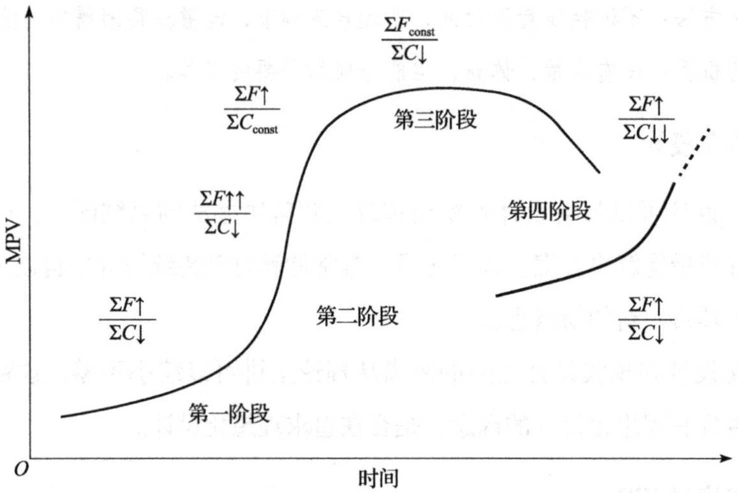

图 4-5 产品进化曲线与生命周期示意图

4.7.1 第一阶段（孵化期）

在这一阶段，产品刚刚出生，只具备一些主要功能，同时还存在以下一些不足：

- 设计和产品的系统组件尚没有达到十分精细的要求，甚至显得笨重、粗糙，且成本高昂。
- 产品的各组件之间，以及与环境和消费者之间的相互作用仍在调节中，甚至会出现与原有产品或关联产品的激烈冲突。
- 产品的主要价值增长比较平缓，激进的改进或升级在这个阶段还不多见。

在产品生命周期的第一阶段，作为一个全新产品，还是面临着一些技术或市场层面的挑战。这个阶段的主要特征是产品或工程技术系统具有显著的新颖性，并且有一个“一流的参数”（功能或性能参数）是当前已有产品完全无法满足或达到的；但是，该产品尚未正式进入市场，仅具有“有限的实用性”，并且围绕该产品的基础设施在技术盈利前都是发展缓慢的。例如，移动电话在 1973 年被发明出来之后，尽管它存在通信信号抗干扰能力弱，以及无线信号覆盖区域少、成本高等问题，但是移动电话的“便携性”极大改变了传统的通信市场。这种便携性本质上是通信的及时性，对股票经纪人、销售经理等很多需要及时掌握信息的职业人士而言，即使初期的移动电话很笨重，就如同随身携带了一块大“砖头”，但恰恰是“便携性”和即时通信的“一流的参数”特征，使得移动电话注定会拥有广阔的市场前景。

即使与已有产品相比，新产品的生产成本可能很高，也已经具备了一个难以替代的“一流参数”，对于风险投资而言，就具有很大的吸引力，并积极推动该产品不断完善，从而达到规模化生产和进入市场的要求。

第一阶段新产品研发策略如下：

- 识别和消除影响产品市场成功的瓶颈。
- 尽量使用已存在的基础设施和资源。
- 对产品的主要更改，甚至工作原理的变化都是可以接受的。
- 在优势与劣势相比明显占优的领域发展产品。
- 确定产品的物理和环境发展局限是必要的。

4.7.2　第二阶段（过渡期）

这一阶段紧接着前一阶段孵化期，新产品开始试图进入市场，甚至开辟一个全新的市场，或者开始和既有的产品进行竞争。这一阶段的特征如下：

- 新产品或新技术系统与其他新兴技术和主导技术处于激烈的竞争状态。
- 新产品对社会或市场的随机因素变得非常敏感，最后胜出的技术系统不一定是技术上看起来最好的系统。
- 在短时间内有若干版本的新产品被引入，尽管大部分以失败告终。
- 在过渡期的最后，只有一种技术系统赢得竞争。

新产品进入市场与既有产品展开竞争，也存在一些不确定性。从技术演化的历史进程看，并不总是技术领先的产品就一定最终赢得了市场和消费者，类似现象在微生物生存竞争中也会出现，如图 4-6 所示。

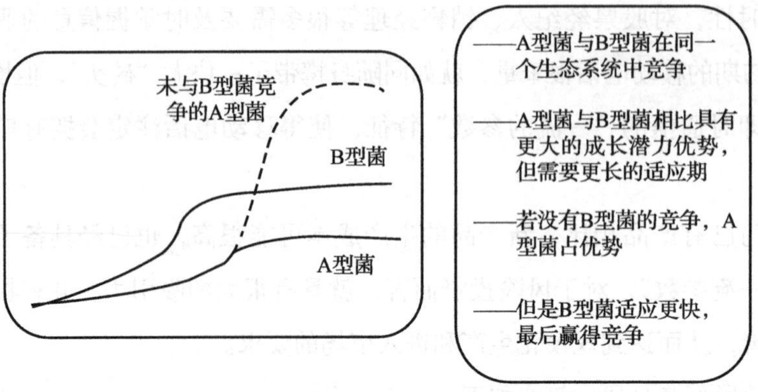

图 4-6 微生物世界的竞争演化

从图 4-6 可以看出，如果没有 B 型菌的竞争，A 型菌有着更好的成长性，但是，由于 A 型菌的适应周期较长，最后性能较差的 B 型菌由于适应周期短反而在竞争中胜出。

创新反思 4-3

摩托罗拉的铱星计划

20 世纪 80 年代末和 90 年代初期，摩托罗拉的铱星计划采用当时最为先进的卫星通信技术，但是由于需要更长的时间去实现大规模产业化，也就是需要更长时间的技术完善和适应期，最终在移动通信技术系统的竞争中输给了蜂窝通信技术——GSM。从当时 GSM 移动通信系统的技术看，实际就是传统地面无线通信技术的扩展，通过采取架设军用通信更大功率的发射塔实现更大范围的无线电波覆盖，但是相对于卫星发射和维护而言，由于 GSM 技术的通信基站可以快速部署，维护方便而且成本低，很快占领全球市场，只留下军事通信、远洋运输和野外考察等专业领域和市场给卫星通信技术。

提示问题

摩托罗拉的铱星计划对新产品或新的技术系统适应过渡期有哪些启示？

新产品或新的技术系统存在过渡期的原因在于将技术系统推向市场和阻挠新产品进入市场的作用力有一个不稳定时期，一些看起来微不足道的事件可能对产品创新的成功产生重要影响。与此同时，来自竞争技术的阻力变得激烈，如果竞争对手看到他们可能会被取代的巨大风险，一定会采取相对激烈的措施来保护既有的投资和利益。此时，来自竞争对手的阻力可能会达到最大，一些非技术因素（如法律诉讼、商业间谍和知识产权纠纷等）可能开始介入。在这个阶段，产品或新的技术系统几乎已经准备好进入市场，但很容易受到外部因素的阻碍，前景具有很大的不确定性。但是，过渡期的技术和产品研发速度开始加快，投资风险开始下降，一些鼓励性的科技政策也可能会出现，可以利用的资源逐渐变得丰富。因此，与这一款新产品或技术系统相关的企业和机构而言，可以考虑的策略如下：

- 新产品应该尽快投放市场。
- 新的产品至少有一个是 A+（一流）参数。
- 在卓越性参数是最重要指标的领域（优势最明显的领域）发展新的技术系统和产品。
- 新产品应继续去适应现有的基础设施和资源。
- 新产品仍然可以进行大的更改，但是工作原理不能大幅改变。

4.7.3　第三阶段（成长期）

新产品或技术系统在成长期的主要特征一般体现在以下几个方面：

（1）产品的主要价值（main value）发展迅速，产品可能有多个用途，但是其中最能吸引消费者购买的功能和性能快速被开发或提高，从而开始吸引更多的潜在消费者关注。

（2）相关产品的产量快速增加。随着潜在市场不断被开拓，新产品的需求开始出现快速增长，从而使产品的产量也开始快速增加。

（3）新产品或新的技术系统开始扩展到新的应用领域。随着新产品的逐渐普及和应用，更多的领域甚至之前完全没有预料的领域或细分市场也可能被卷入这个新的产品或技术系统中。例如，移动通信技术的发展衍生了很多的增值服务产品和应用，如移动视频、手机端游戏、社交平台聊天等。

（4）新产品的应用显示出良好的活力，这种活力体现为产品或服务的用户黏性很强，而且行业的渗透率较高，可以在很多不同领域吸引流量，提高用户的关注度。

这一阶段，新产品或技术系统其实还没有到达发展的极限：

（1）基于盈利的预期，大量的资金开始投入到技术系统的发展中。此时，新兴市场或潜在市场规模已经出现，该新产品或技术系统的关注度得到极大提升，因此开始投入大量资金。

（2）开始利用所有可利用资源进行发展。在快速成长期，系统和超系统的资源都可以利用，随着该产品市场规模的扩大，超系统也可能反过来适应该技术系统的发展。

（3）可以提高技术系统效率的高效定制部件的量产变得有利可图。随着该产品及其技术系统的发展，相关产品或附属产品的生产也开始具有利润空间。例如，随着手机市场的快速增长，一些与手机配套的手包、吊坠、无线耳机等相关产品也开始形成另外的产业链。

（4）技术系统进入大批量生产阶段。批量化是这个阶段的重要特征。技术系统逐渐成熟，开始具备了批量生产的条件，而随着市场需求的迅速增长，大批量生产就成为现实选择。

（5）这一阶段的末期是一个动态的过程，产品的更改逐渐变少，产品的差异化也越来越不明显。

这个阶段企业的主要可以考虑如下创新战略：

（1）在这个阶段，努力实现功能和性能最优化是发展技术系统和开发新产品的主要策略。

（2）工程水平的提高比工作原理层面的提高更重要。在这个阶段，对新产品和技术系统的轻微优化可以显著提升其价值，从而赢得市场。

（3）积极技术系统应用到新的不同领域。例如，当闪存卡被发明出来之后，被迅速应用到各类存储设备中，包括 MP3 播放器、数码相机和移动电话等。

（4）如果该产品或技术系统存在一定的负面作用，可以从降低其有害作用角度找到折中与减少劣势的解决方案。

4.7.4 第四阶段（成熟期）

某个产品或技术系统进入成熟期，意味着技术系统的发展速度极大减缓，关联产品的产量趋于稳定，一个或多个矛盾呈指数级增加，阻碍了“功能潜力与成本”的比值进一步增长，也就意味着理想度提升开始变得较为困难，需要采取投入更大和更为激进的成本控制策略，才能实现理想度的微弱提升。

与此同时，技术系统开始遭遇发展瓶颈，成本或有害因素快速增长。技术系统达到了其工作原理决定的物理瓶颈，例如，光学测量的分辨率被光的波长所限制。此外，一些相关法律和超系统的限制也开始出现，例如，汽车的时速被《中华人民共和国道路交通安全法》所限制，微波炉的功率太高会导致食品水分蒸发太快而出现食品口味和形状令人不适的情况。消费者自身也存在一定的局限，例如，扬声器的有效频率范围被人体生理机能限制在人耳听觉范围（20 Hz ～ 20 kHz），大于 20 kHz 虽然在技术上可以实现，但没有意义，因为人耳听不到。

这个阶段的主要标志有：该产品或技术系统已经衍生出一些专用产品和服务，技术系统由于设计的不同而千差万别，有时会集成一些与主要功能几乎无关的附加功能。

产品或技术系统进入成熟期的竞争策略有以下几个：

- 进一步降低成本，发展服务配套设施，提高美观设计。此时，产品的外观设计和人因工程等方面的技术引入可以发挥积极的效用。
- 需要未雨绸缪，为了克服瓶颈、解决矛盾，技术系统或其组件应向其他进化方向发展。
- 可以考虑应有功能裁剪规则，其中一个较为有效的方式是集成替代系统和其他技术。

4.7.5 第五阶段（衰退期）

从产品生命周期理论角度看，任何产品或技术系统都可能最终走向衰退，甚至消亡。一个经典的案例是关于伦敦马车的故事。在《破译黑天鹅：如何应对未来15 年的商业巨变》一书中，作者介绍了由于马车数量急剧增加而带来的 1894 年的伦敦马粪危机。

创新反思 4-4

伦敦马粪危机

1894 年的伦敦是全世界最大的城市，是一个人口密集的繁华大都市，同时也是世界贸易中心。19世纪，马匹就是交通运输的代名词，这种状况已经延续了几千年。交通运输是伦敦这座城市的生命线，制造出来的每件商品几乎都依靠马来运输，任何一个大城市离开了马匹都无法运转。1894年，数以万计的马匹生活在伦敦。据粗略测算，每一匹马每天都要消耗5英亩㊀耕地产出的作物。同时，每一匹马每天都要制造15～35磅㊁不等的粪便。此时，马粪不仅仅是一个问题了，甚至演变为一个危机。马粪在伦敦的每条街上都堆积起来，已经达到令人无法忍受的地步。这些马粪污染环境，吸引了上百万只苍蝇，而这些苍蝇传播致命疾病，比如伤寒。粪便散发出的恶臭令人作呕，而雨水又令这些排泄物发生的变化就更加难以想象了。

此外，马的繁盛也导致了其他问题：道路拥堵（因为马很慢）、交通事故（在拥挤的时候马容易受惊）、虐待动物，以及为了饲养它们而对土地需求的激增。关于如何处理这些问题，科学家和政治家都愁破了脑袋。一个有关这项议案的城市规划会议在没有找到任何解决办法前就夭折了。在这种状况下，英国著名报纸——《泰晤士报》在1894年预测：到1950年，伦敦的每条大街都会堆积着9英尺深的马粪，意味着伦敦将被马粪淹没。当然，伦敦并不是唯一一个正经历马粪梦魇的现代化城市。另一个预言家也警告说，纽约市将会在1930年淹没在三层楼高的动物粪便里。

现实的情况是马粪并没有像预测的那样增长。随着汽车的出现，马车作为交通工具很快退出了历史舞台。

提示问题

你认为随着汽车的出现还会导致其他危机吗？

一个产品或技术系统进入衰退期的特征如下：负面效应开始急剧增长，甚至出现失控的局面；随着环境、健康和安全等成本的增加，该产品或技术系统的功能性和收益呈现显著下降，很难吸引新的投资和研发投入。该产品或技术系统的相关产量也开始下降，替代性产品或技术系统开始出现。该产品或技术系统的主要功能正在失去其本来用途，因此功能性降低，甚至逐渐成为一种娱乐性、装饰性、玩具性或运动性设备。例如，马车已经变成游乐园的一种道具，或者旅游景点的娱乐设

㊀ 1英亩＝4 046.856平方米。
㊁ 1磅＝0.453 592 37千克。

施。只有新技术或新材料的产生，才能使技术系统重新获得用武之地。

这个阶段的主要竞争策略是寻找技术系统仍具竞争力的领域。其他建议与第四阶段相同：

- 近期和中期：降低成本，研发服务子系统，改进设计。
- 长期：克服不足，技术系统或其组成部分向另一个进化法则演化来解决矛盾冲突。
- 尝试裁剪，较为有效的方式是替代系统集成和其他技术向超系统过渡。

总体而言，任何一个产品或技术系统可能都会经历一个生命周期，但是创新本身就是通过采取合理的产品开发和改进策略，保持企业或组织的竞争力，从而在市场竞争中存活和发展。

本章小结

本章完整介绍了有关创新标杆、产品生命周期理论与产业演化趋势等相关概念、理论和案例。作为新产品开发或创新活动的重要基础性知识，创新标杆是基于产业之间的技术差异提出的。很多高精尖技术更有可能在军事、航空航天和医疗等领域首先得到研究和应用，而民用产品领域完全可以借鉴这些领域的成熟经验，从而快速地完成自己的产品开发，实现产品（服务）创新。

此外，任何产品或技术系统都可能会经历一个从孕育、过渡、成长、成熟到衰退的生命周期，只是这些阶段的时间长短会因产品不同而有所差异。因此，在产品或技术系统不同进化阶段参与市场竞争，需要采取相应的竞争策略。本章从经典的产品或技术生命周期理论出发，结合 TRIZ 中提出的理想度提升法则，以及产品的 S 曲线进化趋势，介绍了相应的产品开发和竞争策略。

复习思考题

1. 一般而言，哪些行业更有可能成为技术应用的创新标杆？
2. 什么是产品生命周期？
3. 产品或技术系统演化的曲线的来源和依据是什么？
4. 什么是价值？

5. 价值工程的内涵是什么？
6. 什么是最终理想解？
7. 理想度提升法则有哪些内容？
8. 提升理想度的方法有哪些？
9. 最终理想解与理想度提升法则之间是什么关系？
10. 产品演化的过渡阶段有什么特征？
11. 产品演化的孵化期有什么内在的驱动力？
12. 产品成长期的主要研发策略有哪些？如何选择？
13. 基于产品演化周期理论，试述产品或技术系统演化的不同阶段的驱动力。
14. 某个产品或技术已经进入衰退期，应该采取什么样的新产品开发或创新策略？
15. 当某个产品进入了成熟期，应采取什么样的产品开发或创新策略？

实践案例 4-1

传音手机成功俘获非洲大陆消费者的心

Tecno 是一个在非洲之外几乎没有任何知名度的 Android 智能手机品牌，其产品是由位于中国深圳的传音控股有限公司（以下简称“传音”）设计的。中国市场研究机构 Market Intelligence & Consulting Institute 表示，Tecno 成为非洲第一智能手机品牌。中国市场研究公司 Marbridge Consulting 董事总经理马克·纳特金（Mark Natkin）表示，自 2008 年以来，Tecno 凭借低价格和 Palmchat 手机消息应用等服务俘获了非洲用户的心。纳特金说，“Tecno 几乎完全专注于非洲市场，提供具有在当地受欢迎特性的低价手机”。

2017 年初，Tecno 在非洲市场推出了一款自拍手机。市场研究公司 IDC 移动设备项目总监西蒙·贝克尔（Simon Baker）表示，当功能手机还流行时，Tecno 成为非洲第二大手机厂商，因为它搞清了客户的需求——也就是质优价廉的产品。贝克尔表示，传音手机首先出现在肯尼亚和尼日利亚的“关键”市场上，然后蔓延到包括非洲农村在内的其他市场。传音发布报告称，2014 年它的手机出口量增长 21%，达到 4 500 万部，主要出口目的地是非洲。《福布斯》表示，Tecno 在尼日利亚最大的港口城市拉各斯和肯尼亚首都内罗毕设有研发中心。在 Tecno 进军非洲市场之际，许多竞争对手——尤其是中国智能手机品牌，都大举进军亚洲市场。传音在其网站上称，Tecno 手机在 40 个国家销售，总销量达到 1.2 亿部。

贝克尔表示，“Tecno 采取一种与众不同的策略，没有与竞争对手挤入相同的市场——先是中国和东南亚市场，然后是印度市场。现在，Tecno 规模已经相当大，有能力进入非洲之外的其他市场——首先在非洲站稳脚跟后，它正在进军印度市场。”《福布斯》称，其他手机厂商几乎不在非洲市场投资，因为其他市场人口更多、消费能力更高，用户更可能购买高价型号手机。深圳传音控股公司则反其道而行之，使非洲消费者在智能手机方面有了新的选择，并且近三年以来已经成为非洲最大的手机厂商。

2019 年 9 月 30 日，深圳传音控股公司正式在上交所科创板敲钟上市，股票代码为 688036。上市当天，传音控股的总市值一度达到 462.4 亿元人民币，但很快迎来大幅下跌，截至 2019 年 10 月 21 日，传音的总市值是 328.88 亿元。

资料来源：本案例素材来自新浪财经（http://finance.sina.com.cn/stock/usstock/c/2019-04-12/doc-ihvhiewr5355232.shtml），编者对部分内容进行了删减和修改。

提示问题

1. 传音手机为什么选择了非洲市场作为自己的主要市场？
2. 传音手机的主要竞争策略有哪些？
3. 传音手机模式可以移植到其他产品上吗？如果可以，请举例说明。
4. 传音手机的市场模式存在哪些潜在缺陷？

实践案例 4-2

富士胶卷与日本化妆品新贵艾诗缇

作为曾经与美国柯达胶卷齐名的日本富士胶片公司（以下简称“富士”）是一家百年老店。同样是百年老店的柯达由于不能适应数字照相技术时代的来临而倒闭，彻底退出了历史舞台。但是面对技术更新的挑战，富士胶片公司却成功了，在数字照相、复印和打印领域依然占有一席之地，同时还成功地延伸到化妆品、保健和医药领域。其中，近年来风靡日本的一款抗衰老产品的品牌——艾诗缇（ASTALIFT）迅速成为新贵，正在占据日本女性的梳妆台，越来越受她们的喜爱，已经开始拥有众多粉丝。

艾诗缇，“出身”于日本富士胶片公司旗下的唯一的一个化妆品品牌，自2007年诞生以来，以显著的抗衰老及内外兼修护理功能风靡日本，2011年进军中国大陆市场，逐渐走俏。日本富士胶片公司通过运用尖端的生物技术，把70年来积淀的胶原蛋白技术、纳米分散技术、抗氧化技术巧妙地“移植”进化妆品的研发中，在外界看来不可思议，但在富士胶片公司的转型与创新中是顺理成章的。因为这些看似与化妆品无关的技术，却是从富士过去长期赖以生存和拥有核心竞争力的胶片及其相关事业中孕育而来的。

这种“关联性”的创新，让这家老当益壮的胶片公司在与美国柯达的长期博弈中，不仅成为赢家，而且转型颇有成效，使其如今包括化妆品、医疗保健品在内的新业务正在崭露头角。

富士胶片公司，一个跑赢时代的转型样本，背后有着怎样的创新逻辑？对富士胶片公司来说，研究照片的历史也是钻研技术的历史。

从1919年开始，富士就专注于研究制造胶卷的技术，在逐步积累照相工业经营诀窍的同时，成立了“胶卷试验化研所”，并自力更生开发胶卷业务，这成为其“培育”胶卷的强大技术基石。

在经营方向上，富士一直恪守一个重要原则，就是在原有的技术基础上，利用既有资源优势来拓展自己的业务，即采取扩展复印机、数码相机、电子元件材料等周边应用领域来实现事业和产品的多元化。

但是，身处传统的胶片行业，随着数码技术的崛起，富士也不可避免地陷入增长缓慢的困境。幸好，富士的研究人员潜心研究发现胶卷上有一项用来防止胶卷褪色的抗氧化技术，也是化妆品中不可或缺的一种技术——因为照片褪色和人体肌肤老化（即由于活性氧造成“氧化”）现象如出一辙。

而且，化妆品中有一种胶原蛋白的成分，对人体肌肤起到延缓衰老的功效，而胶片中同样缺少不了这种胶原蛋白。化妆品从学科上属于高分子化学，而富士在此方面恰好有经年累月的技术沉淀。为使胶卷更加优质，就需要将各种成分在保持原有机能的状态下超微分子化，才能稳定在薄薄的胶卷中，这一原理和人体肌肤护理中“将必要营养成分充分地输送至肌肤需要的部位”基本一致。那么，可不可以将这种技术优势应用到化妆品的开发中？

从 2006 年开始，富士将原有的尖端核心技术、有机合成化学、先进打印材料和生命科学研究所整合为“富士胶片先进研究所”，并以此为创新基地，进行跨行业的技术研发。艾诗缇化妆品就是这一平台诞生的新产品。不仅仅如此，富士在长期对影像的研究过程中，还将对胶原蛋白的研究成果、抗氧化技术，以及可以将成分稳定输送到指定部位的独创纳米技术等，适时延伸到了制药领域。

就在 2014 年下半年埃博拉病毒流行之际，富士生产出能够对这个顽固病毒产生一定疗效的药物，尽管有待市场检验，但创新程度着实惊人。而这与 2008 年富士通过一宗规模为 16 亿美元的交易，收购了亏损中的中型制药厂商富山化学（Toyama Chemical）有紧密联系。

但归根结底，推动富士在新业务领域蒸蒸日上的关键力量，源于其在胶片领域多年“培育”出来的独创技术。依靠这些过硬的技术优势，进入到高成长潜力的行业，是富士在转型过程中能够先发制人的核心法则。

如今，由于市场需求强劲，富士的医疗保健业务（包括制药、化妆品及医疗设备业务）带来的营收已约占其整体营收的 20%，仅次于复印机和办公用品业务，正在成为富士业绩增长的一个亮点。

富士胶片（中国）投资有限公司前总裁横田孝二解释称：“当公司需要寻找新的业务增长点时，我们的思维没有局限于胶卷只能用来拍照，而是返回到了胶卷的技术原点。”拿胶卷和化妆品的渊源来说，当发现胶卷居然和人体肌肤有共通性后，富士高层果断决定将相关技术应用于化妆品的研发上。

至今，富士已开发出 4 000 多种与抗氧化有关的化合物，用于高端护肤品的生产研发。虽然富士拥有强悍的技术，但要让消费者对其产品产生兴趣，今后在化妆品领域的开疆拓土仍然面临许多挑战。从胶片转移到化妆品乃至制药行业，富士找到了创新的内在逻辑和关联性，尽管也不是跨界到什么新鲜的领域，但有一点值得所有企业学习：当企业还未到绝境的时候，就洞悉未来可能发生的危机，并敢于做出创新的实践。

事实上，富士在做胶片业务时，就已经意识到了数字化的趋势。20 世纪末，受全球数码浪潮来袭的影响，富士胶片的影像业务开始萎缩，于是公司果断收缩了该业务，并开始潜心于数码技术的研发。

根据市场变化调整经营方向，可谓是富士转型的一大招牌。到了2004年，富士又进一步认识到，数码影像未来不再是利润增长型产业了，因此公司必须另辟蹊径才能有出路，也就有了其日后在医疗生命科学、高性能材料、光学元器件、电子影像等尖端技术领域的重点突破。

资料来源：本案例素材主要来自新浪财经（http://finance.sina.com.cn/stock/usstock/c/2019-04-12/doc-ihvhiewr5355232.shtml）。

提示问题

1. 相比美国柯达公司，日本富士胶片公司为什么能成功应对传统胶卷产品大衰退的挑战？

2. 日本富士胶片公司所掌握的技术是唯一的吗？

3. 面对传统胶片开始退出主流市场的情况，富士胶片公司采取了哪些策略？为什么柯达公司没有采取类似的策略？

4. 结合本章介绍的知识点，富士胶片公司对你个人的启示或启发有哪些？

参考文献

[1] 黄双喜，范玉顺．产品生命周期管理研究综述[J]．计算机集成制造系统，2004，10（1）：1-9．

[2] 李牧南，梁欣谊，朱桂龙．专利与理想度提升法则视角的石墨烯技术创新演化阶段识别[J]．科研管理，2017，38（2）：10-17．

[3] 张彩江，李克华，徐咏梅．对我国价值工程理论与实践的回顾和影响降低的深层原因分析[J]．南开管理评论，2002（1）：14-19．

[4] LI M N．A novel three-dimension perspective to explore technology evolution [J]．Scientometrics，2015，105（1）：1679-1697．

[5] 凡尔梅特，赛尔．破译黑天鹅：如何应对未来15年的商业巨变[M]．王雪婷，译．北京：中国友谊出版公司，2014．

[6] 古森重隆．灵魂经营：富士胶片的二次创业神话[M]．栾殿武，译．成都：四川人民出版社，2017．

第 3 篇

PART 3

产品创新设计的问题识别

第 5 章

CHAPTER5

产品创新问题识别：功能建模与功能裁剪

在第 3 章介绍的导入 TRIZ 的新产品开发流程中，在发明问题（新产品开发问题）的识别方法中提到了基于 TRIZ 理论的功能建模与功能裁剪方法。在以发明问题为导向的产品开发中，识别问题本质或者本质问题是发明或创新活动的重要起点，本章的重点内容就是如何对产品的功能进行建模，以及功能是否可以裁剪，裁剪的依据和法则有哪些。

【课堂练习 5-1】 在市场上，我们可以买到各种不同类型的牙刷产品，如普通牙刷、儿童牙刷、电动牙刷、定制牙刷等，如果你是一个牙刷生产商的产品经理，如何设计一款新的牙刷产品呢？

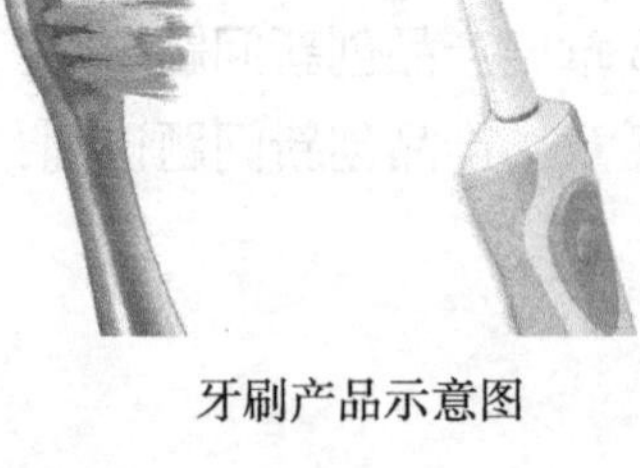

牙刷产品示意图

【提 示 问 题】 1. 牙刷的功能如何定义呢？

2. 在完成牙刷功能的定义之后，你作为产品经理打算如何改进呢？

3. 客户会购买你的新产品吗？为什么？

5.1　产品创新设计视角的功能定义

任何产品都具有满足用户需求的功能，用户购买产品其实是购买产品的功能。例如，用户购买风扇的用途是什么？这本身就蕴含着产品功能的核心要义。一般而言，大多数用户会回答：购买风扇是为了凉快、降温。但是，从产品功能定义的角度看，产品经理要思考的却是风扇如何实现降温，需要从物理或化学原理角度去思考，这其实也就意味着产品设计经理和普通产品用户（消费者）视角的产品功能存在重要区别。

1. 产品设计角度的功能

首先，产品设计视角或产品经理视角的“产品功能”是一种对产品技术系统的高级抽象。通过对产品功能的抽象和工程化（engineering），才可以进行产品技术系统的优化，运用新技术、新材料、新结构实现相同的功能，提升产品价值。若运用成本更低的材料、结构等实现相同的功能，则可以达到降低成本的目的。另外，通过功能的抽象，深入地分析技术系统的问题，可以找到解决问题的方向。通过功能的抽象，也可以系统地识别技术系统内部、外部的资源，从而跨领域地寻找解决问题的方案。

2. 产品设计角度的功能剪裁

功能剪裁是用来分析问题的一种方法，是将系统的一个或多个组件去除，将其有用功能在系统或超系统的组件中重新分配的方法。功能剪裁需要首先识别技术系统的功能，由于剪裁了组件，可以实现降低成本的目的。另外，功能剪裁也为技术系统的问题解决提供了全新的视角和方向。因此，功能剪裁在产业创新设计过程中是一种重要的思路和方法，可以极大提高产品改进的效率，也可以在产品的某个细分市场获得成功。

5.2　产品设计的功能分析

产品设计的功能分析主要包括以下步骤：

1. 产品（工程技术系统）的组件分析

组件分析是指识别某个工程技术系统（产品）的系统组件及超系统组件。一般意义上的产品（product）是指有形产品，而无形产品一般指的是服务（service），从产品的价值属性看，服务也是一类特殊的产品，但是无形产品（服务）属于一个较为特定或特殊的产品范畴，本书如果没有特殊说明，产品一般是指有形产品，即有一定的外形和质量属性，存在生产、物流和销售环节，实现价值增长的物品。组件（component）是产品的各个组成部分，而组件分析则是分析这个产品可以分解为哪些不同又存在相互作用的部分。组件可以分为系统组件（system component）和超系统（supersystem component）组件，系统组件是指该产品自身的构成，而超系统组件则是指该产品发生作用所依赖的物品或环境。例如，对锤子这样一个产品而言，钉子就属于超系统组件，而锤子自身的锤头和柄杆则是系统组件（见图 5-1）。

图 5-1 锤子的结构示意图

【课堂练习 5-2】对于牙刷这个产品而言，哪些是系统组件？哪些是超系统组件？

2. 组件之间的相互作用分析

组件分析用于识别工程系统以及超系统组件之间的相互作用（interactions）。

在产品功能分析中的相互作用是指在不同组件之间是否存在某种参数改变（物理或化学参数等）。

【课堂练习 5-3】锤子可以分为几个部件？哪些部件之间存在相互作用？这些不同部件之间的相互作用的重要程度如何？如何分类？

3. 产品功能建模

功能模型描述了工程系统（产品）的系统组件和超系统组件的所有功能，以及这些功能哪些是有用功能，其性能水平与成本如何。功能建模（modeling）就是要将针对某个产品（工程技术系统）的所有功能进行分析和呈现，并可以用于下一步的产品改进和创新活动。

5.3　产品（工程技术系统）的组件分析

这是产品设计功能分析的第一个步骤。这里要明确两个基本概念：工程技术系统（产品）与超系统。因为组件分析的输出是识别出系统组件和超系统组件。

工程技术系统（产品） 工程技术系统（engineering systems）是能够执行一定功能的系统，也是产品创新设计的研究对象。例如，如果研究的对象是椅子，则椅子就是一个工程系统。如果是汽车座椅，则汽车座椅是一个要研究或改进的工程系统。理论上说，工程系统可以是一辆汽车，也可以是一把牙刷，在于产品设计和改进的对象。显然，针对一辆汽车的产品创新设计与针对牙刷的创新设计存在巨大的工作量差异。

超系统 超系统（super systems）指的是包含被分析的工程系统的系统。在超系统中，所分析的系统是其中的一个组件。例如，如果研究对象是汽车座椅，则汽车座椅周围的环境组成了工程系统的超系统。此时，超系统包括了汽车的底板、车门、安全带、驾驶员和空气等。

【课堂练习 5-4】 如果我们研究的对象是书桌，那么书桌相关的超系统有哪些呢？如果我们产品改进的对象是椅子，那么超系统又有哪些？通用的超系统有哪些？

从产品创新设计的视角看，组件和物质也有着相对特定的含义：

（1）组件是工程系统或超系统的组成对象。组件可以是物质、场、物质和场的组合。

（2）物质是有净质量的对象。例如，汽车发动机有净质量，可以成为工程系统的组件。

（3）场是没有净质量的，可以传递物质之间的相互作用。TRIZ 中的场可以分为机械场、声场、热场、化学场、电场、磁场、电磁场。这些场的前几个字母组成了 MAThChEM，具体如下：

- M 指的是机械场 mechanical，如压力场、重力场等。
- A 指的是声场 acoustic。根据频率的不同，可以将声音分为可听声波、超声波和次声波等。

- Th 指的是热场 thermal。凡是与温度、热量相关的都属于这个范畴，与加热、冷却等功能相关。
- Ch 指的是化学场 chemical。比如，各类不同的化学反应等。
- E 指的是电场 electrical，如静电场等。
- M 指的是磁场 magnetic，如磁铁等。
- EM 指的是电磁场 electromagnetic，如电磁控制的各类开关等。

一般而言，组件可以是物质或场的组合。例如，热水其实是水（净质量的对象）和热场的组合，热空气是空气（净质量的对象）和热场的组合等，需要从一个较为新颖的视角看待这些研究对象或产品改进对象。

5.4 相互作用矩阵

组件的相互作用分析用于识别工程系统组件以及超系统组件间的相互作用，相互作用分析的结果就是构造组件表格中系统组件和超系统组件的相互作用矩阵，如表 5-1 所示。相互作用矩阵的第一行和第一列均为组件列表中的系统组件和超系统组件。若组件 1 和组件 2 之间有相互作用关系，则在相互作用矩阵表中两个组件交汇单元格中填写“+”，否则填写“-”，对角线上的单元格不需要填写。判断存在相互作用的依据是这两个组件必须存在相互接触，这种接触是显而易见的，或者在某个特定的场合，这些组件之间是零距离。判断相互作用的组件之间是否存在事实上的有用功能（useful function）则是下一步功能分析的任务。

表 5-1 组件之间相互作用矩阵

组件	组件 1	组件 2	…	组件 *n*
组件 1		+	-	-
组件 2	+		+	-
⋮	-	+		+
组件 *n*	-	-	+	

此外，相互作用矩阵关于对角线对称，还需要特别注意的是，有些组件之间是靠场相互接触，容易被忽视而产生错误的相互作用认知。

5.5 功能建模

5.5.1 功能的定义

从产品创新设计的视角来看，功能是工程系统（产品）一个组件改变（change）或保持（hold）另外一个组件某个参数（parameter）的行为（动作）。功能的描述采用动词加名词的表达形式。如图 5-2 所示，桌子的功能（功能载体）可以描述为：支撑杯子［动词“支撑”+ 名词（功能的对象)］。功能载体是执行功能的某一组件，功能对象则是功能性能参数改变的受动者组件，而参数是具有相对值的某一属性。例如，速度、长度、重量、体积等都是参数，可以具有一定的数值，而且可以在某个认知范围内被保持和改变。

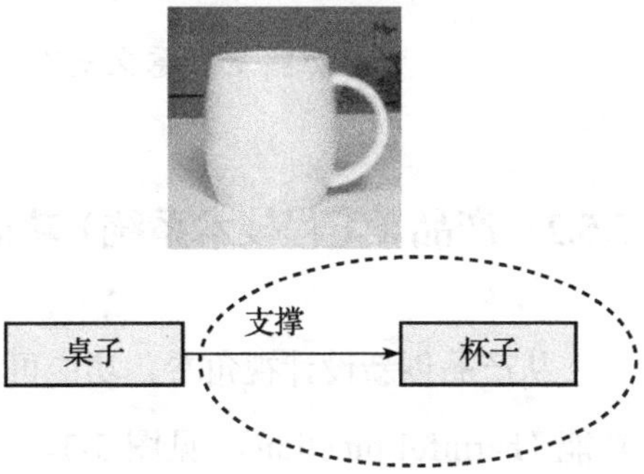

图 5-2　功能的表达方式

一般而言，产品功能只有在满足下列三种条件的时候才会产生：

- 功能载体和功能对象都是组件（即物质和 / 或场）。
- 功能载体和功能对象之间有相互作用。
- 功能载体保持或改变了功能对象的参数。

根据上述的功能存在的条件，我们来看图 5-2 中桌子对杯子是否有功能呢？桌子和杯子都是组件，它们也存在相互作用，接下来再看另一个重要的条件，即桌子要保持或改变了杯子的某个参数，如果满足功能存在的第三个条件，则可以说桌子对杯子有某一功能，进而可以用动词和名词的形式来描述这一功能。进一步的分析可以发现，桌子保持了杯子在空间的位置这一参数，因而桌子对杯子是有功能的，这一功能可以描述为支撑杯子。

反过来看，杯子对桌子有没有功能呢？功能存在的三个条件中，前两个条件都满足，杯子和桌子都是组件，它们也存在相互作用，但是杯子对桌子有参数行为的改变吗？杯子对桌子并没有什么参数行为被改变，因此，根据功能存在的条件，杯子对桌子是没有功能的。在前面提到的桌子功能描述中（特定场景），杯子放到桌子上（桌子支撑或保持了杯子的位置），因为如果没有桌子，杯子会因重力作用而掉下来，那么，在一个完全没有重力场的太空中，桌子对杯子有支撑作用吗？这时，可以说桌子对杯子没有支撑功能（因为重力场不存在，或者重力场弱），因此，功能的产生需要一定的场景。

【课堂练习 5-5】 为什么要定义“桌子支撑杯子”这个功能呢？为什么说“杯子支撑桌子”这个功能不存在？在什么情况下，“杯子支撑桌子”的功能是有意义的？

5.5.2 产品（工程技术系统）功能的分类

从产品创新设计视角看，功能可以分为有用的功能（useful function）和有害的功能（harmful function），见图 5-3。

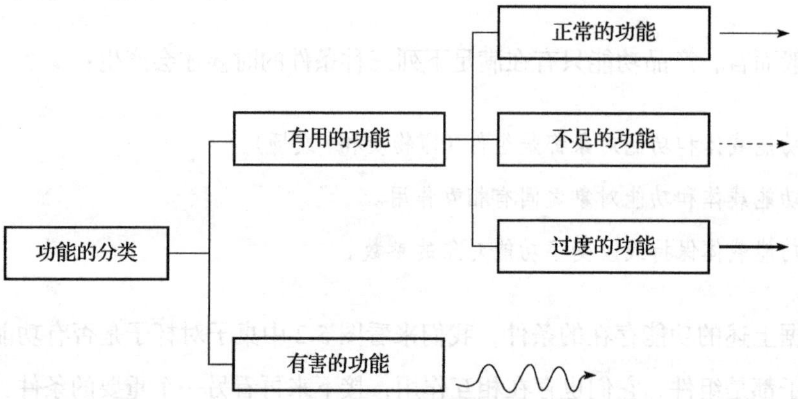

图 5-3 功能的分类

有用的功能是指沿产品改进期望（product improvement expectation）的方向改变功能对象的参数；同时，有用的功能还存在一些性能水平（level），包括正常的功能（normal function）、不足（不充分）的功能（insufficient function）和过度的功能（excessive function）。当实际改善等于所需的改善时，功能正常。当实际改善小于所需的改善时，功能不足。当实际改善大于所需的改善时，功能过度。

有害的功能是指沿期望相反的方向改变功能对象的参数。一般而言，基于朴素的辩证思想，工程系统（产品）在提供某种有用功能的同时，有可能带来某些负面影响（side effect）。例如，牙刷的刷毛清除牙齿的污垢，这是我们期望的方向，是有用功能，但刷毛会在某种程度上损伤牙龈则是我们不期望的方向，是有害的功能。

5.5.3　功能建模的过程

功能建模的步骤如下：

- 识别系统组件和超系统组件。
- 识别相互作用矩阵。
- 分析组件是否对其他组件存在功能。
- 确定及指出功能的性能水平。
- 对其他组件重复上述步骤。

根据功能的分类，不同的功能采用不同的线型表达，例如，正常的功能采用细实线，不足的功能采用虚线，有害的功能采用波浪线，过量的功能采用粗实线。图 5-4 中六边形的组件表示超系统组件，表 5-2 的图形化表达为图 5-4，图形化的好处在于对功能的缺陷一目了然，不足的功能、过度的功能、有害的功能都是功能缺陷。后续的工具会对这些功能缺陷进行解决。

表 5-2　功能分析的模板

组件	功能	功能的性能水平
组件 1	功能 1：动词 + 功能对象	正常、不足、过度或有害
	功能 2：动词 + 功能对象	正常、不足、过度或有害
组件 2	功能 1：动词 + 功能对象	正常、不足、过度或有害
	功能 2：动词 + 功能对象	正常、不足、过度或有害
⋮	⋮	⋮
组件 n	功能 1：动词 + 功能对象	正常、不足、过度或有害

根据图 5-4 的描述可以看到，一个功能载体可以承载多个功能，而某个功能对象也可以成为功能对象。

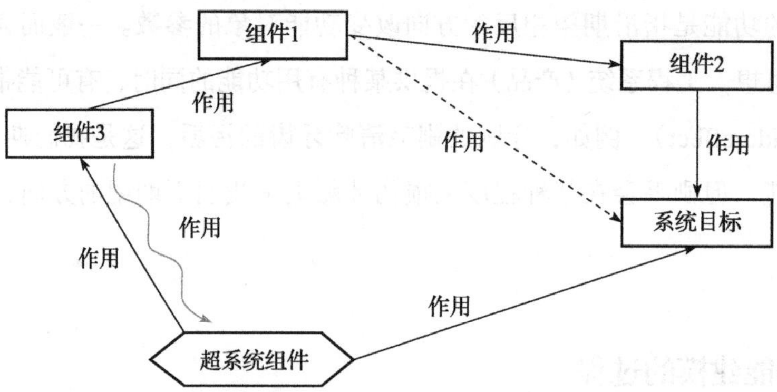

图5-4 功能建模的图形化表达

5.6 功能裁剪及其应用

裁剪是现代TRIZ理论中分析问题的重要工具，是指将工程系统或超系统中一个或多个组件去掉，而用剩余组件来执行其有用功能的创新方法，即通过对系统或超系统中的其他组件进行“改造”，使其能够执行被裁剪组件的有用功能，从而使整个系统的功能不变。

裁剪的作用主要以下几个方面：

- 实施裁剪可以简化系统组件数量，降低系统成本。
- 实施裁剪可以优化系统的功能结构。
- 实施裁剪可以消除过度、有害或重复功能，提高系统理想化程度。
- 实施裁剪是企业进行专利规避的重要手段。

5.6.1 裁剪的规则

裁剪规则是指对工程系统的组件进行裁剪时的规则。以下为三条通用的、基本的裁剪规则。

（1）裁剪规则A。如果有用功能的对象被去掉了，那么功能载体可以被裁剪掉（见图5-5）。

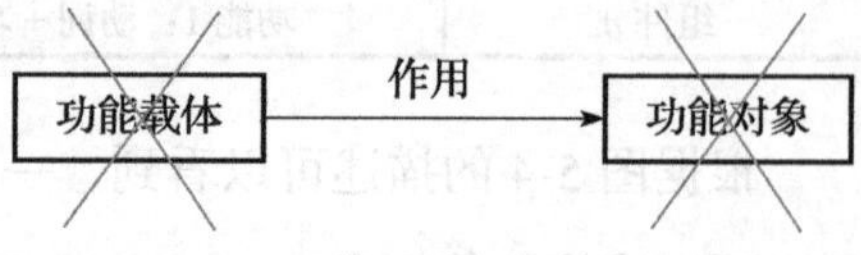

图5-5 裁剪规则A

例如，随着技术的进步，现在的笔记本电脑基本都不再配置光驱，意味着固定光驱的结构也不再需要了。

（2）裁剪规则 B。如果功能对象自身执行有用的功能，功能载体可以被裁剪掉（见图 5-6 和图 5-7）。

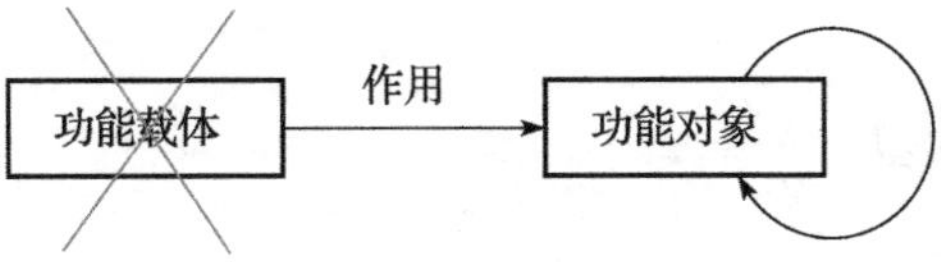

图 5-6　裁剪规则 B

图 5-7　自行车内胎的裁剪

例如，自行车内胎的功能是支撑外胎，摩拜单车的一些型号采用了实心胎的方式，自身执行支撑的功能，因此内胎可以被裁剪掉。

（3）裁剪规则 C。工程系统或超系统中的其他组件可以执行功能载体的有用功能，那么功能载体则可以被裁剪掉（见图 5-8）。

如图 5-9 所示，天冷时儿童由于经常踢被子，夜里容易着凉，父母需要常常给儿童盖被子而影响休息。如果采用儿童睡袋，则儿童不论怎么移动身体，都不容易从睡袋中出来，是一种比较有效的避免儿童夜里着凉的方式。

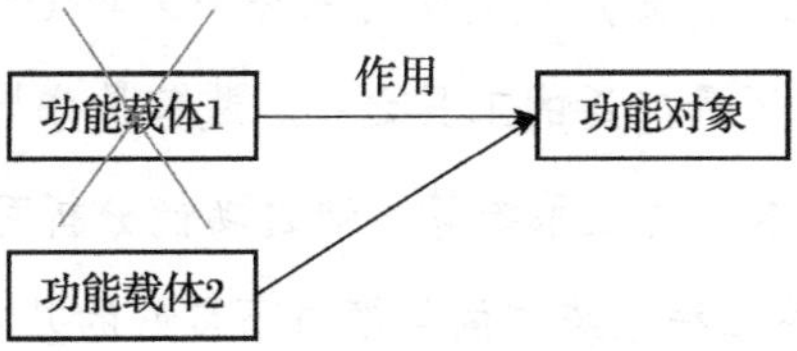

图 5-8　裁剪规则 C

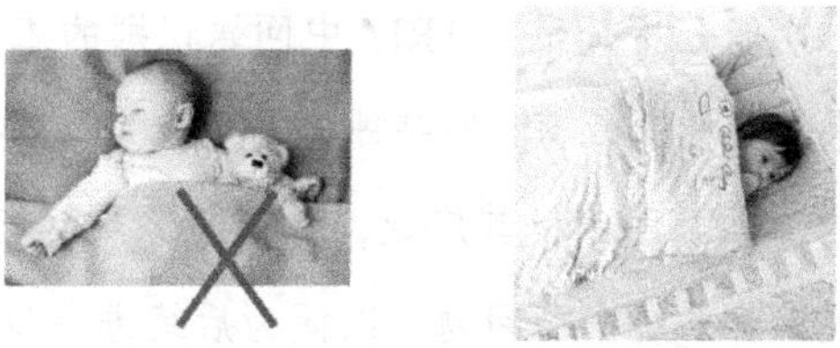

图 5-9　儿童被子的裁剪

5.6.2　裁剪的模型与流程

裁剪模型是对工程系统实施裁剪后的功能模型，即去掉系统中某个组件后，剩余组件组成的模型就是裁剪模型，它包含实施裁剪后需要进一步解决的一系列问题，即裁剪问题（见表 5-3）。裁剪问题属于关键问题的一种，运用不同裁剪规则，实施不同的裁剪方案，可以产生不同的裁剪模型，得到不同的裁剪问题，在实际工作中，将这些问题归纳出来，利用后续的 TRIZ 工具去解决。

表 5-3 裁剪模型

组件	功能	裁剪规则	新载体	裁剪问题
组件 1	功能 1	裁剪规则 A		
	功能 2	裁剪规则 C	组件 4	如何使用组件 4 执行功能 2
组件 2	功能 3	裁剪规则 B	组件 2	如何使用组件 2 执行功能 3
组件 3	功能 4	裁剪规则 C	组件 5	如何使用组件 5 执行功能 4

产品裁剪的步骤为：

- 第一步，进行功能分析，画出功能模型。
- 第二步，选择要裁剪的工程系统组件。
- 第三步，选择要裁剪的组件的第一个功能。
- 第四步，选择适用的裁剪规则（A、B、C）。
- 第五步，选择一个新的功能载体。
- 第六步，拟定裁剪问题。
- 第七步，对该组件的其他功能进行裁剪。
- 第八步，对其他组件重复第二步至第七步。

本章小结

功能分析是现代 TRIZ 中问题识别的工具之一，是后续要学习的许多工具（例如因果链分析、裁剪）的基础，是现代 TRIZ 中应用最广泛的工具之一。裁剪是分析问题的工具，用途极其广泛，如降低系统运行成本、简化系统等。通过功能分析可以发现工程系统中的问题，以便为后续进一步解决工程系统中的问题打下良好的基础。

复习思考题

1. 功能分析属于现代 TRIZ 中的（　　）工具。

A. 问题识别　　B. 问题解决　　C. 概念验证　　D. 不确定

2. 根据现代 TRIZ 对功能的定义，如下对抹布的功能描述正确的是（　　）。

A. 擦玻璃　　B. 去除灰尘

C. 让玻璃变干净　　D. 提高玻璃的透光率

3. 根据现代 TRIZ 对功能的定义，如下对油漆的功能描述正确的是（　　）。

A. 反射光线　　B. 改变墙的颜色　　C. 保护墙壁　　D. 赏心悦目

4. 对眼镜工程系统做功能分析并画出功能模型。

实践案例

尝试应用功能建模和功能裁剪去改进眼镜的工程系统

下面是有关眼镜工程系统的实践练习，基本信息见表 5-4。

表 5-4　眼镜系统的组件分析

工程系统	系统组件	超系统组件
眼镜	镜片 镜框 镜腿	鼻子 耳朵 眼睛 光线

接下来，采用分析组件之间的相互作用（见表 5-5）。

表 5-5　眼镜系统组件的相互作用分析

	镜片	镜框	镜腿	鼻子	耳朵	眼睛	光线
镜片		+	−	−	−	−	+
镜框	+		+	+	−	−	+
镜腿	−	+		−	+	−	+
鼻子	−	+	−		−	−	+
耳朵	−	−	+	−		−	+
眼睛	−	−	−	−	−		+
光线	+	+	+	+	+	+	

对每个组件的功能进行分析，如图 5-10 所示。

组件	功能	水平
镜片	对镜框无功能	
	折射光线	正常
镜框	支撑镜片	正常
	支撑镜腿	正常
	挤压鼻子	有害
镜腿	支撑镜框	正常
	挤压耳朵	有害
鼻子	支撑镜框	正常
耳朵	支撑镜腿	正常
光线	告知眼睛	正常

图 5-10　眼镜系统的功能分析

对其进行图形化表达，如图5-11所示。

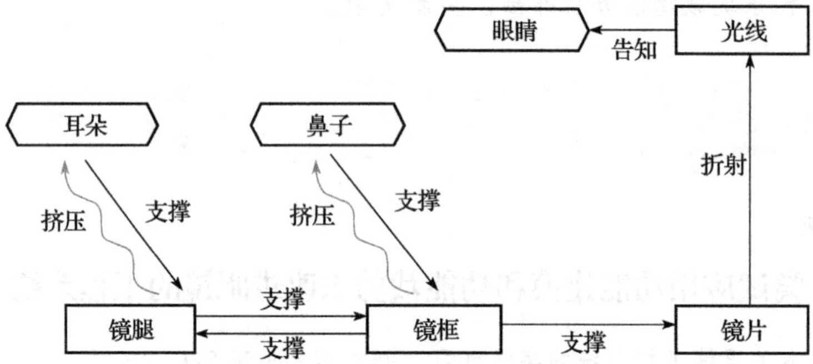

图5-11　眼镜系统的功能建模

识别出系统有两个功能缺陷：镜腿挤压耳朵、镜框挤压鼻子。接下来，采用裁剪改进系统（见图5-12）。

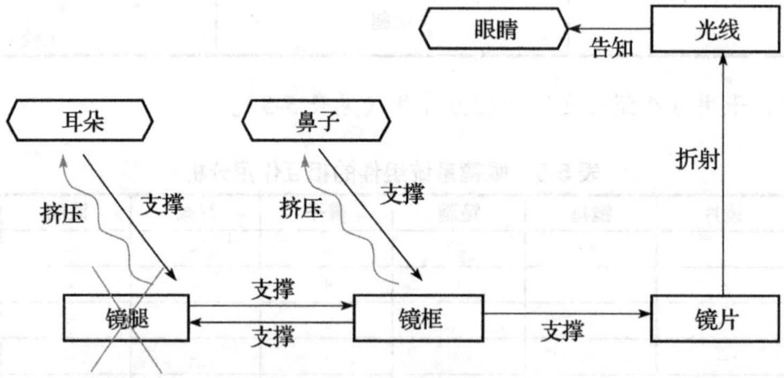

图5-12　裁剪镜腿

如果裁剪镜腿，则镜腿产生的有害功能可以被去除，这里采用裁剪规则C，找到一个新的组件来执行镜腿支撑镜框的功能——无腿近视眼镜，使用时用鼻子或手来进行支撑（见图5-13和图5-14）。

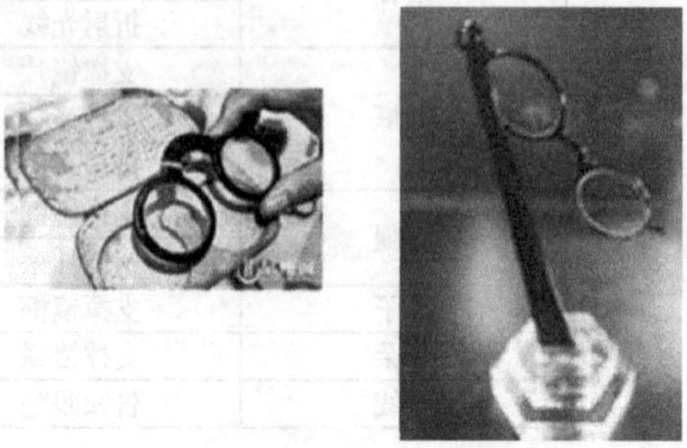

图5-13　裁剪镜腿的产品方案

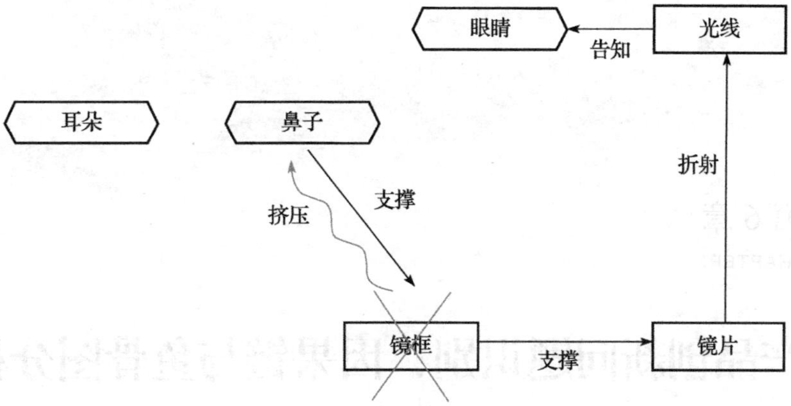

图 5-14　裁剪镜框

提示问题

如果裁剪镜框，则镜框产生的有害功能可以被去除，这里采用裁剪规则 C，如何找到一个新的组件来执行镜框支撑镜片的功能？产生了什么样的新产品或替代产品？

如果剪裁镜片（见图 5-15），会产生什么样的解决方案和改进的产品？

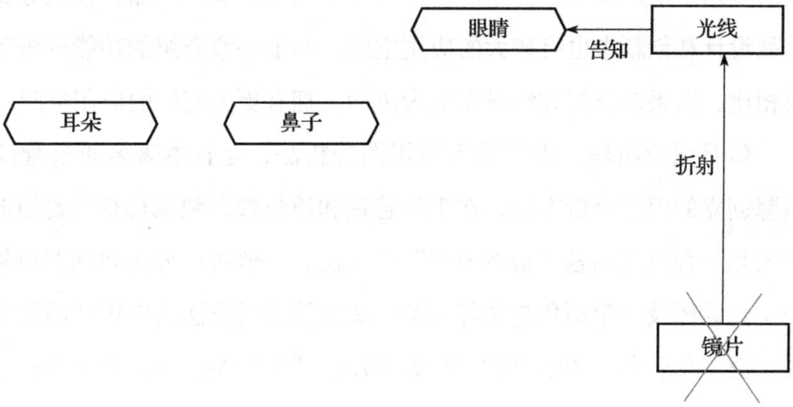

图 5-15　裁剪镜片

参考文献

[1]　赵敏，史晓凌，段海波．TRIZ 入门及实践 [M]．北京：科学出版社，2020．

[2]　孙永伟，伊克万科．TRIZ：打开创新之门的金钥匙 I [M]．北京：科学出版社，2020．

[3]　周苏．创新思维与 TRIZ 创新方法 [M]．2 版．北京：清华大学出版社，2018．

第 6 章
CHAPTER6

产品创新问题识别：因果链与鱼骨图分析法

因果链也是一种重要的产品创新关键问题识别的方法，也经常和其他方法联合应用到产品创新设计过程中，如可拓学、六西格玛设计（design for six sigma，DFSS）和实验设计（design of experiment，DOE）等。因果链方法比较符合我们的思维逻辑，而且通俗易懂，也比较简洁高效，具有较为广泛的应用空间。同时，因果链分析方法不局限于有形产品，在服务类的无形产品设计和创新中也有较大的应用空间。与上一章介绍的功能分析和功能建模相比，因果链分析方法显得更为灵活，拥有更为宽广的应用空间。

鱼骨图分析法，也被称为石川图分析法，是日本著名质量管理大师石川馨创立的因果分析方法，在工程管理和质量管理领域具有重要的地位。鱼骨图是一种发现问题“根本原因”的方法，一般可以分为问题型鱼骨图、原因型鱼骨图及对策型鱼骨图等几类。鱼骨图分析方法的应用范围和场景也比较广泛。尽管鱼骨图最早被石川馨应用到质量控制领域，但是其核心思想逐渐扩散，并被广泛应用到工业安全与环保、风险评估，甚至是经济管理等领域。

6.1 因果链分析法简介

因果链分析是现代产品开发和创新活动中问题识别的工具之一，是现代 TRIZ 中应用最广泛的工具之一。因果链分析与功能分析都是为了发现工程系统中存在的功能缺点，因果链分析在初始缺点的基础上挖掘出关键缺点，从而找到工程系统的关键问题。

因果链是由一个个存在逻辑因果关系的缺点连接而成的图，其中每一个缺点都是其下层缺点造成的结果，同时又是造成上层缺点的原因。因果链可以用如图 6-1 的方式构建。

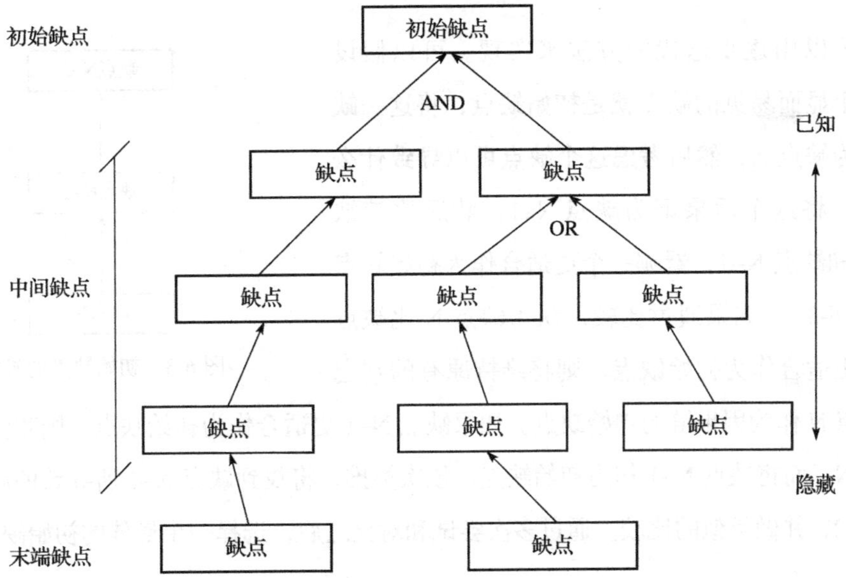

图 6-1 因果链分析示意图

图 6-1 中方框表示的是缺点，用箭头连接方框，箭头的起点是原因，箭头的终点指向结果。采用图形化表达后，因果链起始于初始缺点，终结于被发现的末端缺点，在初始缺点与末端缺点之间的是中间缺点。

6.2 产品、系统或项目的缺点识别

6.2.1 识别初始缺点

初始缺点由产品、系统或项目的设计或实施目标决定，一般来说产品或项目目标的反面就是初始缺点，如图 6-2 所示。如果项目的目标是降低成本，那么初始缺点就是成本过

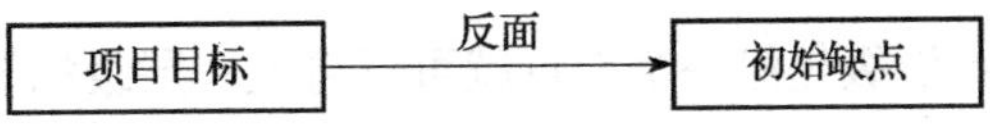

图 6-2 初始缺点确定示意图

高；如果目标是提高效率，那么初始缺点就是效率太低。

有时，产品或项目的初始缺点并不是很明确，让我们错误地以为在产品或项目设计实施过程中最开始所遇到的那个显而易见的问题就是初始缺点，从而将因果链分析引到一个片面的方向上，因而不能尽可能地找到更多的缺点，错失了很多机会。

可以用逐步迭代的方法来实现。可以假设某一个显而易见的缺点就是初始缺点，将这一缺点记为缺点N，然后考虑这个缺点可以导致什么后果，将这个后果记为缺点N–1，然后比较缺点N和缺点N–1，看哪一个更适合作为初始缺点（见图6-3）。如果通过比较，认为缺点N比缺点N–1更适合作为初始缺点，则将维持原有的判定将缺点N作为因果链的初始缺点。如果缺点N–1更适合作为初始缺点，则我们舍弃缺点N，而将缺点N–1作为初始缺点。依次类推，将找到缺点N–1所导致的后果缺点N–2，并做类似的比较。通过多次尝试和对比之后，选择一个最佳的初始缺点。

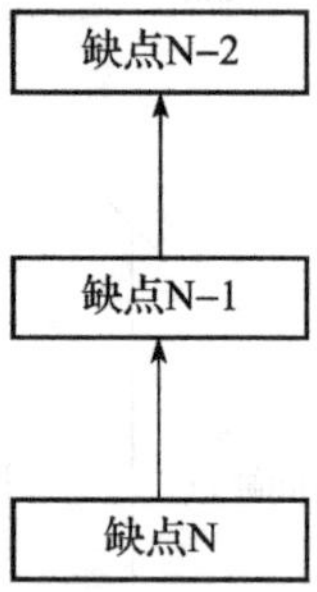

图6-3 初始缺点的确定

6.2.2 识别中间缺点

中间缺点是指处于初始缺点和末端缺点之间的缺点，它是上一层缺点的原因，又是下一层缺点造成的结果。在确定中间缺点的时候，要注意如下几个问题：

（1）需要明确上下层级的逻辑关系。在寻求下一层缺点时，需要找直接缺点，避免跳跃，跳跃会导致遗漏某些缺点，从而失去大量解决问题的机会。

（2）同层级多个缺点，可用运算符AND或OR将多个缺点连接起来。有时，造成一个缺点的同层级原因可能不止一个，当同层级缺点超过一个时，可用运算符将其连接起来。

AND运算符表示上一层级的某个缺点是由下一层级的几个缺点共同作用的结果，只有这几个缺点同时存在，上一层级的缺点才会存在，也就是说，只要解决了本层级任何一个缺点就可以将上一层级的缺点解决。比如，着火需要可燃物、助燃物、温度达到燃点三个条件，只有这三个条件同时存在才会导致着火。

OR 运算符表示上一层级的某个缺点是由下一层级的几个缺点中的任何一个单独作用造成的结果，只要这几个缺点中的任何一个存在，上一层级的缺点就会存在，也就是说，只要解决了本层级的所有缺点，上一层级的缺点就可以被解决。比如一个人喝到的水被污染，原因可能是水源的问题，也可能是管道的问题，还有可能是容器的问题，必须将所有的下一层级缺点解决了，上一层级的缺点才可以被解决。

（3）寻找中间缺点的途径。在功能分析、成本分析中发现的缺点列表中寻找。利用科学公式，比如本层级的缺点是摩擦力，根据公式“摩擦力 = 压力 × 摩擦系数”，下一层级的缺点就应该从压力和摩擦系数这两个方面中寻找。

6.2.3　识别末端缺点

理论上，因果链分析可以是无穷无尽的，但在具体项目中无止境地挖掘下去没有任何意义，因此总要有终止的时候，链条中最后一个缺点就是末端缺点。结束因果链分析的条件如下：

- 达到物理、化学、生物或几何等领域的极限时。
- 达到自然现象时。
- 达到法规、国家或行业标准等的限制时。
- 不能继续找到下一层的原因时。
- 达到成本极限或人的本性时。
- 根据项目情况，继续深挖下去变得与本产品、系统或项目无关时。

【**课堂练习 6-1**】针对因果链结束的几种条件，你能否想出或从生活中找到一个具体的例子加以说明？

6.3　因果链分析的步骤

第一步，确定初始缺点。根据项目目标反面或项目实际情况列出初始缺点。

第二步，寻找中间缺点。对每个缺点逐级列出造成本层缺点的直接原因。

第三步，确定同层缺点的相互关系。同一层级的缺点多于 1 个时，用 AND 或

OR 运算符连接。

第四步，重复第二步至第三步，依次继续查找本层缺点的下一层直接原因，直到末端终点。

第五步，检查功能分析中得到的功能缺点是否包含在因果链中，若遗漏而且与项目有关，需要添加进去。

第六步，根据项目实际情况确定关键缺点。

第七步，确定关键问题及可能的解决方案。将关键缺点转为关键问题，然后寻找可能的解决方案。

第八步，挖掘矛盾并形成关键问题列表。从关键问题出发挖掘出可能存在的矛盾，最后形成关键问题列表（序号、关键缺点、关键问题、可能的解决方案、矛盾描述），如表 6-1 所示。

表 6-1　关键问题列表

序号	关键缺点	关键问题	可能的解决方案	矛盾描述
1				
2				
⋮				
n				

【课堂练习 6-2】根据表 6-1，列举生活中或身边的某个产品的关键问题，并采取发散思维模式，尝试找到可能的解决方案。例如，经常点外卖的同学会发现自己的外卖被其他同学拿错了等类似问题。

6.4　静电危害因果链分析

问题描述：冬天到了，人们身上的静电也多了，特别在干旱的北方，当我们开水龙头、车门，甚至握手时都会被静电打到，让人感觉刺疼，很不舒服。若直接从初始问题着手，这个问题就比较难解决。接下来，我们使用因果链分析的方法，通过挖掘深层次的原因来找到解决问题的方法。

问题解决步骤如下：

第一步，确定初始缺点。项目的目标是：消除静电对身体造成的伤害，让人不会感觉到疼，因此，项目目标的反面（即初始缺点）就是静电打到人时感觉到疼。绘制如图 6-4 所示的最上层部分。

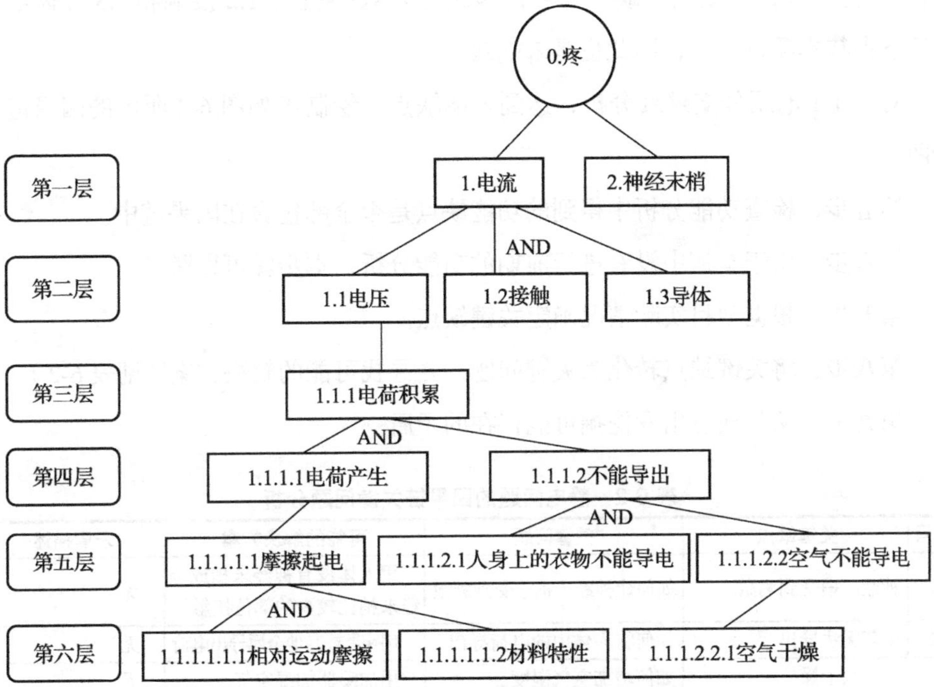

图 6-4　静电伤人问题的因果链分析

第二步，寻找中间缺点。引起疼的直接原因是什么呢？疼是由于电流刺激了神经末梢引起的，开金属门时感觉疼，是因为被电到了指尖，而指尖是人体神经末梢最密集的地方之一。因此，疼的直接原因是电流和神经末梢。绘制如图 6-4 的第一层。

第三步，确定相互关系。电流和神经末梢两个条件相互依赖，缺一不可，因此属于 AND 关系。

第四步，重复第二步至第三步。先看图 6-4 中节点 2（神经末梢），让神经末梢能感应到外界的刺激属于物理现象，原则上可以继续分下去，但深入分析下去就属于生物学或医学所关注的范畴，与我们的项目关系不大，因此神经末梢就是末端缺点，这个分支不需要继续进行下去了。

对于节点 1（电流）的分支，有必要分析电流是如何形成的，物理学知识告诉我们，电流是由于两个物体之间存在电势差（即电压），并且两个物体之间相互接触形成回路才会产生电荷的流动（即电流），因此这一层应有1.1电压（手与被接触的金属之间有电压）、1.2接触（手要与金属之间有接触）、1.3导体（手与金属都是导体），这三者相互依赖，缺一不可，因此是AND关系。1.2接触和1.3导体继续分解下去与本项目无关，因此也是末端缺点。

对于1.1电压分支继续分析，达到末端缺点，绘制出如图6-4所示的因果链分析图。

第五步，检查功能分析中得到的功能缺点是否全部包含在因果链中。

第六步，由于本例中没有进行前期的功能分析，本步骤可以跳过。

第七步，根据项目实际情况确定关键缺点。

第八步，将关键缺点转化为关键问题，并寻找可能的解决方案（见表6-2）。

第九步，从各缺点出发挖掘可能存在的矛盾。

表6-2 静电问题的因果链关键问题分析

序号	关键缺点	关键问题	可能的解决方案	矛盾描述
1	神经末梢受到刺激	如何让神经末梢不受到刺激	用人体没有神经末梢或神经末梢比较少的部位接触	无
2	电荷无法导出	如何将人体中的电荷导出	用钥匙或其他金属导出电荷	无
3	空气太干燥	如何增加空气湿度	用加湿器加湿空气	无
4	衣物容易产生静电	什么样的材料不产生静电	利用防静电材料做衣物	无
5	人体上的衣物不能导电	如何让人体上的衣物导电	在鞋上装金属丝	无
6	空气不能导电	如何让空气导电	在空气中产生离子风	无
7	人手接触到了导体	如何让手不接触到门把手	不接触门把手	有矛盾：人需要接触门把手，因为要开门，但又不能接触门把手，因为会产生电流

【课堂练习6-3】针对表6-2的因果链分析结果，思考一个反方向的产品创新（创意思维）：如何充分利用人体静电效应发明一种有趣的产品（或服务）？

6.5 鱼骨图分析法简介

为了寻找产生某种质量问题的原因，发动大家谈看法、做分析，将所有人的意见反映在一张图上，这张图就是鱼骨图。而鱼骨图又称特性要因图、因果图或石川图，是 1953 年在日本川崎制铁公司，由质量管理专家石川馨最早使用的，是一种发现问题“根本原因”的方法。

（1）问题整理型鱼骨图。各组成成分之间不存在显著的因果关系，而是结构组成关系，因此，问题整理型鱼骨图主要是突出局部与整体之间的构成关系。

（2）原因型鱼骨图。原因型鱼骨图用于分析问题产生的原因，也是一种最常见、应用最为广泛的鱼骨图。绘制原因型鱼骨图，首先需要对一个问题分类别、穷举性地列出所有影响因素，再进一步分析；其次，原因型鱼骨图的鱼头一般在右。原因型鱼骨图的鱼头和鱼骨之间的关系如图 6-5 所示。

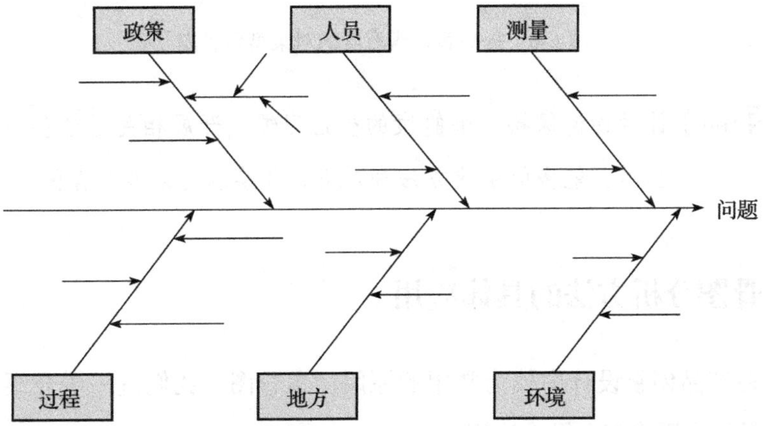

图 6-5　原因型鱼骨图

在图 6-5 中，鱼头代表需要分析的问题，大鱼骨代表问题产生原因的主要类型，而小鱼骨则代表具体的原因。

（3）对策型鱼骨图。如果说原因型鱼骨图注重“想（原因）”，对策型鱼骨图则注重“（如何）做”。对策型鱼骨图的鱼头一般在左，往往以“如何……”开头。例如：如何可以减肥成功？如何提升公司销售业绩？如何保持健康的生活习惯？……因此，对策型鱼骨图是为了达成某种期望结果，需要不断设计解决问题的方法和相关对策，是指导性策略的重要图表表现方式，可以帮助我们全面地思考对策，指导如何采取行动。例如，针对如何提高客户满意度的对策型鱼骨图，如图 6-6 所示。

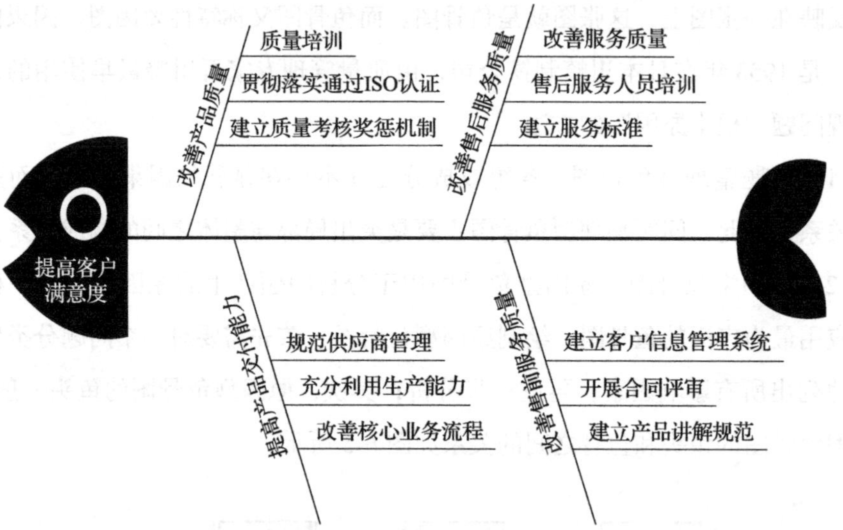

图 6-6 提高客户满意度的对策型鱼骨图

【课堂练习 6-4】 针对如何保持一个健康的生活习惯，开展相关思考和讨论，列举出尽可能多的解决方法和对策，并绘制对策型鱼骨图。

6.6 鱼骨图分析方法的具体应用

借助在产品创新设计中较为常用的原因型鱼骨图，我们进一步介绍鱼骨图分析方法的具体应用步骤和操作流程。

1. 鱼骨图分析可以大致分为两大步骤

第一步，分析问题原因或结构：针对问题点，选择层别方法（如“人机料法环”等）；利用头脑风暴分别对各层别找出所有可能原因（因素）；对找出的各因素进行归类、整理，明确其从属关系；分析选取重要因素；检查各因素的描述方法，确保语法简明、意思明确。

第二步，鱼骨图绘图：画出主骨→画出大骨→画出中骨、小骨→标识重要因素。

2. 主要注意事项

（1）确定大要因（大鱼骨）时，现场作业一般从“人机料法环”着手，管理类问题一般从“人事时地物”入手，应视具体情况决定。例如，现场作业的“人机料法环”如图 6-7 所示。

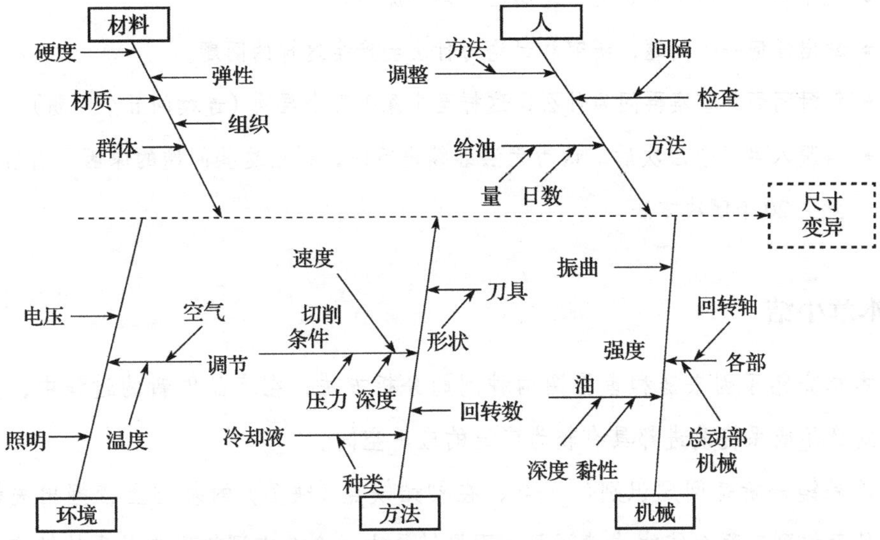

图 6-7　现场作业的“人机料法环”示例

（2）大要因必须用中性词描述（不说明好坏），中、小要因必须使用价值判断（如……不良）。

（3）头脑风暴时，应尽可能多而全地找出所有可能原因，而不仅限于自己能完全掌控或正在执行的内容。对人的原因，宜从行动而非思想态度方面着手分析。

（4）中要因跟特性值、小要因跟中要因间有直接的原因 – 问题关系，小要因应分析至可以直接下对策。

（5）如果某种原因可同时归属于两种或两种以上因素，请以关联性最强者为准（必要时考虑“三现”主义：现时、到现场、看现物，通过相对条件的比较，找出相关性最强的要因归类）。

（6）选取重要原因时，不要超过五项，且应标识在最末端。

3. 主要操作流程

- 确认要解决的问题。
- 把问题写在鱼骨图的鱼头上。
- 集合团队成员，通过头脑风暴、问卷调研或专家访谈，共同讨论问题出现的可能原因，尽可能多地找出问题。

- 把相同的问题分组，在鱼骨图上标出。
- 根据不同问题征求意见，总结出正确的原因。
- 拿出任何一个问题，研究和讨论为什么会产生这样的问题。
- 针对问题的答案再问为什么，这样至少深入五个层次（连续问五个问题）。
- 当深入第五个层次后，认为无法继续进行时，列出这些问题的原因，而后列出至少20个解决方法。

本章小结

本章介绍了因果链和鱼骨图两种问题分析方法，在产品创新的过程中，尤其是针对产品或系统改进都具有较为广泛的应用空间。

因果链分析是问题识别的工具，在初始缺点（缺陷）的基础上挖掘出关键缺点，从而找到工程系统的关键问题。因果链是由一个个有逻辑因果关系的缺点连接而成的链条或因果树，通过有步骤的流程识别初始缺点的问题链，可以系统找出解决问题的方法。

鱼骨图分析是对产品改进中存在的问题进行分析和定位的有效方法之一。鱼骨图分析方法简洁实用，深入直观。它看上去有些像鱼骨，问题或缺陷（即后果）标在鱼头处。在鱼骨上长出鱼刺，上面按出现机会多寡列出产生问题的可能原因，有助于说明各个原因是如何影响后果的。

复习思考题

1. 因果链分析属于现代TRIZ中的（ ）工具。

   A. 问题识别 B. 问题解决 C. 概念验证 D. 不确定

2. 因果链分析是为了发现深层次的缺点，解决问题先从深层次的缺点开始解决，这句话（ ）。

   A. 正确 B. 不正确

3. TRIZ中功能分析和因果链分析都能得到工程系统的缺点，这两种工具差不多，选用任何一种都可以，这句话（ ）。

   A. 正确 B. 不正确

4. 因果链分析和鱼骨图分析之间有什么联系和区别？
5. 问题整理型鱼骨图有什么用途？请举例说明。
6. 对策型鱼骨图的问题描述与原因型鱼骨图的问题描述可以一样吗？为什么？
7. 产品创新设计过程中，如何应用因果链分析和鱼骨图分析？
8. 结合我们比较熟悉的家用电器的某一故障，画出因果链分析图，找出关键缺点和关键问题，并提出解决问题的初步方案。

   洗衣机、微波炉、热水器等是大部分家庭必备的电器，极大地减轻了我们的家务负担。部分家用电器使用的时间长了，难免会出现一些故障。如果是小故障，可以自己修理，就能省下不少费用。例如，洗衣机还没有完成脱水或洗涤就停止运转；洗衣机脱水的转速过低；微波炉加热食物，到设定时刻不能主动断电；微波炉加热食物时会起火等。
9. 我们知道，针对现场作业问题的鱼骨图分析，一般采取“人机料法环”的分析策略，而对于管理问题，则一般采取“人事时地物”的方式，请针对一个具体的管理改进问题，基于“人事时地物”方式，绘制相关的鱼骨图。

实践案例

鱼骨图分析在城市下水道焊接质量问题方面的应用

对一般的大型城市而言，如何处理城市的生活废水和雨水已经成为一个重要的治理问题。从我国早期的城市下水道管网结构看，部分城市对于人口规模增长估计不充分，城市污水处理滞后，导致大部分城市下水道的排污和排（雨）水的功能合一，而且由于不少城市的下水道管网的建设时间较为久远，日常更新和维修的工作时有发生。但是，下水道环境较为潮湿，加上各类输电、电信和煤气等管网纵横交错，导致下水道管网的维修比较困难，其中有关下水道管网的焊接和修补经常出现质量问题。

这是一个典型的现场作业问题，因此，需要用到“人机料法环”的分析思路。经过仔细梳理和分析之后，具体的鱼骨图如图 6-8 所示。

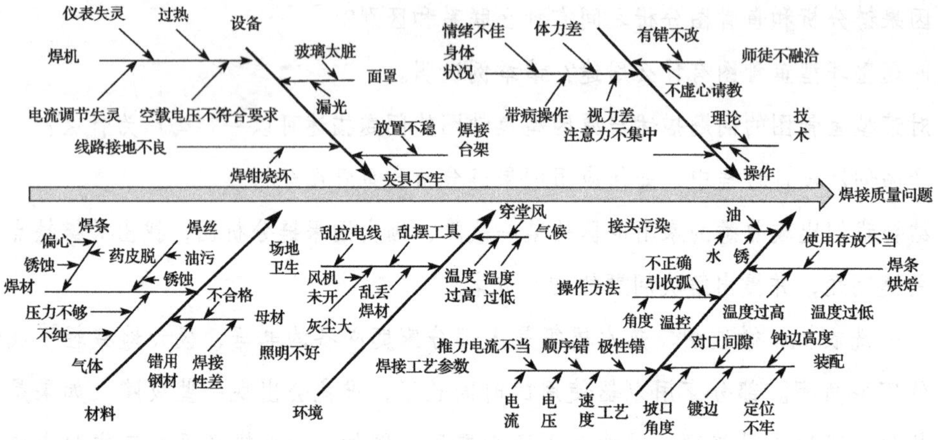

图 6-8 某城市下水道焊接质量问题鱼骨图

提示问题

1. 这是一个什么类型的鱼骨图？为什么？

2. 焊接质量问题的主要原因有哪几种类型？

3. 列出图 6-8 中与“方法”相关的具体原因。

4. 通过发散思维，列举几个具体的质量改进方案。

参考文献

[1] 白仲航，王雯，张敏，等．基于可拓学与因果链分析的产品创新设计研究 [J]．机械设计，2020，37（11）：139-144．

[2] 王晓帅，卢彤，明新国，等．基于 TRIZ 与 DFSS 融合的系统创新方法 [J]．机械设计与研究，2020，36（5）：1-7．

[3] 黄新文，柳红卫．某高速公路施工触电事故鱼骨图分析 [J]．工业安全与环保，2012，38（10）：70-71．

[4] 吴红，常飞．基于鱼骨图和模糊综合评价的有效技术创新识别认定研究 [J]．科技进步与对策，2013，30（1）：33-37．

[5] 王满，沙秀娟，叶香君．企业价值链的价值创造评价鱼骨图构建研究 [J]．经济问题探索，2017（6）：59-63．

第 7 章
CHAPTER7

产品创新问题识别：技术系统进化法则方法

第 4 章介绍的理想度提升法则其实属于工程系统进化法则的一部分，也是纲领性的法则。通过对大量专利的仔细分析和研究，人们发现，大量专利或专利所代表的产品或工程技术系统存在某种演化趋势或所谓的进化法则。工程系统进化法则的提出也是经典 TRIZ 理论的重要贡献之一，是产品创新问题识别的重要方法和工具。

7.1 技术系统进化法则的含义及特点

技术系统进化法则（evolution rules of technical engineering systems）有时也被译为工程系统进化法则。工程系统进化法则经统计规律证实，描述了工程系统从一种状态自然进化到另外一种状态的进化发展过程。这些统计进化规律适用于所有的工程系统。这种进化法则具有层次结构，即一种法则可能在层级结构更高级层次进化法则中成为子趋势。在工程系统某一进化法则发展过程中，子趋势是其中一种特定的进化方向。

一般而言，技术系统进化法则有以下一些特点：

第一，技术系统进化法则是基于海量的专利分析，以及针对大量技术发展历史的研究，具有一定的预见性、高层次的技术演进模式。

第二，技术系统进化法则通过建立可预见性创新和工程应用的发展趋势图谱，指导工程技术系统向其已被证明成功的方向进化发展，极大提高了产品改进或产品创新的效率。

第三，技术系统进化法则提供了更高的可预见性，也意味着可以带来更高的生产率和更低的创新风险。

第四，技术系统进化法则是对多个技术学科的分析与总结，可以被广泛地跨学科应用。

第五，技术系统进化趋势由基于市场的关键价值参数（MPV）驱动，工程系统的价值驱动方式均考虑如何以最低的成本实现最大功能和价值。

7.2　技术系统进化法则体系

第 4 章简要介绍了技术系统的 S 曲线发展趋势和提高理想度法则。事实上，技术系统的 S 曲线（生命周期理论）和提高理想度法则是技术系统进化法则体系的两个最高级别的法则。技术系统进化法则结构体系如图 7-1 所示。

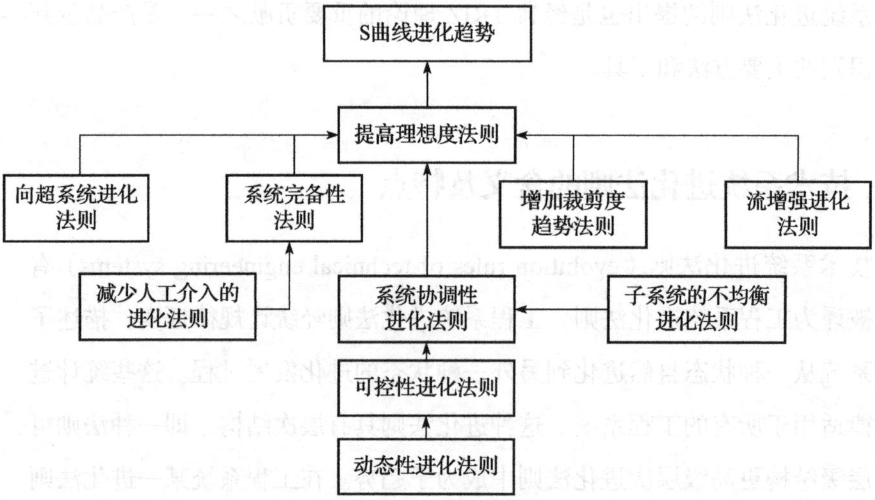

图 7-1　技术系统进化法则结构体系

从图 7-1 可以看出，基于技术生命周期理论的 S 曲线（孵化、过渡、成长、成熟和衰退）符合几乎所有的技术系统（产品），而提高理想度则是所有技术系统进化的总目标。其中，向超系统进化法则、系统完备性法则、系统协调性法则、增加裁剪度趋势法则和流增强进化法则直接隶属于提高理想度法则，可以认为是第二级的技术系统进化法则；而减少人工介入的进化法则、子系统的不均衡进化法则、可控性进化法则则属于第三级进化法则；动态性进化法则隶属于可控性进化法则，有些教材或专业图书也将动态性法则作为一个独立的进化法则。图 7-1 的进化法则层级划分基本遵循了传统 TRIZ 理论，其核心思想还是为了直观展示主要的技术系统进化法则。

7.3　技术系统进化法则的应用

本节重点介绍其他几类技术系统进化法则及其应用案例。

7.3.1　系统完备性法则

系统完备性法则认为，作为一个具有一定实用价值的工程技术系统，其应该具备相对完备的功能。这些功能包括：

- 执行，工程系统实现的主要功能。
- 传动，工程系统或超系统将一种场（能量）等从能量源传递到执行机构的部分。
- 能源（供能），工程系统或超系统提供给执行系统能量的部分，如汽车中的引擎。
- 控制，工程系统或超系统控制其他部件的功能的部分，如空调控制系统中的恒温控制器。

从很多产品或技术系统的进化轨迹来看，不少技术系统遵循“执行→传动→能源→控制”的演进模式，这就是系统完备性法则的主要思想。

例如，缝纫系统的演进模式如图 7-2 所示。

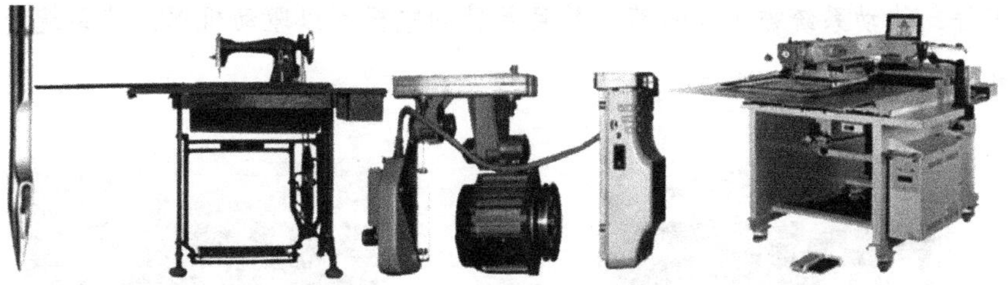

图 7-2　缝纫系统的演进模式

一般而言，工程技术系统在早期阶段是其执行功能首先被发现或发明出来。例如，几十万年前的远古人类时期，就发现开始使用鱼骨和动物骨头磨制的类似针的物品。在技术系统的早期阶段，尽管执行机构被发明或制造出来，一般也不具备传动和能源系统，需要超系统来完成，例如人类自身扮演传动和能源的角色来使用这些物品。随着工程系统的进化和技术自身的发展，技术系统开始逐渐增加传动、能源和控制功能，这就是系统完备性法则。

7.3.2 增加裁剪度趋势法则

随着工程技术系统的发展，技术系统的元素（组件或操作）被裁剪而不影响系统的主要功能，这也是一个重要的产品改进方向（功能不变，成本急剧下降）。

增加裁剪度趋势法则有三个子趋势：

- 裁剪子系统。
- 裁剪操作。
- 裁剪价值度最低的组件。

裁剪子系统的演化趋势可以在很多场合得到应用，与系统完备性法则的趋势相比，有点近似逆向思维的方式。

创新反思 7-1

工厂传动系统的进化

在早期的工厂车间，一个单一的大型电机通过皮带系统驱动所有的机器。在现代工程，传动系统被大大裁剪，并且单独的电机可以驱动机器，使系统变得紧凑简洁和可靠，如图 7-3 所示。

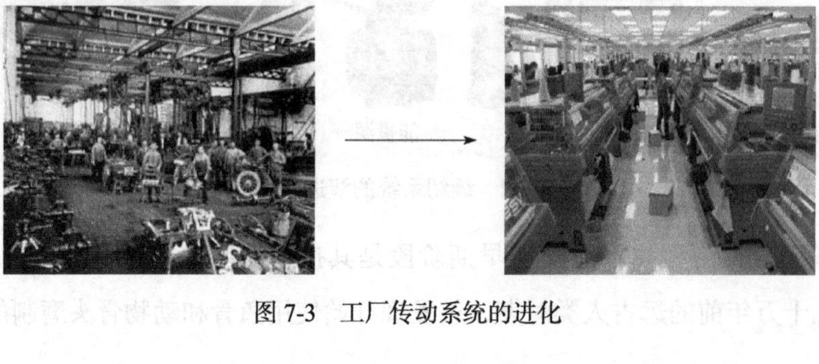

图 7-3 工厂传动系统的进化

提示问题

试举例说明裁剪子系统的应用。

裁剪操作子趋势认为，工程技术系统存在简化校正、条件和生产功能的趋势。如果一个技术系统存在校正功能，在系统改进过程中，独立的校正功能应当优先被裁剪或被其他方式替代。

创新反思 7-2

POS 机用纸的生产工艺

在 POS 机所使用的票据纸张的传统生产工艺中，存在一个烘干的工序，这相当于一个独立的校正模块，如图 7-4 所示。

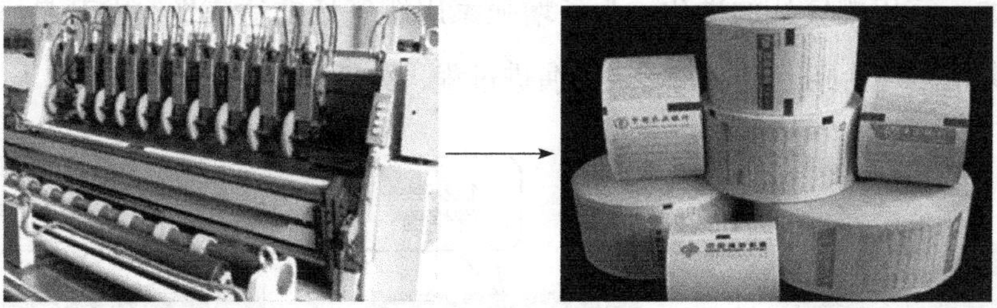

图 7-4　POS 机用纸的生产工艺需要烘干工序

工程技术系统改进方案：经过仔细的工艺分析和探讨发现，在已有的生产过程中会产生大量的工业余热，而这些工业余热除就地排放之外，有时还需要借助额外的散热设备。因此，最后实施的理想方案是裁掉“烘干”这个校正工序，充分利用工厂余热所产生的高温气流来烘干纸张纤维，取得了良好的工艺改进效果，节省了大量生产成本。

提示问题

你还能想到裁剪操作的应用示例吗？

裁剪价值度最低的组件趋势认为，技术系统如果需要进一步裁剪，可以考虑对组件的价值（功能或成本）进行分析，并且优先考虑裁剪那些价值度最低的组件或辅助功能。

【课堂练习 7-1】思考如何应用“裁剪价值度最低的组件”趋势，并举出一个生活中的例子。

7.3.3　向超系统进化法则

向超系统进化法则认为，工程技术系统在进化过程中有着与超系统相结合、集成和整合的趋势，这也是一个重要的产品或技术系统的进化法则，具有很好的创意思维的启示意义。

技术（产品）系统向超系统进化存在以下几个子趋势或子规则。

（1）**子趋势 1：集成超系统，并且与原工程系统的相关参数差异化增加**。该子趋势首先是集成超系统组件。集成超系统的种类包括：同质性系统；与原工程系统相比至少有一项参数的差异；竞争性系统（不同的系统，具有类似的主要功能）。

例如，家用燃气灶的进化。为了增强家用燃气灶的适应性，尤其是满足不同用途，家用燃气灶经历了不同形式的演进过程，如图 7-5 所示。

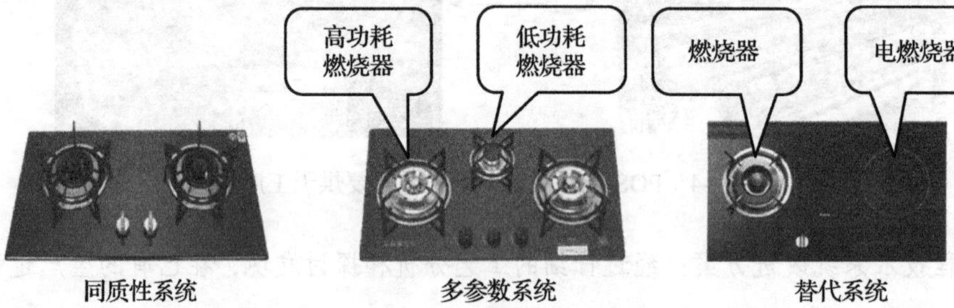

图 7-5　家用燃气灶的进化

（2）**子趋势 2：超系统与原工程系统的主要功能差异化增加**。这个子趋势表明原工程系统通过向超系统进化，也可以产生有价值的发明，主要的演进类型有以下几种：

- 与原工程系统进行竞争（相同的功能）。
- 原工程系统的互补系统（不同的主要功能，相同的特征）。
- 原工程系统的异类系统（不同的主要功能，不同的特征）。
- 原工程系统的反相工程系统（相反的主要功能）。

┆创新反思 7-3┆

瑞士军刀的功能集成过程

很多不同的产品或技术系统具有相同的应用环境，此时将这些系统和超系统功能进行集成就成为一种重要的新产品发明或产品改进的趋势。其中，瑞士军刀的功能集成过程如图 7-6 所示。

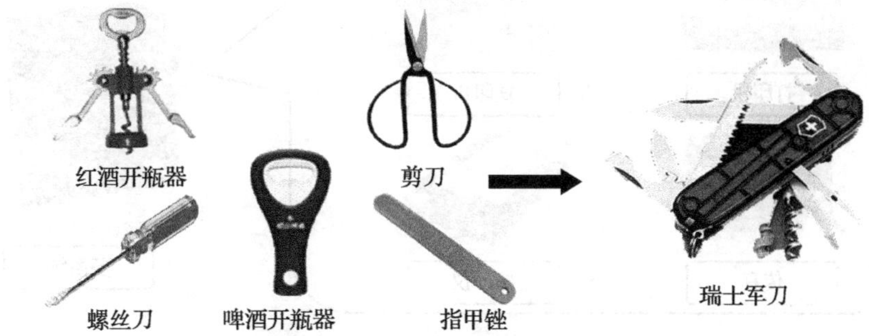

图 7-6　瑞士军刀的功能集成示意图

提示问题

举例说明向超系统进化的几种类型。

（3）**子趋势 3：工程系统与超系统集成水平或层次增加**。这个子趋势表明：对某些产品或工程技术系统而言，原工程系统与超系统的集成水平或层次有增加的趋势，主要的类型有不相关联、顺序关联、部分裁剪的工程系统（超系统完成部分功能）；彻底裁剪的工程系统（主要功能由超系统完成）。

比如，医院外科手术的缝合用具进化过程，如图 7-7 所示。

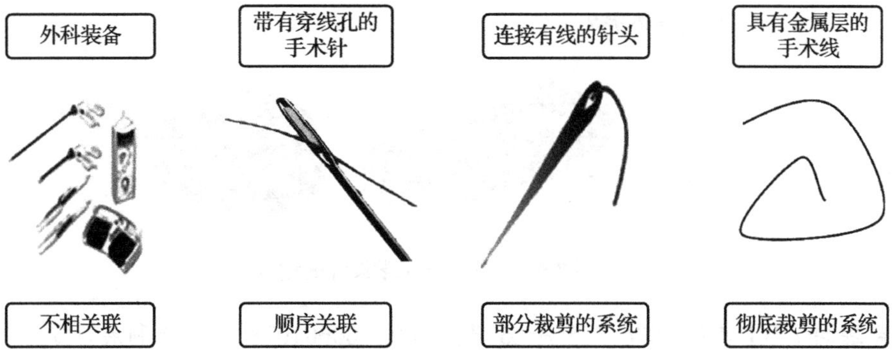

图 7-7　外科手术缝合用具的进化

（4）**子趋势4：超系统集成度增加**。该子趋势表明：原工程系统向超系统进化，会使超系统集成度增加。

例如，从办公设备的进化过程可以看出，原工程系统向超系统进化的集成度不断增加，如图7-8所示。

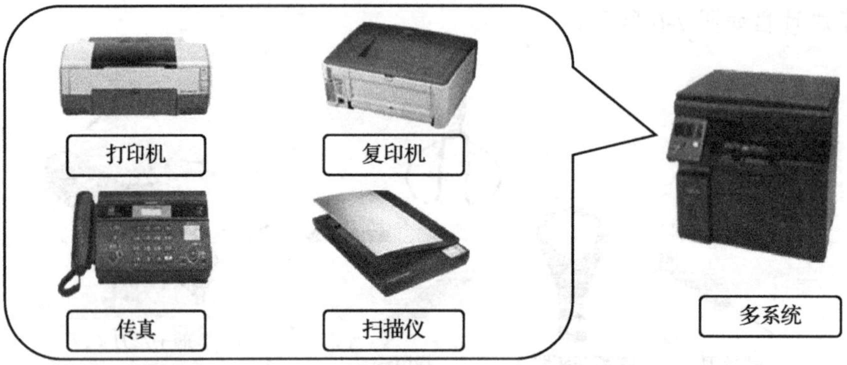

图7-8 单个办公设备向超系统进化的集成度增加趋势

7.3.4 系统协调性进化法则

工程技术系统的进化过程中，存在系统的组件沿着与其他组件和超系统更协调的方向发展的趋势。系统协调性进化法则有四个子趋势：形状的协调、节奏的协调、材料的协调、动作的协调。

【课堂练习7-2】近年来，符合人体工学设计的产品更加受到消费者的青睐，尤其是很多电脑工作者经常要用到的键盘和鼠标，如图7-9所示。那些通过导入人体工学设计的产品采用的是系统协调性进化法则的哪个趋势呢？

图7-9 导入人体工学设计的键盘和鼠标

【课堂练习7-3】美国2006年5月25日发布的20060107822A1专利展示了一款音乐同步装置，并应用于美国苹果公司的iPod（随身听）设备上。

基于这项专利技术，iPod 自动将音乐播放节奏与运动者跑步节奏同步。请问，这项技术专利用到了系统协调性进化法则的哪个子趋势？

一般而言，系统协调性进化法则应用范围非常广泛，而子系统不均衡进化法则、可控性进化法则和动态性进化法则都可以归属到协调性进化法则的关联法则。产品创新设计视角的系统协调性代表某一功能参数值与其他参数值的参照程度；系统协调参数的选择可以提前（设计）或在操作中（控制）；虽然任何参数特征都可以进行协调，但是系统协调性的典型特征是形状、节奏、材料、动作。

7.3.5　可控性进化法则

工程技术系统的可控性进化法则认为，产品或技术系统存在朝着增加可控性的方向演进的趋势，并且包含控制水平增加和控制状态增加两个子趋势。

子趋势 1：控制水平增加。控制水平增加的趋势如图 7-10 所示。

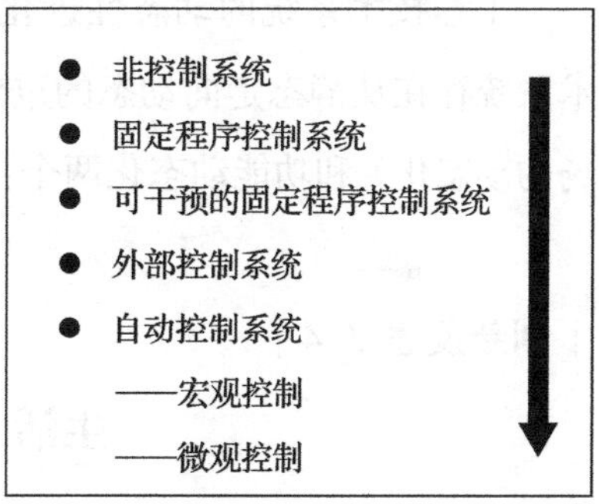

图 7-10　控制水平增加的趋势

从图 7-10 可以看到，控制水平增加是从非控制系统，到固定程序控制系统、可干预的固定程序控制系统、外部控制系统、自动控制系统的演变。

例如，火箭弹的演变过程如图 7-11 所示。

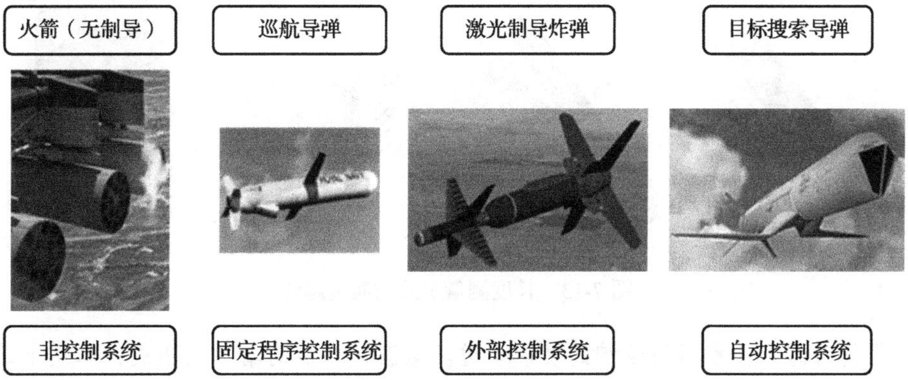

图 7-11　火箭弹的演变过程

子趋势 2：控制状态增加。例如，中国最早的伞只有一个状态（打开），随着该工程技术系统的演变，方便携带的折叠伞已经变得更为普及，如图 7-12 所示。

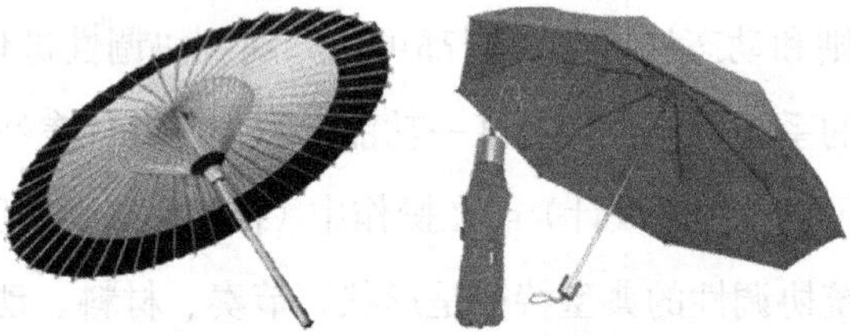

图 7-12　中国伞的控制状态演变

7.3.6　动态性进化法则

工程技术系统的动态性进化法则认为，提醒产品创新设计工程师，产品或技术系统存在从静态走向动态的重要演进趋势。动态性法则包括设计动态化（物质或场的动态化）和功能动态化两个主要子趋势。

创新反思 7-4

生活中的动态性法则应用

物质动态化：长度测量工具的演进趋势如图 7-13 所示。

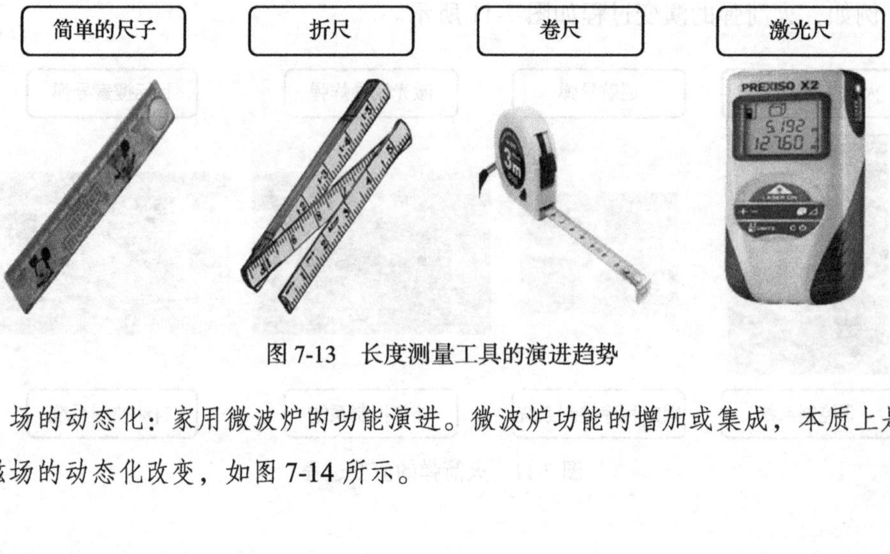

图 7-13　长度测量工具的演进趋势

场的动态化：家用微波炉的功能演进。微波炉功能的增加或集成，本质上是对电磁场的动态化改变，如图 7-14 所示。

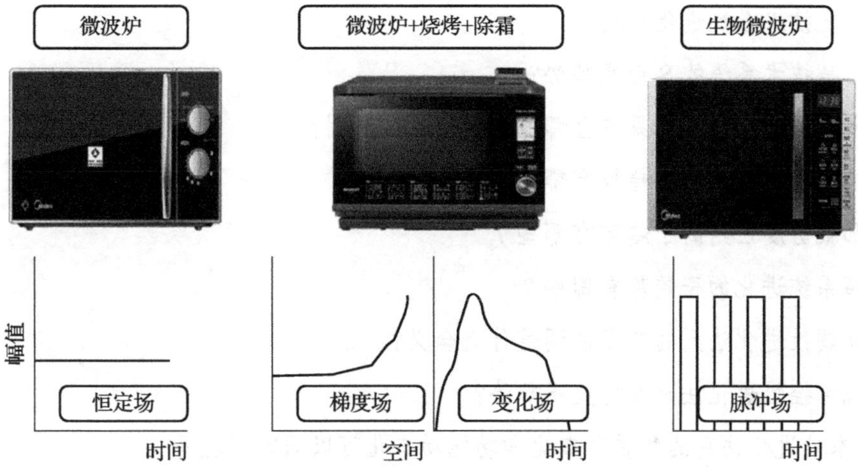

图 7-14　家用微波炉的功能演进

提示问题

工程技术系统的功能动态化演进趋势也比较常见，主要是从单一功能向多功能方向演进。你还能举出其他的例子吗？

本章小结

本章重点介绍了产品创新问题识别的一个重要工具——来自 TRIZ 理论体系的工程系统进化法则。技术系统的进化法则的重要理论依据是技术生命周期理论（S 曲线进化趋势理论），以及在第 4 章介绍的产品和技术系统的理想度提升法则。传统的技术生命周期理论结合 TRIZ 提出的理想度提升法则，再经过针对大量专利的分析，就凝炼出有关产品创新问题识别的技术系统进化法则体系。本章重点介绍了系统完备性法则、增加裁剪度趋势法则、向超系统进化法则和系统协调性法则等。本章内容对于进一步理解和掌握产品创新设计过程中的问题识别和定位具有较为重要的实践意义。

此外，还有诸如减少人工介入法则和流增强进化法则，本章并未给出具体的介绍，可以作为课后资料查找或小组作业的练习内容。

复习思考题

1. 什么是技术系统？

2. 什么是技术系统进化法则？
3. 什么是技术系统的S曲线趋势？
4. 技术系统进化法则体系包含哪些具体的进化法则？
5. 系统完备性法则的子趋势有哪些？
6. 增加裁剪度法则的子趋势有哪些？
7. 向超系统进化的子趋势有哪些？
8. 系协调性进化法则的节奏协调是什么含义？
9. 系统可控性进化法则有哪些子趋势？
10. 动态性进化法则的物质动态化和功能动态化可以同时实现吗？
11. 系统完备性法则和动态性进化法则可以在某个具体产品进化中同时出现吗？为什么？
12. 超系统进化法则和动态性进化法则能否进行进一步整合来指导产品创新设计？如果可以，请举出一个例子（发散思维）。

实践案例

冰镐还能继续进化吗

冰镐（见图7-15）是最重要、用途最广的登山装备之一。冰镐在攀登中是人体肢体的延伸，可以作为上下山的手杖，也可以作为攀登的保护点，还可以作为攀登的支点。

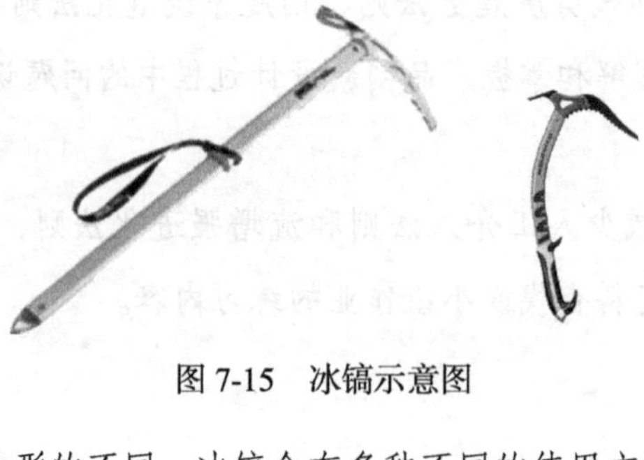

图7-15 冰镐示意图

在登山时，根据地形的不同，冰镐会有多种不同的使用方法。在雪线以下，可以手持镐头中部，镐尖朝后，当作手杖使用；在冰雪坡行走中，可以帮助攀登者保持平衡；在冰壁和混合地形中，经过改进的冰镐可以当作攀登的支点使用。冰镐因款式和用途不同，使得镐尖形状、镐柄弯曲程度等都有所不同，大体上可分为长冰镐和短冰镐两种。长冰镐适用于缓坡度（60 ～ 90 厘米）地形的行走中；攀登陡坡时更短的冰镐相对合适一些。对于攀冰，则需要特殊设计的冰镐，如镐柄弯曲，镐尖更锋利，配重更利于挥动入冰（60 厘米以下）。冰镐包括镐头和镐柄两部分，镐头由镐尖和镐铲组成。长冰镐一般为直镐柄；短冰镐可以是直把，也可以是弯把，具体视用途而定。

提示问题

1. 请总结一下冰镐的潜在用途（发散思维）。
2. 从冰镐的功能来看，冰镐属于哪一类动态化进化发展的子趋势呢？
3. 冰镐的功能还可以进一步改进吗？

参考文献

[1] 赵敏，史晓凌，段海波．TRIZ 入门及实践 [M]．北京：科学出版社，2020．

[2] LI M N．A novel three-dimension perspective to explore technology evolution[J]．Scientometrics，2015，105（1）：1679-1697．

[3] 李牧南，梁欣谊，朱桂龙．专利与理想度提升法则视角的石墨烯技术创新演化阶段识别 [J]．科研管理，2017，38（2）：10-17．

第 4 篇
PART 4

产品创新问题求解及发明专利撰写

第 8 章

CHAPTER8

产品创新问题求解：矛盾分析与发明原理方法

第 5 ～ 7 章重点讨论了如何识别产品创新或新产品开发中的功能模型和发明问题，从本章开始重点讲解针对产品创新问题的一些重要的求解方法。在 TRIZ 的方法框架中，矛盾分析（contradict analysis，有时也被翻译为冲突分析）和发明原理（inventive principles）是最为经典的创新问题求解方法（solving problem），并且较为高效，可以快速地让新产品开发或产品改进得到可供选择的多个概念方案，具有较好的产品创新设计实践价值。

8.1 关于产品创新设计中的矛盾分析

现实世界中的矛盾（或冲突）是一种常见现象，可以说无处不在。在工程技术系统中，同样存在功能（性能）参数（performance parameters）或物理变量（参数）之间的矛盾。TRIZ 中的矛盾主要涉及技术矛盾（technical/engineering contradiction）和物理矛盾（physical contradiction）。

技术矛盾是针对两种技术或性能参数之间的矛盾，而物理矛盾是针对一个物理变量（参数）的矛盾。例如，在早期飞机的机翼设计过程中，工程师希望进一步提升飞机在起飞时的空气浮力（上升力），就考虑如何进一步增大机翼的面积（体积），但是，在材料不变的情况下，增大空气浮力（该技术参数被改进）会进一步加重飞机重量（该技术参数被恶化），因此提升空气浮力情况下，增加了飞机总体重量，这就是一对相互冲突的技术参数。我们仔细分析这个技术矛盾还会发现，技术矛盾背后隐藏着一个物理矛盾，这个物理矛盾就是：在机翼改进设计过程中，工程师既希望机翼的面积（体积）足够大来提升空气浮力，又希望机翼的面积（体积）足够小来减少飞机的总体重量，围绕机翼的面积（体积）这个物理参数就形成了一个设计冲突，我们把针对某个具体物理参数的相互矛盾的产品改进或创新设计需求，称为产品创新设计的物理矛盾。

【课堂练习 8-1】 请根据上述有关产品创新设计中的技术矛盾和物理矛盾，再找出一个现实生活中的产品或服务改进的例子加以说明。

8.2　通用工程参数

技术矛盾是 TRIZ 理论中的一个基本概念。上文也提到如果增加飞机机翼的面积（体积），可以提高飞机的上升力，但飞机的重量会增加。提高上升力是设计师所希望的，但增加重量是不期望出现的变化，为了改善飞机的空气浮力，却导致了飞机重量增加；为了改善一个参数而导致另一个参数恶化的情况，在 TRIZ 的方法体系中称为“技术矛盾”。

第 5 章的工程系统功能建模内容中，曾经提到，技术系统因其自身所具有的技术属性，通过与超系统组件接触施加某种作用而产生功能，技术属性通常采用相关参数来描述，由技术参数的具体数值来度量。

阿奇舒勒的研究团队在分析大量专利的时候发现，直接使用这些行业特定参数来分析发明问题，其可操作性不强，主要是不同领域和行业之间的技术参数和术语差异很显著，很难进行互相替代。通过大量的专利文本分析和研究，我们发现，很多工程问题（engineering problems）或发明问题（inventive problems）可以使用一系列有限的通用工程（技术）参数来描述。其中包括：物理属性参数，涉及面积、体积、重量等；性能属性参数，涉及能量、力、速度等；能力属性参数，涉及可靠性、可制造性、可保持性等；环境方面的参数，以及大多数制造业企业最为关注的与成本相关的参数等。

经过这些工程分析，苏联的发明问题专家阿奇舒勒和他的团队针对工程领域内数量众多的工程参数进行了一般化处理，最终确定了能够表达工程系统技术性能的 39 个通用工程参数（general engineering parameters），并对它们进行了编号，具体描述详见表 8-1。

表 8-1 阿奇舒勒的 39 个通用工程参数

编号	参数名称	描述
1	运动物体的重量	可以快速、容易地随自身变化或外力影响而改变位置的物体的数量或质量
2	静止物体的重量	无法快速、容易地随自身变化或外力影响而改变位置的物体的数量或质量
3	运动物体的长度	可以快速、容易地随自身变化或外力影响而改变位置的物体的尺寸，如长度、宽度、高度等
4	静止物体的长度	无法快速、容易地随自身变化或外力影响而改变位置的物体的尺寸，如长度、宽度、高度等
5	运动物体的面积	可以快速、容易地随自身变化或外力影响而改变位置的物体所定义边界内的表面
6	静止物体的面积	无法快速、容易地随自身变化或外力影响而改变位置的物体所定义边界内的表面
7	运动物体的体积	可以快速、容易地随自身变化或外力影响而改变位置的物体所占有的空间体积
8	静止物体的体积	无法快速、容易地随自身变化或外力影响而改变位置的物体所占有的空间体积
9	速度	运动距离、完成作用或生产单位与时间之比
10	力	两个物体或系统之间的可以将在运动中的物体静止或可能改变物体运动（如停止）的相互作用（完全或部分、永久或暂时的）
11	应力或压力	作用在系统上的力及其量的强度；单位面积上的力
12	形状	物体外部轮廓，或系统的外观
13	结构的稳定性	系统的完整性及系统组成部分之间的关系，可以是整体或部分、永久或暂时的
14	强度	系统或对象在一定的条件下、一定范围内吸收各种作用而不被破坏的能力
15	运动物体作用时间	对象的作用持续时间可以快速、容易地随自身位置的变化或外力影响而改变
16	静止物体作用时间	对象的作用持续时间无法随自身位置的变化或外力影响而改变
17	温度	物体或系统的冷热程度，通常用温度计测量
18	光照度	光的数量或光照的程度以及其他系统的光照特性，如亮度、光线质量
19	运动物体的能量	可以快速、容易地随自身变化或外力影响而改变位置的物体所消耗的能量或资源的数量
20	静止物体的能量	无法快速、容易地随自身变化或外力影响而改变位置的物体所消耗的能量或资源的数量
21	功率	单位时间完成的工作
22	能量损失	系统的全部或部分、永久或暂时的工作能力损失
23	物质损失	部分或全部、永久或临时的材料、部件及子系统等物质的损失
24	信息损失	系统周围部分或全部、永久或临时的数据或信息（书写、电子、可视、口语、嗅觉等）损失
25	时间损失	执行一个给定的动作（制造、修理、操作等）所需的时间（全部或部分、永久或临时）的增加

（续）

编号	参数名称	描述
26	物质或事物的数量	材料、部件及子系统等的数目或数量部分或全部、临时或永久被改变
27	可靠性	系统在一定的操作、维修和运输条件下持续履行规定的功能的能力
28	测量精度	准确测量实际值的能力
29	制造精度	加工制造物体以符合其设计规格的能力
30	物体对外部有害因素作用的敏感性	降低物体或系统的效率，或完成功能的质量的外部因素，如系统结构或其固有属性所产生的
31	物体产生的有害因素	降低物体或系统的效率，或完成功能的质量的有害因素，如系统结构或其固有属性所产生的
32	可制造性	物体或系统制造过程的简单、方便的程度
33	可操作性	物体或系统操作的简单、方便的程度
34	可维修性	物体或系统维修故障与失效的简单、方便的程度
35	适应性及多用性	物体或系统响应外部变化的能力，或应用于不同条件下的能力
36	装置复杂性	组成系统组件的数量或种类及其之间的相互关系，或用户掌握设备的困难度
37	控制复杂性	测量系统或物体的属性，或监控其性能的成本和复杂性
38	自动化水平	系统或物体在无须人的干扰或帮助下完成任务的能力
39	生产率	系统单位时间执行的操作数或执行单一操作所用的时间

从表 8-1 可以看出，通用工程参数包括一些物理、几何和技术性能的参数，其中有正向（positive）参数，如结构的稳定性、强度、可靠性、可制造性、制造精度、生产率等；也有负向（negative）参数，如能量损失、物质损失、时间损失等；还有中性（neutral）参数，如重量、长度、面积、体积、力、速度、温度、功率等。这些通用工程参数的凝练是基于几十万份专利文本的分析和总结，是经验和智慧的结晶，而且对于产品创新和产品改进具有较好的指导意义。

8.3　技术矛盾及描述方法

技术矛盾两个参数的关系，如同一个“跷跷板”的两端，一端的升高（改善）对应着另一端的降低（恶化），如图 8-1 所示。

图 8-1　技术矛盾的“跷跷板”效应

一般而言，在产品创新设计过程中，可以用多种方式来描述技术矛盾。现代 TRIZ 理论推荐采用“如果（if）……那么（then）……但是（but）……”的语句来描述。如表 8-2 所示，在技术矛盾描述（1）中，A 为工程的解决方案，改善的参数为 B，恶化的参数为 C。为了验证这个技术矛盾描述得是否正确，一般还可以采用技术矛盾描述（2）的方法进行再次描述。

表 8-2 技术矛盾的描述

	技术矛盾描述（1）	技术矛盾描述（2）
如果	工程的解决方案（A）	工程的解决方案（-A）
那么	优化的参数（B）	改善的参数（C）
但是	恶化的参数（C）	恶化的参数（B）

如果技术矛盾描述（1）和技术矛盾描述（2）都成立，才能说明所描述的技术矛盾是准确的；否则，说明描述不正确。例如，飞机机翼设计中技术矛盾的描述。

【课堂练习 8-2】 根据技术矛盾的定义，考虑如何在机翼设计中，描述“飞机升力”与“飞机重量”这一对技术矛盾。

结合上文的问题描述和技术矛盾的概念，机翼设计的技术矛盾如表 8-3 所示。

表 8-3 机翼设计中一对技术矛盾的描述

	技术矛盾描述（1）	技术矛盾描述（2）
如果	增加机翼的尺寸	减少机翼的尺寸
那么	飞机的升力提高	飞机的重量减少
但是	飞机的重量增加	飞机的升力降低

一般而言，对待技术矛盾（冲突）问题，通常可以考虑采取折中的办法来解决。例如在表 8-3 中，通过增加一些金属材料使机翼变得略大，但材料不能增加太多，以免使机翼太过沉重。但是，这种方法并没有彻底解决技术矛盾，因此，还不是理想结果。设计需要找到的理想解决方案并不是折中的解决方案，而是在不妥协折中的条件下彻底解决这个技术矛盾，同时满足飞机升力大、重量又不会增加这两个技术参数需求。因此，产品创新或改进设计的目标就变得较为清晰，也符合飞机机翼或者类似功能性产品的设计思路。例如，为了解决这一对技术矛盾，可以考虑如何抵消这种重量的增加，此时如何选择新材料，或者发明一种新的航空材料就成为一个概念方案。

8.4　阿奇舒勒矛盾矩阵

为了解决一些共性的技术矛盾（冲突），TRIZ 理论的发明者阿奇舒勒，与他的团队提出了 40 个主要的发明原理用于解决常见的技术矛盾，通过矛盾解决可以快速产生创新方案。与此同时，为了提高 40 个发明原理解决技术矛盾的运用效率，阿奇舒勒通过对特定技术矛盾与解决矛盾所用发明原理之间相关性进行的统计分析，提出了一个矛盾矩阵。为解决技术矛盾，该矛盾矩阵对每一对特定技术参数都推荐了 3 ～ 4 种发明原理（即通过专利分析统计上可解决某一种技术矛盾较为常用的方法）。表 8-4 是阿奇舒勒矛盾矩阵的一部分。

表 8-4　阿奇舒勒矛盾矩阵（局部）

改善的参数		恶化的参数					
		1	2	3	4	5	→直到 39
		运动物体的重量	静止物体的重量	运动物体的长度	静止物体的长度	运动物体的面积	
1	运动物体的重量	+	–	15，8，29，34	–	29，17，38，34	
2	静止物体的重量	–	+	–	10，1，29，35	–	
3	运动物体的长度	8，15，29，34	–	+	–	15，17，4	
4	静止物体的长度	–	35，28，40，29	–	+	–	
5	运动物体的面积	2，17，29，4	–	14，15，18，4	–	+	
↓直到 39							

表 8-4 是一个 39 行 ×39 列的矩阵。每一行、每一列的表头都表示 39 个通用工程参数中的一个参数。行中的参数为拟改善的参数，而列中的参数为被恶化的参数。矩阵中间每一个单元（格）都是一个改善的技术参数（行）与一个恶化的技术参数（列）的交叉位置，这些单元（格）中的数字，则是可以用来解决这对技术矛盾的发明原理编号。

这些发明原理是通过对大量专利的研究所分析统计出来的，因为在以往的发明专利中，这些发明原理能够高效解决不同工程领域中所对应的技术矛盾，所以也可能有效解决类似的技术矛盾。比如提高飞机升力的同时，增加了飞机的重量。这个问题在潜艇中可能遇到过，在气垫船中有可能遇到过，在航天飞机的相关零部件设计中也可能遇到过。通过这些领域的发明所提取出来的发明原理，多半也可以解决飞机升力和重量的问题。

在矛盾矩阵中，有些单元（格）是空的，这并非意味着这对技术矛盾无解，而是在统计上，还没有找到有显著倾向性的发明原理，也就是说，在处理这一对技术矛盾的时候，40 个发明原理运用的概率是差不多的，因此在解决这些技术矛盾的时候，需要尝试 40 个发明原理。

此外，还有一些矩阵单元（格）以“–”填充，表示这两个参数发生矛盾的可能性比较小，但如果在产品创新设计中发生了这样的技术矛盾，也没有统计上显著的发明原理，依然需要尝试用 40 个发明原理得到可供选择的概念创意。

在矛盾矩阵中，那些有发明原理编号的矩阵单元（格）中的数字只是意味着在解决这类技术矛盾的时候，从已有发明专利的统计上看，出现的频率比较高，对于没有在矩阵单元（格）出现的其他发明原理，也有可能用来解决这类技术矛盾，只不过在统计上它们出现的频率相对较低。因此，在产品创新设计中，遍历 40 个发明原理虽然有点烦琐，但也不失为一种较为积极的设计策略选择。

8.5 关于经典 TRIZ 理论的 40 个发明原理

表 8-5 为经典 TRIZ 理论的 40 个发明原理，其序号对应于表 8-4 阿奇舒勒矛盾矩阵中改善的参数与恶化的参数交叉的单元（格）中的原理序号。40 个发明原理是从几十万份专利分析中提炼而出的，由于教材篇幅所限，这里每一个原理的详细说明请查阅相关的参考书。值得指出的是，每一个发明原理也对应了一系列相关的应用细则。

表 8-5 经典 TRIZ 理论的 40 个发明原理

序号	发明原理	序号	发明原理	序号	发明原理	序号	发明原理
1	分割	11	事先防范	21	紧急行动	31	多孔物质
2	抽取	12	等势性	22	变害为利	32	变换颜色
3	局部质量	13	反向作用	23	反馈	33	同质化
4	不对称性	14	曲面化	24	中介物	34	抛弃或再生
5	组合	15	动态化	25	自服务	35	物理或化学状态变化
6	多用性	16	不足或过度的作用	26	复制	36	相变
7	嵌套	17	多维化	27	廉价替代品	37	热膨胀
8	重量补偿	18	机械振动	28	机械系统替代	38	强氧化剂
9	预先反作用	19	周期性作用	29	气压和液压结构	39	惰性环境
10	预先作用	20	有效作用的连续性	30	柔性壳体或薄膜	40	复合材料

【课堂练习 8-3】 发明原理 4——不对称性原理的应用：为了显示煤气罐的煤气快要用完，设计了一种不对称的煤气罐，如图 8-2 所示，请解释其中的设计原理。

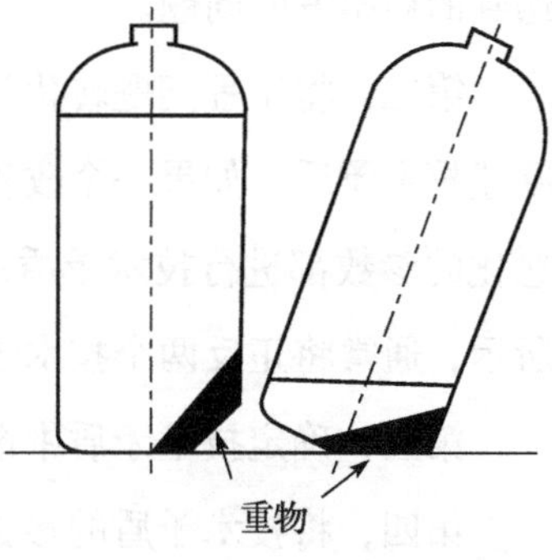

图 8-2　不对称性原理在煤气罐设计中的应用

近年来，TRIZ 本身也在不断发展，无论是 39 个通用工程参数，还是 40 个发明原理都是经典 TRIZ 的重要组成部分，而现代 TRIZ 在应用过程中，也有不少工程和技术专家尝试提出更多的通用工程参数和发明原理。例如，美国科技人员在经典 TRIZ 的 39 个通用工程参数基础上，通过对更多专利的分析，追加了 9 个参数和 37 个新发明原理，构成了 48 行 ×48 列的新矛盾矩阵，引起了较为广泛的关注。有兴趣的同学可以通过课外阅读，进一步了解矛盾矩阵和发明原理相关的最新进展和应用。

但是，传统的 39 个通用工程参数和 40 个发明原理依然具有重要的应用价值，对于解决很多产品改进和创新设计领域的发明问题，依然可以快速定位部分概念解决方案。

8.6　解决技术矛盾的步骤

通过矛盾矩阵尝试解决产品创新设计过程中的技术矛盾需要遵循一些基本的操作流程，如图 8-3 所示。

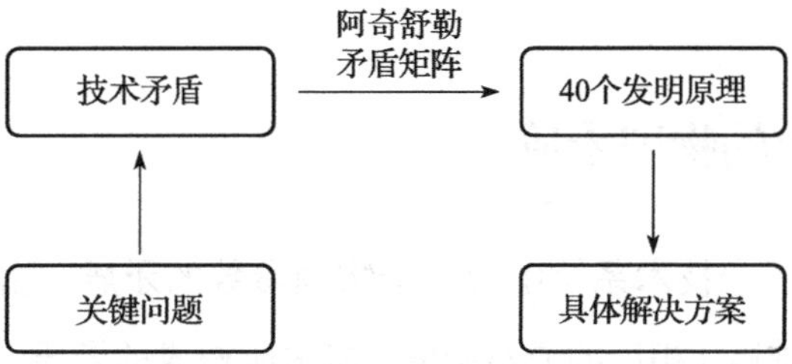

图 8-3　应用矛盾矩阵解决技术矛盾

第一，准确描述要解决的工程问题。这里的工程（产品创新设计）问题指的是经过前面所讲的功能分析、裁剪、因果链分析等方法所得到的关键问题，而不是所遇到的初始发明问题。

第二，将工程问题转化为技术矛盾。用“如果……那么……但是……”的形式阐述技术矛盾。如果一个改善的参数导致不止一个参数的恶化，则对每一对改善和恶化的参数都进行技术矛盾的阐述。为了检验技术矛盾定义得是否正确，如表8-2所示，通常将正反两个技术矛盾都写出来，进行对比。

第三，确定技术矛盾中欲改善和被恶化的参数，明确技术矛盾参数对。

第四，将技术矛盾的参数一般化为阿奇舒勒通用工程参数。

第五，在阿奇舒勒矛盾矩阵中定位改善和恶化通用工程参数交叉的单元（格），找到推荐的发明原理编号。

第六，逐一应用发明原理的实施细则，经过类比和想象得到概念性的创意。

第七，对各种概念性的创意进行评估，选择合适的创意进行具体方案设计和实施。

8.7 技术矛盾应用案例分析

技术矛盾的应用非常广泛，通过梳理出潜在的技术矛盾（冲突），并对应到发明原理，可以快速找到初步的概念创意方案。例如，有研究者基于矛盾分析和物－场模型，分析制模硅胶脱气和树脂真空注型工艺过程，提出了真空注型机关键工艺功能改进设计方案；还有研究人员应用矛盾分析方法，针对粮食摊晒和收集的机械化产品的创新设计，根据冲突解决原理分析，解决系统中矛盾冲突，对收集模块、行走模块及存储晾晒模块进行了改进设计。

8.8 矛盾原理中的物理矛盾

物理矛盾是在一个技术系统中同一个物理参数的矛盾，由表述系统性能的同一个参数具有相互排斥（相反的或不同的）需求所构成的矛盾。物理矛盾分析的应用较为广泛，存在多种灵活的组合应用方式，例如，有研究人员综合应用物理矛盾和技术矛盾分析，为减少在物理矛盾求解过程中发现资源“x”的难度，提出了以仿生设计方法扩展资源获取途径。还有研究人员则针对固定翼无人机发射回收过程中存在的集群程度弱、续航时间短、缺乏存储装置等问题，采用物理矛盾与技术矛盾分析的方法对装置设计进行分析，运用物 – 场分析、分离原理等方法找到解决方案，并且设计出了一种具有存储与补给功能的无人机集群发射回收装置。

为了更清楚地定义物理矛盾，可以采用描述物理矛盾的标准格式，通常描述为：为了满足（达到）某个性能（功能）目标 A，需要某个物理参数 P 朝某个方向变化（增加或减少）；与此同时，为了满足另外一个性能（功能）目标 B，则需要该物理参数 P 朝相反方向变化（增加或减少）。这种针对某个具体物理参数的矛盾需求，就是产品或工程系统改进设计中的物理矛盾。

【课堂练习 8-4】 针对保温杯的直径大小，在产品改进（创新）设计中存在矛盾的需求，请举出一个矛盾的设计需求来加深对物理矛盾的理解。

普通保温杯示意图

8.9　物理矛盾的解决

物理矛盾是技术系统中一种更突出、更难以解决的矛盾。当解决物理矛盾的时候，可以考虑用分离原理。解决物理矛盾的核心思想是实现矛盾双方的分离（空间、时间、条件分离等）。现代 TRIZ 理论在总结解决物理矛盾各种方法的基础上，提炼出了分离原理，并将其分为四种基本类型：空间分离、时间分离、条件分离和整体与局部分离。

8.9.1　空间分离

所谓空间分离原理是将矛盾双方在不同的空间上分离，即通过在不同的空间上满足不同的需求，让关键子系统矛盾的双方在某一空间只出现一方（满足其中一个设计需求），从而解决物理矛盾。应用空间分离原理解决物理矛盾的过程，如表 8-6 所示。

表 8-6 空间分离解决物理矛盾常用的发明原理

编号	发明原理及其实施细则
1	**分割** • 将物体分为多个独立单元 • 使物体易于拆卸 • 增加分裂或分割的程度
2	**抽取** • 抽出物质中的“负面部分”或属性 • 抽取物质中必要的、有用的部分或属性 • 将物质中不需要的部分或有妨碍的性质抽取出来
3	**局部质量** • 将物体（或外部环境、外部作用）由同类结构变成异类结构 • 使物体的不同部分具有不同功能 • 使物体的各部分都处于最有利于执行工作的条件下
4	**不对称性原理** • 将物体的形状由对称变为不对称 • 已经是不对称形状的物体，进一步加大其不对称的程度
7	**嵌套** • 把一个物体嵌入第二个物体，然后将这两个物体再嵌入第三个物，依此类推 • 使一物体穿过另一物体的空腔
17	**多维化** • 将物体由一维变为二维或由二维变为三维空间的运动 • 利用多层结构替代单层结构 • 将物体倾斜或侧向放置 • 利用物体所提供面的反面 • 利用落在临近面上的光流，或落在现有面的反面上的光流

在利用轮船进行海底测量工作时，早期是将声呐探测器安装在轮船上的某个部位。在实际测量过程中，轮船上的各种干扰会影响测量精度和准确性。解决这个问题的方法之一是将声呐探测器用电缆连接置于船后千米之外，使得声呐探测器与产生干扰的轮船在空间上处于分离状态，互不影响，合理解决了矛盾，如图 8-4 所示。

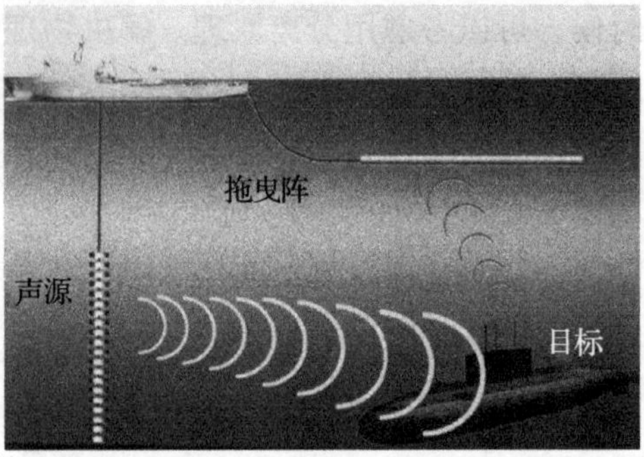

图 8-4 轮船进行声呐测量

创新反思 8-1

如何设计一把太空中可以用的锤子

我们知道，锤子在日常生活中经常用来敲击钉子或做其他用途。在地球上，由于锤子本身有重力，因此，当我们敲击钉子的时候，反弹力会被锤子自身的重量抵消很大一部分，很少有人会担心锤子的反作用力。但是，在太空的空间工作站或失重的飞行器中，用普通锤子进行维修的时候（见图 8-5），锤子敲击的反作用力就比较危险。因此，需要考虑如何改进已有的锤子设计，使其可以应用在太空维修中。

提示问题

如何应用空间分离原理来解决锤子的改进问题？

图 8-5　宇航员在太空中维修

资料来源：http://img.mp.itc.cn/upload/20170630/8c315a18a8bc48119b7f60aa34150cee_th.jpg

8.9.2　时间分离

所谓时间分离原理，是将矛盾双方在不同的时间段上分离，即通过在不同的时刻满足不同的需求来解决物理矛盾。

创新反思 8-2

舰载飞机的机翼设计

在舰载飞机的机翼设计中存在物理矛盾：设计师首先期望机翼面积大一些，这样使飞机有更好的承载能力，大机翼能提供更大的升力，但是又希望机翼面积小一些，因为要在航空母舰有限的空间上停放更多的飞机。此时，用时间分离可解决这个物理矛盾，将舰载飞机的机翼设计为折叠式，飞机在航空母舰上存放时机翼折叠，在飞行时机翼再打开，如图 8-6 所示。

图 8-6 舰载飞机的机翼改进

资料来源：中关村在线，https://m.zol.com.cn/article/4249352.html。

提示问题

你还能想到哪些用时间分离原理解决物理矛盾的示例?

在应用时间分离原理解决物理矛盾时，TRIZ 推荐了一些常见的发明原理，如表 8-7 所示。

表 8-7 时间分离解决物理矛盾常用的发明原理

编号	发明原理及其实施细则
9	**预先反作用** • 按需要完成的作用预先完成反作用 • 对处于受拉伸状态的物体，给予预先施加压力
10	**预先作用** • 预先部分或全部完成物体所需的作用 • 预置物体，一旦需要时能及时地从最方便的位置发挥作用
11	**事先防范** • 对可靠性较低的物体预置紧急防范措施
15	**动态化** • 改变物体或外部环境，使在作用的任何阶段均能达到最佳性能 • 将一物体分成彼此能相对改变位置的几个部分 • 将刚性不活动的物体变为可活动的、可移动的或具有可自适性的
34	**抛弃或再生** • 物体中已经完成功能和无用的部分自动消失，或在工作过程中自动改变 • 在工作过程中消耗或减少的部分自动再生

【课堂练习 8-5】 考虑如何应用时间分离来改进传统的缝衣针（见图 8-7）。物理矛盾：针眼应该大且容易引导线通过，但是针眼应该小且避免损坏衣服。考虑选择哪个发明原理，为什么？如何改进？

图 8-7 传统缝衣针

8.9.3　条件分离

条件分离是根据条件的不同将矛盾双方不同的需求分离，即通过在不同的条件下满足不同的需求，从而解决物理矛盾，主要推荐使用的发明原理如表 8-8 所示。

表 8-8　条件分离解决物理矛盾常用的发明原理

编号	发明原理及其实施细则
3	**局部质量** • 将物体（或外部环境、外部作用）由同类结构变成异类结构 • 使物体的不同部分具有不同功能 • 物体的各部分都处于最有利于执行工作的条件下
7	**嵌套** • 把一个物体嵌入第二个物体，然后将这两个物体再嵌入第三个物体，依此类推 • 使一物体穿过另一物体的空腔
19	**周期性作用** • 用周期性作用（或脉冲动作）替代持续性作用 • 如果作用已经是周期性的，则改变其作用的周期频率 • 利用脉动的间歇来完成另一个作用
31	**多孔物质** • 给物体加孔或加入（或涂上）辅助的多孔物质 • 若一物体已是多孔的，则利用这些孔预先引入有用的物质
32	**变换颜色** • 改变物体或周围环境的颜色 • 改变难以观察的物体或过程的透明度，以提高可视性 • 引入有色材料或使用有色添加剂来提高观察物体或作用过程的可视性 • 如果已经使用了颜色添加剂，则可转向借助发光迹线（荧光粉）追踪物质
40	**复合材料** • 使用复合物质替代单一同种材料

创新反思 8-3

厨房中的水池箅子

在厨房中使用的水池箅子（见图 8-8），对水而言是多孔的，允许水流过，而对食物而言则是刚性的，不允许食物通过。

图 8-8　厨房水池箅子

提示问题

尝试深入分析和解释图 8-8 用到的条件

分离原理。对于该发明原理，你能否举出类似的例子？

8.9.4　整体与局部分离

所谓整体与局部分离原理，是将矛盾双方在不同层次上分离，即通过在不同的层次上满足不同的需求来解决物理矛盾。应用整体与局部分离来解决产品创新设计过程中的物理矛盾，推荐使用的发明原理如表8-9所示。

表8-9　整体与局部分离解决物理矛盾常用的发明原理

编号	发明原理及其实施细则
1	**分割** • 将物体（或外部环境、外部作用）由同类结构变成异类结构 • 使物体的不同部分具有不同功能 • 物体的各部分都处于最有利于执行工作的条件下
2	**抽取** • 抽出物质中的“负面部分”或属性 • 抽取物质中必要的、有用的部分或属性 • 将物质中不需要的部分或有妨碍的性质抽取出来
12	**等势性** • 改变工作条件，减少物体的提升或下降
33	**同质化** • 将一物体及与其相互作用的其他物体采用同一材料 • 将物体及与其相互作用的物体采用有相同性质的材料制成

创新反思8-4

自动装配生产线与自行车链条

自动装配生产线要求零部件连续不断地供应，如图8-9所示。但是，零部件从自身的加工车间或供应商处运到装配车间时，只能批量地、间断地运来。因此，可考虑使用专用的转换装置，接受间断运来的批量零部件，但连续地将零部件输送到自动装配生产线上，从而解决这个矛盾。

图8-9　自动装配生产线

资料来源：http://www.contmp.com/news/xingyexinwen/701.html.

自行车链条应该是柔性的，以便精确地环绕在传动链轮上；链条又应该是刚性的，以便在链轮之间传递相当大的作用力。因此，链条上的每一个链接是刚性的，但是链条整体上是柔性的。

提示问题

1. 尝试分析图 8-10 所采用的发明原理属于表 8-9 中的哪一种。

2. 能否进一步思考自行车链条的设计还符合哪一个发明原理？

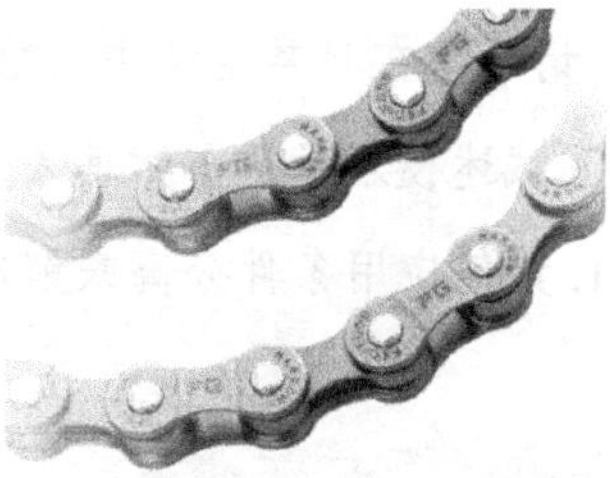

图 8-10　自行车链条

本章小结

针对产品创新设计过程中的问题求解，以及初始概念方案的产生，本章重点介绍了经典 TRIZ 理论中的矛盾分析和发明原理方法。其中，矛盾分析将发明问题（产品创新或改进问题）转化为技术矛盾（冲突）或物理矛盾（冲突），根据矛盾本身的类型和参数来寻找对应的发明原理，借助这些推荐的发明原理可以快速找到初始的创意方案，从而极大提高了产品创新设计的效率。

在产品创新设计过程中，技术矛盾是针对两个工程（技术）参数的冲突，即在改善一个参数的时候，不可避免会恶化另外一个参数。而物理矛盾是针对一个物理变量（参数）的矛盾。通过矛盾矩阵解决技术矛盾，而物理矛盾采用空间分离、时间分离、条件分离和整体与局部分离的方式予以解决。通过技术矛盾和物理矛盾，可以有效解决技术问题中的矛盾问题。

复习思考题

1. 什么是产品创新设计中的矛盾分析？
2. 什么是产品创新设计中的技术矛盾？
3. 什么是产品创新设计中的物理矛盾？
4. 什么是发明原理？
5. 工程技术参数与物理参数之间的联系和区别是什么？

6. 请列举在日常生活中的一个技术矛盾实例并尝试解决。

7. 技术矛盾解决的流程是什么？

8. 解决物理矛盾的分离方式有哪些？

9. 请列举在日常生活中的物理矛盾实例并尝试解决。

10. 试述技术矛盾与物理矛盾之间的区别和联系，并举例说明。

11. 如何应用条件分离来解决产品创新设计中的物理矛盾？

实践案例

如何改进无人操作机床

机器人服务的无人操作车床（见图8-11），在车削过程中产生的碎屑会卡住刀具并损坏工件，从而恶化了系统稳定性。需要及时去除切削碎屑来提高加工过程的稳定性，否则会阻碍刀具工作并损坏工件。由于本台机器是放置在无人操作的车间，拟采用的解决方案之一是使用一种配备视觉传感器和图像识别功能的特殊机器人，可以在切削碎屑形成之时将其清除。但是，这种方案没有被应用单位采纳，由于这种机器人极其复杂而且昂贵，因此需要找到一个更为简单的解决方法。

图8-11 无人操作车床

1. 描述要解决的工程问题

要解决的问题可以表述为“在没有复杂、昂贵专用机器人配备的车床上，如何通过不断清除表面来提高加工过程的稳定性”。

2. 将工程问题转化为技术矛盾

以技术矛盾的描述方式阐述这个工程问题，如表8-10所示。

表 8-10　车床的技术矛盾描述

	技术矛盾描述 1	技术矛盾描述 2
如果	使用特殊机器人进行图像识别	不使用特殊机器人进行图像识别
那么	表面会被清除，加工过程会变得稳定	装备比较简单而且价格较低
但是	装备将变得极其复杂而且昂贵	表面堆积碎屑卡住刀具，加工过程不稳定

3. 确定希望改善的技术参数以及从而被恶化的技术参数

这个工程问题是要保障加工过程的稳定性。“加工稳定性”是技术矛盾的一个参数。“加工稳定性”可以通过一个复杂的特殊机器人来提供，因此机器人的复杂性可以认为是另一个技术参数。

既然该项目的主要目标是使加工过程稳定，过程稳定性是需改善的参数。另外，辅助机器人的复杂性被恶化，因此，它是被恶化的参数。表 8-11 所示为改善和恶化的参数。

表 8-11　车床改善和恶化的参数

矛盾的参数	
改善参数	过程稳定性
恶化参数	机器人复杂性

4. 一般化期望改善和被恶化的参数

（1）搜索 39 个通用工程参数，找到意思最接近所要改善参数的通用参数。

“过程稳定性”最接近通用参数中的“可靠性”。同样地，“机器人复杂性”最接近通用参数中的“装置复杂性”。

（2）如表 8-12 所示，在对应列中输入这些参数（特定参数和通用参数）。

表 8-12　特定参数和通用参数

	特定参数	通用参数
改善参数	过程稳定性	可靠性
恶化参数	机器人复杂性	装置复杂性

5. 查找矛盾矩阵中推荐的发明原理

（1）在矛盾矩阵行中确定改善参数“可靠性”。同样地，在矛盾矩阵列中确定恶化参数“装置复杂性”。

改善参数“可靠性”在第27行，恶化参数“装置复杂性”在第36列。

（2）确定矩阵第27行第36列交叉对应的单元，如表8-13所示。该单元显示数字13、35和1。每一个数字都是阿奇舒勒39个通用工程参数的编号。

表8-13 车床的通用工程参数

		35	36	37	38
		适应性及多用性	装置复杂性	控制复杂性	自动化水平
25	时间损失	35，28	6，29	18，28，32，10	24，28，35，30
26	物质或事物的数量	15，3，29	3，13，27，10	3，27，29，18	8，35
27	可靠性	13，35，8，24	13，35，1	7，40，28	11，13，27
28	测量精度	13，35，22	27，35，10，34	26，24，32，28	28，2，10，34
29	制造精度	—	26，2，18	—	26，28，18，23

（3）确定发明原理的实施细则，如表8-14所示。

表8-14 发明原理的实施细则

发明原理编号	发明原理及其实施细则
13	**反向作用** •用于解决问题的反向动作（例如用加热取代冷却物体） •使活动部件（或外部环境）固定，使固定部件活动 •使物体（或过程）颠倒
35	**物理或化学状态变化** •改变物体的物理状态（如变为气态、液态或固态） •改变浓度或连续性 •改变自由度 •改变温度
1	**分割** •将物体分为多个独立单元 •使物体易于拆卸 •增加分裂或分割的程度

6. 产生概念性创意

逐一按照矛盾矩阵推荐的发明原理实施细则和相关提示，运用创新思维和经验，或者进行头脑风暴，产生概念性的创意想法。例如，根据“13反向作用”原理的“使物体（或过程）颠倒”实施细则，将车床和服务机器人倒置，使工作台表面朝下。

7. 选择合适的创意进行具体方案设计和实施

对各种概念性的创意进行评估，选择可行性和有效性突出的创意，确定具体解决方案。按照上述概念性创意，将机床工作台表面朝下，使碎屑在重力作用下自动脱离，提出如表 8-15 所示的解决“可靠性”和“装备复杂性”这对技术矛盾的具体方案。

表 8-15　车床的具体解决方案

发明原理：反向作用	具体解决方案
解决问题的反向动作（例如用加热取代冷却物体）	—
使活动部件（或外部环境）固定，使固定部件活动	—
使物体（或过程）颠倒	将车床和服务机器人倒置。通过这样做，切屑可以不通过额外工作自动从车床掉落。全自动无人车床和服务机器人可以完全没有问题地在这样的状态下工作。这个解决方案已经开发和实施

从表 8-15 可以看出，技术矛盾冲突分析可以很好地借助矛盾矩阵和发明原理，快速定位初步的概念方案，并开展后续的方案验证、迭代和优化工艺。

资料来源：本案例素材主要来自互联网 https://mw.vogel.com.cn/c/2010-07-05/769310.shtml，编者进行了材料加工。

提示问题

1. 针对本案例的技术矛盾描述是否合适？你能否找出另外一个技术矛盾的描述？
2. 本案例的技术矛盾背后的物理矛盾是什么？试进一步阐述如何解决这个物理矛盾。
3. 能否找出其他概念方案来解决本案例的问题？

参考文献

[1] 赵敏，史晓凌，段海波．TRIZ 入门及实践 [M]．北京：科学出版社，2020．

[2] 孙永伟，伊克万科．TRIZ：打开创新之门的金钥匙 I [M]．北京：科学出版社，2020．

[3] 陈光辉，张坤良，王轩，等．基于 TRIZ 的真空注型机改进设计 [J]．塑料工业，2020，48（3）：73-77．

[4] 王欢，孙涛，吴周鑫，等．TRIZ 理论在粮食收集机设计中的应用 [J]．机械设计与制造，2021（1）：6-9，15．

[5] 刘尚，张悦扬，王亚楠，等．基于仿生设计的物理矛盾求解方法 [J]．机械设计与研究，2020，36（6）：15-19，23．

[6] 王文龙，马明旭，胡耀中，等．TRIZ 理论在无人机集群发射回收装置设计中的应用 [J]．机械设计与制造，2020（12）：108-112．

第 9 章
CHAPTER9

产品创新问题求解：物 – 场模型与标准解方法

在第 8 章中，解决产品创新设计中的技术矛盾需要通过矛盾矩阵来找到对应的发明原理，再根据发明原理产生出的概念方案。运用矛盾分析和发明原理需要设计人员能够迅速地确定技术矛盾的类型，才能在矩阵中找到相应的发明原理。这不仅需要产品创新设计人员具有丰富的经验，还需要具备一定的专业判断力，但是在许多未知领域很难确定技术矛盾（冲突）类型。为此，TRIZ 引入了另一种工具来引领产品创新设计找到相对更为简洁的方法，这就是 TRIZ 理论的物 – 场模型和标准解方法。

发明问题解决理论提出了物 – 场（substance-field）描述方法与模型。物 – 场模型认为，工程系统（产品）功能可以大致分解为两种物质及一种场，即功能由两种物质及一种场这三个元素构成，通过物 – 场模型的类型，以及相应的标准解，就可以快速找到产品创新设计或改进的概念方案。在应用 TRIZ 方法时，产品设计工程师会经常应用物 – 场模型来分析各种发明和改进问题，而标准解法则是针对标准发明问题而提出的求解方法。这也是阿奇舒勒于 1985 年创立的 TRIZ 理论的重要成果之一，物 – 场模型的标准解共有 76 个，一般可以分为 5 级，各级解法的先后顺序反映了产品或技术系统的进化过程和进化方向。

9.1 物 – 场模型概述

为了深入了解什么是物 – 场模型，就必须首先了解什么是物质和场。物质是指某种物体或过程，可以是整个系统，也可以是一个大系统里面的子系统或单个的物体，如钉子、足球、鼠标等，甚至可以是环境，这些取决于实际的情况。物质之间依靠场来连接。

场是指完成某种功能所需的方法或手段，通常是一些能量的形式，如磁场、重力、电能、热能、化学能、声能、光能等。一些常见的场如表 9-1 所示。从物理学角度看，场也是物质的一种表现形式。因此，在 TRIZ 的物 – 场模型中，“物质”一般是指存在质量的物体，而“场”则是两个“物质”之间发生联系和作用的媒介。在第 5 章的功能建模的内容介绍中，我们强调了狭义的产品创新设计一般是指“有形”产品，而服务创新则属于“无形”产品创新，更侧重服务内容、形式以及价值网络的构建和创造。

表 9-1　常见的场

符号	名称	举例
G	重力场	重力
Me	机械场	摩擦力、压力、惯性、离心力
P	气动场	空气动力学、空气静力学
H	液压场	流体静力学、流体力学
A	声学场	声波、超声波
Th	热场	热传导、热交换、绝热、热膨胀、双金属片记忆效应
Ch	化学场	燃烧、氧化反应、还原反应、溶解、键合、置换、电解
E	电场	静电、感应电、电容电
M	磁场	静磁、铁磁
O	光学场	光（红外线、可见光、紫外线）、反射、折射、偏射
R	放射场	X– 射线、不可见电磁波
B	生物场	发酵、腐烂、降解
N	粒子场	α – 粒子束、β – 粒子束、γ – 粒子束，中子、电子、同位素

针对产品创新设计过程中的问题定义和求解，物 – 场模型分析和标准解方法提供了一种重要的问题描述和求解工具。物 – 场模型是从技术系统的功能出发，用符号语言来建立与已经存在的系统或新技术系统问题相关联的功能模型，并对系统功能进行分析的方法，是面向功能的直观的分析方法。此外，物 – 场模式可以描述技术系统中不同元素之间发生的不足的、有害的、过度的和不需要的各种

相互作用；而产品创新设计人员通过使用特定的符号来有序地寻找到发明问题的解决方案。

当我们无法确定技术系统（或子系统）中的工程参数时，显然也就无法运用矛盾矩阵来寻找相应的发明原理，这时可以借助物－场模型分析工具来寻求解决方案。

在产品创新设计过程中，我们对于“系统”作用的定义就是为了实现某种特定的功能，产品是功能的载体。第 5 章已经阐述，产品或工程系统的“功能”就是指系统的输出和输入之间正常且（设计）期望存在的关系。系统的功能可以是一个比较大的总功能，也可以是分解到子系统的功能，还可以一直分解下去，一直到达到底层的基本功能为止。那么，能够执行某个功能的最小系统（系统组件或超系统组件）至少应当包含哪些元素呢？

在发明问题解决理论中，最小的工程或技术系统至少应当由两个元素以及两个元素间传递的能量（场）所组成，才可以执行一个功能。阿奇舒勒和他的团队通过对系统功能的研究，发现并总结出了以下三条定律：

- 所有的功能都可以分解为三个基本元素（两个物质、一个场）。
- 一个存在的功能必定至少包含三个基本元素（两个物质、一个场）。
- 如果对具有相互作用的三个元素（两个物质、一个场）进行有机组合将形成一个功能。

技术或产品系统的功能模型可以用一个完整的物－场三角形来表示。产品设计人员可以通过这个图形来进行产品改进或创新设计，找到解决发明问题的方法。如果两个问题的物－场模型是一样的，那么解决方案的物－场模型也是一样的，和这个问题来自哪个领域无关，基本的物－场模型如图 9-1 所示。

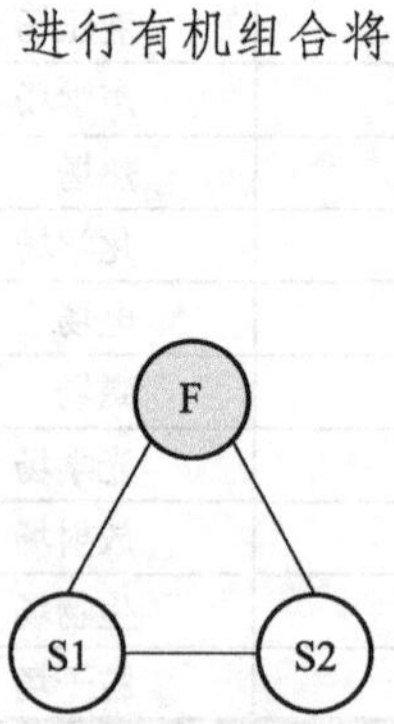

图 9-1 基本的物－场模型示意图

阿奇舒勒把功能定义为两个物质（元素）与作用于它们中的场（能量）之间的交互作用：物质 S2 通过能量（场）F 作用于物质 S1 产生的输出（功能）。因此，在功能的三个基本元素中 S1 与 S2 是具体的，即“物”（一般用 S1 表示原料，用 S2

表示工具)；F 是抽象的，即“场”。这就构成了物 - 场模型。S1 和 S2 可以是材料、工具、零件、人、环境等；F 可以是机械场 (Me)、热场 (Th)、化学场 (Ch)、电场 (E)、磁场 (M)、重力场 (G) 等。

如图 9-2 所示，场 F 作用于 S2 上，使 S2 对 S1 产生影响，从而改变 S1，达到预期设计效果。将这个过程用物 - 场模型描述就是：F 为机械场，S1 为皮肤表面水分，S2 为空气。即 F 机械场作用在 S2 空气上，使 S2 空气对 S1 皮肤表面的水分产生快速移动和蒸发，来影响皮肤表面温度 (通过水分蒸发带走热量)，使人感到凉爽。

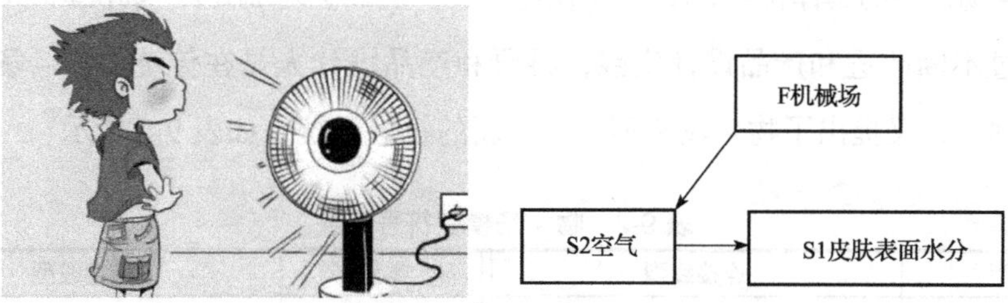

图 9-2　风扇通过机械场影响皮肤表面水分

物 - 场模型可以用来建立与现存技术系统问题相联系的功能模型。在解决问题过程中，可以根据物 - 场模型所描述的问题，查找相应的一般解法和标准解法。因此，使用物 - 场模型的分析工具，可以实现产品改进或创新设计。

9.2　物 - 场模型的类别

9.2.1　物 - 场模型的描述

一般而言，物 - 场模型大致可以分为四种情况，分别是：

- 有效的完整模型。
- 不完整的模型。
- 效应不足的完整模型。
- 有害效应的完整模型。

上述四种物 – 场模型具有广泛的用途。为了方便相关的交流探讨以及让物 – 场模型的分析更加形象化，人们在科学研究和产品创新设计的实践中，形成了统一的物 – 场模型的描述方法。因此，针对不同的物 – 场模型，需要使用不同的符号语言来进行表示。例如，用带箭头的波浪线表示物 – 场模型中有害的作用和效应，用带箭头的虚线表示物 – 场模型中的作用不足或效应不足，用带箭头的粗实线表示物 – 场模型中的期望得到的作用或效应等。描述物 – 场模型的具体符号如图 9-3 所示。

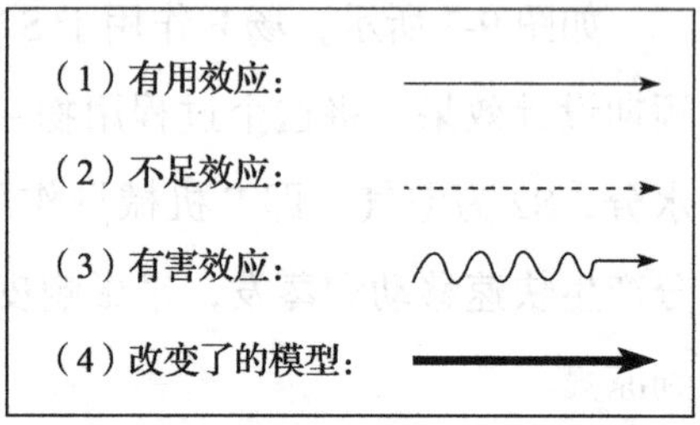

图 9-3　描述物 – 场模型的具体符号

经过不断改进和产品设计实践，科研和产品设计人员在传统的物 – 场模型符号的基础上，又提出了物 – 场模型的一些新的符号系统，如表 9-2 所示。

表 9-2　物 – 场模型符号系统

类型	连接线型	类型	连接线型
连接（正常）		导致结果	
期望作用		改变模型	
不足作用		连接中断	
无作用		相互作用	
有害作用		可变作用	

根据表 9-2 的物 – 场模型符号系统，就可以对想要研究或改进的产品或技术系统进行表征，并构建相应的物 – 场模型来进行分析和问题求解。不同类别的物 – 场模型如图 9-4 所示。

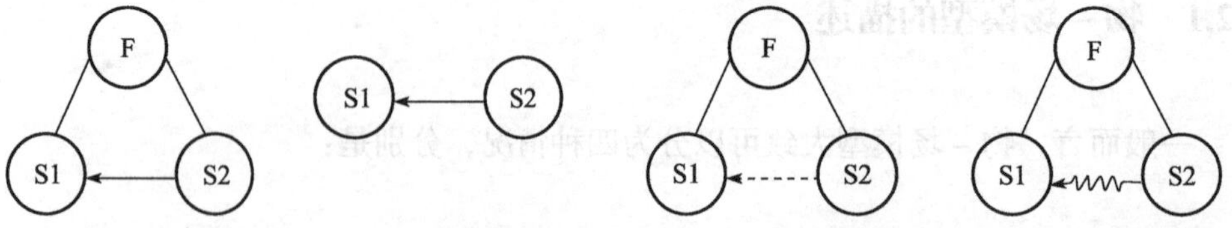

a）有效的完整模型　b）不完整的模型　c）效应不足的完整模型　d）有害效应的完整模型

图 9-4　物 – 场模型的主要类别

【课堂练习 9-1】 结合第 5 章所学的功能分析和建模的知识，请思考图 9-4 中的两个“物质”之间的功能关系，哪个是功能对象？哪个是功能载体？

9.2.2　物 – 场模型的一般解法

物 – 场模型中的有效完整模型是产品创新设计的期望目标，对于三种不完善的物 – 场模型（见图 9-4 中的 b、c 和 d 模型），TRIZ 理论提出了针对不完整物 – 场模型改进的六种一般解法。

解法 1：补充元素。补齐物 – 场模型所欠缺的元素，增加场 F 或工具 S2 使其成为有效的完整模型。

【课堂练习 9-2】在工业生产过程中，经常碰到需要分离液体中的气泡问题。如何分离液体中的气泡？

具体解法：液体（S2）中存在着气泡（S1），使用离心机（增加机械场 F），使得产生的离心力作用于液体，然后将气泡从液体中分离出来，如图 9-5 所示。

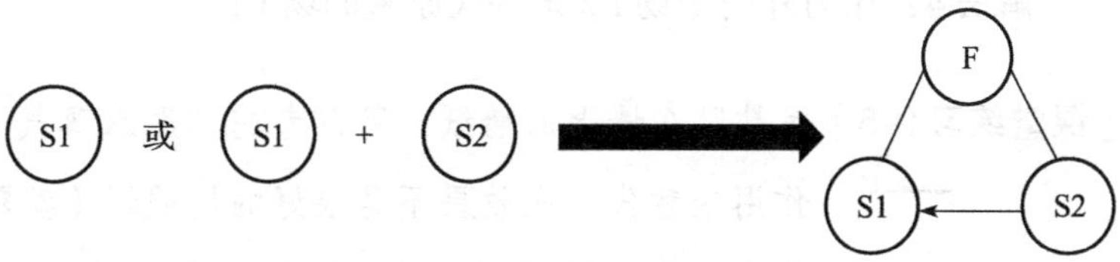

图 9-5　课堂练习 9-2 的物 – 场模型

解法 2：加入第三种物质 S3，用来阻止有害作用。

【课堂练习 9-3】办公室的玻璃是透明的，容易泄露隐私，此时可以加入窗帘或对窗户玻璃进行磨砂处理，使经过的人无法看清楚玻璃后面的事物，以保护办公室的隐私，如图 9-6 所示。

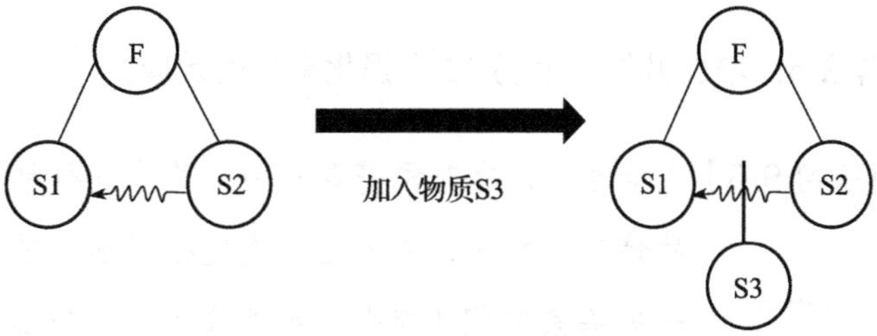

图 9-6　课堂练习 9-3 的物 – 场模型

解法 3：增加另一个场 F2 来消除有害的效应。

【课堂练习 9-4】 对细长的工件进行切削加工时，由于工件太细长容易被切削工具弄变形，从而导致切削效果不理想，所以为了防止零件在加工中产生有害的效应，可以增加一个反向的作用力（F2）来对工件进行固定，如图 9-7 所示。

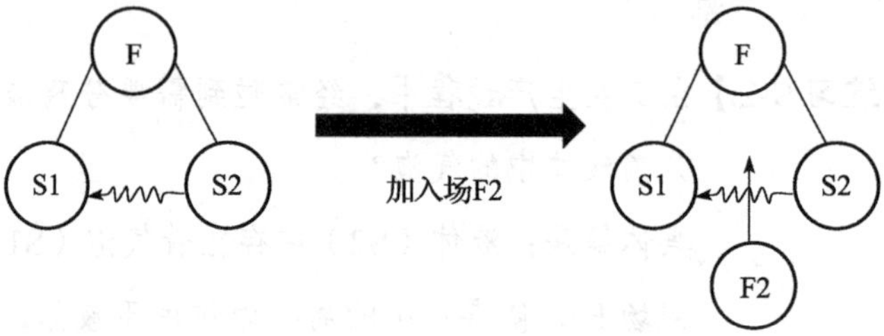

图 9-7 课堂练习 9-4 的物 – 场模型

解法 4：用另外一个场 F2 来替代原来的场 F1。

【课堂练习 9-5】 对粘贴在墙上的墙纸，可以考虑利用水蒸气（F2）的加热和润湿作用来替代原来效果不是很好的机械场（容易破坏墙壁表皮），以除去墙壁上的墙纸，这样的效率和效果都会提升许多，如图 9-8 所示。

图 9-8 课堂练习 9-5 的物 – 场模型

解法 5：增加另外一个场 F2 来强化有用的效应。

【课堂练习 9-6】 在生活中，有时候需要对两个物体进行粘贴。在用胶水粘贴两个物体的过程中，胶水还没有完全凝固之前，我们可以增加一些夹子来夹紧它们（相当于另外增加一个机械场 F2），从而让粘贴面变得更加紧密贴合，如图 9-9 所示。

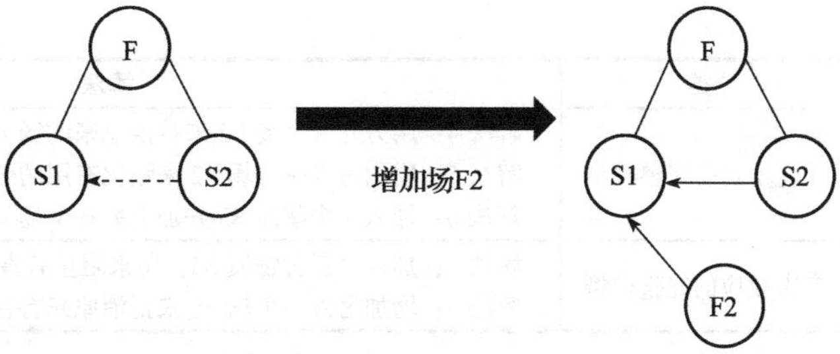

图 9-9　课堂练习 9-6 的物 – 场模型

解法 6：加入一个物质 S3 并加上另一个场 F2 来提高有用效应。

【课堂练习 9-7】 为了进一步增强过滤效果，有时候需要用到所谓的“电过滤网”，就是在过滤网上面加装一个电场（F2），将那些细小的粒子集聚成为大颗粒子，从而使得其过滤效率得到很大的提升，如图 9-10 所示。

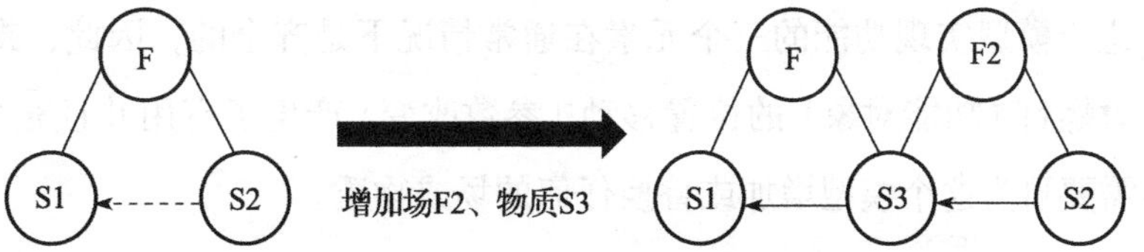

图 9-10　课堂练习 9-7 的物 – 场模型

上述六种一般解法通常用于对各个不同类型物 – 场模型问题进行改进，能够通过这些解法来改变物 – 场模型的各组成元素，实现模型的转换，从而为产品设计提供改进策略和概念方案。

对于有效的完整模型，因其已经达到了设计工程师或用户的预期效果，所以就不需要改进；对于那些不完整的模型，可以使用解法 1；对于效应不足的完整模型，我们可以使用解法 4、解法 5 以及解法 6；对于有害效应的完整模型，我们可以使用解法 2 和解法 3 来进行改善。综上，不同的物 – 场模型所使用的一般解法总结如表 9-3 所示。

表 9-3　不同物 – 场模型对应解法

序号	分类	解法
1	有效的完整模型	—
2	不完整的模型	解法 1：补齐所缺的元素，增加场 F 或工具 S2，使得模型变成完整的模型

（续）

序号	分类	解法
3	效应不足的完整模型	解法 4：用另外一个场 F2 来替换原来的场 F1 解法 5：增加另外一个场 F2 来强化有用的效应 解法 6：加入一个物质 S3 并加上另一个场 F2 来提高有用的效应
4	有害效应的完整模型	解法 2：加入第三种物质 S3，用来阻止有害的效应 解法 3：增加另外一个场 F2 来抵消原来有害的效应

9.2.3　有效的完整模型

有效完整的物 – 场模型是一种理想的状态，也是设计者所要追求的一种状态。在完整的物 – 场模型中，功能的三个元素都存在，而且相互之间的作用充分。

日常生活中常见的完整物 – 场模型有：用螺丝刀移动（拧紧或取出）螺钉，用手拿着一个空的纸杯或茶杯等。如图 9-11 所示的螺丝刀移动螺钉的物 – 场模型，这个模型实现功能的三个元素在通常情况下是齐全的，因此，螺丝刀（功能载体）对螺钉（功能对象）的位置移动（参数改变）产生了有用并且充分的相互作用，不需要再为这个模型增加或替换任何的场或物质。

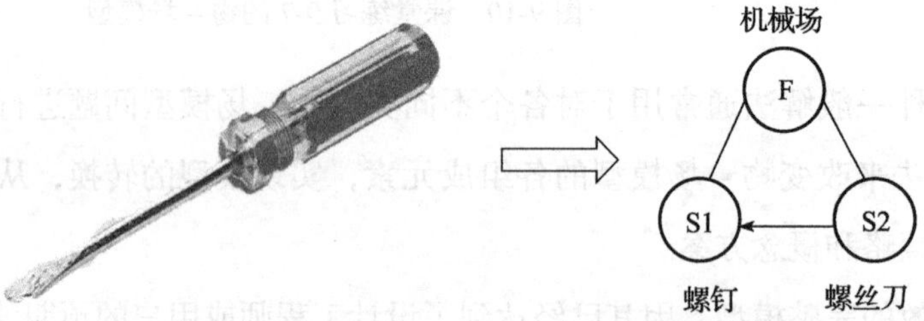

图 9-11　螺丝刀移动螺钉的物 – 场模型（普通螺丝刀）

日常生活中常见的完整物 – 场模型还有：用普通锤子移动（敲击）钉子，用手握着杯子（手保持杯子的位置，使之不掉落到地板上）等。

【课堂练习 9-8】 当安装区域空间受限时，螺栓和螺钉在安装过程中常常掉下来，如果提高安装螺栓或螺钉时螺栓或螺钉与螺丝刀之间的连接的可靠性，图 9-11 的物 – 场模型是否需要改动？如何改？理由是什么？

9.2.4　不完整的模型

不完整的物 – 场模型是指实现功能的三个元素（两个物质、一个场）不齐全，可能是缺少了场，也可能是缺少了物质，从而导致物 – 场模型达不到预期的效果，需要增加系统元件来实现有效完整的系统功能。

创新反思 9-1

生活中不完整模型的场景

生活中存在不完整模型的场景有很多，所以人们会经常使用到前面所介绍的解法 1，即补充元素，使这样的不完整模型改变成有效的完整模型。例如，日常生活中给衣服脱水，通过水来把衣服上的污垢冲洗干净后，还希望将水和衣服尽快分开，从而让衣服能快速变干，但是水自己不可能会在短时间内离开衣服，此时就需要给原系统增加一个场来使这个物 – 场模型完整。因此，可以在原有的模型中加入旋转力（增加了机械场 F），让它产生离心力作用于水（S2），从而将水从衣服（S1）当中分离出来，如图 9-12 所示。

a）湿衣服

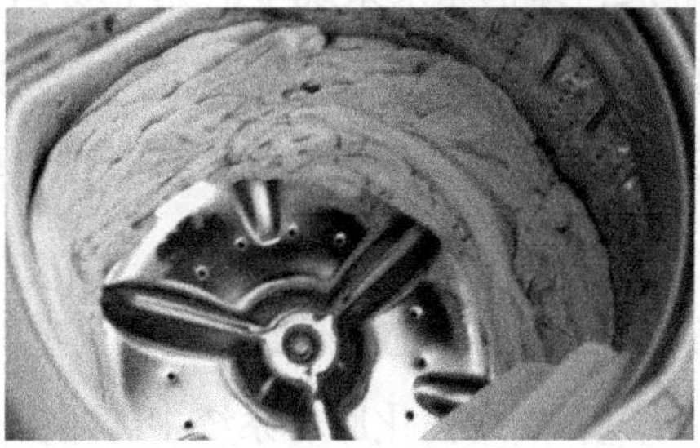

b）洗衣机脱水

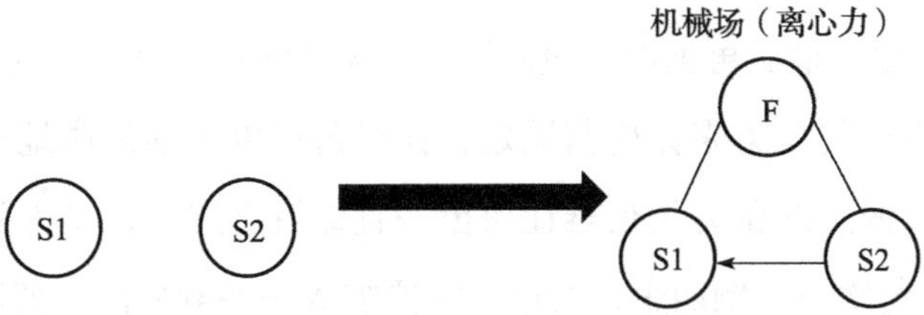

图 9-12　通过增加离心力给衣服脱水

提示问题

目前普通洗衣机均有脱水功能，部分全自动洗衣机还带有烘干功能，对那些赶时间的用户来说，可以节省大量时间。除了烘干功能外，你还能想出什么新的功能吗？

9.2.5 效应不足的完整模型

效应不足的完整物－场模型是指实现功能的三个元素都齐全，但是设计者所要追求的功能未能有效实现或实现不足，如产生的力不够大、温度不够高等。为了实现或达到设计者预期的功能效应，需要对原有的系统进行改进。用于对效应不足的完整模型进行改进的一般解法有上文所提到的解法 4、解法 5 和解法 6。

应用解法 4 来改进效应不足的完整模型就是用另外一个场 F2 来替换原来系统中的场 F1。例如，我们日常生活中喜欢把衣服放在太阳底下晾干，但是天气并不能按照人的意愿来进行调节，所以不可能每天都是晴空万里，有时候会阴天或下雨，因此可能会导致我们想要在一天内晾干的衣服好几天都不能干，甚至可能会产生难闻的霉味。所以，对这个效应不足的完整物－场模型，可以用解法 4 来解决，即把原来系统中的光学场 F1 用热学场 F2 来替换。因此，可以用衣服烘干机（F2）来代替太阳的光照（F1），让烘干机产生的热学场作用于衣物中的水分（S2），从而将水分从衣服（S1）当中蒸发出来，达到衣服快速变干的目的（见图 9-13）。

使用解法 5 来改进效应不足的完整模型，就是在这个效应不足的完整模型中增加另外一个场 F2 来强化原有系统中有用但是不足的效应，从而实现设计者期望得到的功能。例如，人们在移植树木时，会先挖好一个泥土坑，然后把需要移植的树的根部放在泥坑里，最后再把泥土填回坑里覆盖住树木根部。用泥土把树的根部覆盖住可以利用泥土的压力来让树苗固定，让树苗可以更加健康地成长，但是一般而言，仅仅依靠泥土的压力是很难让树苗一直保持直立的，稍大的风就会把移植（新栽种）的树苗吹得东倒西歪，所以，需要加入一些额外的支架产生一个机械场（F2）作用于树苗（S1），从而对原来效应不足的完整模型进行改进，如图 9-14 所示。

a）太阳下晾干衣服

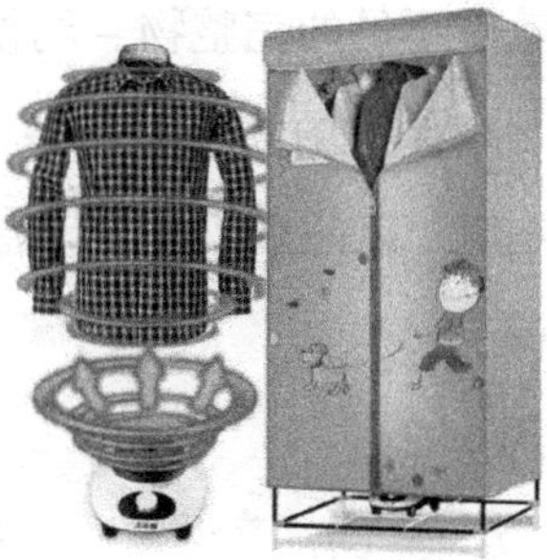

b）烘干机烘干衣服

图 9-13　用烘干机替代太阳

a）用支架固定树木

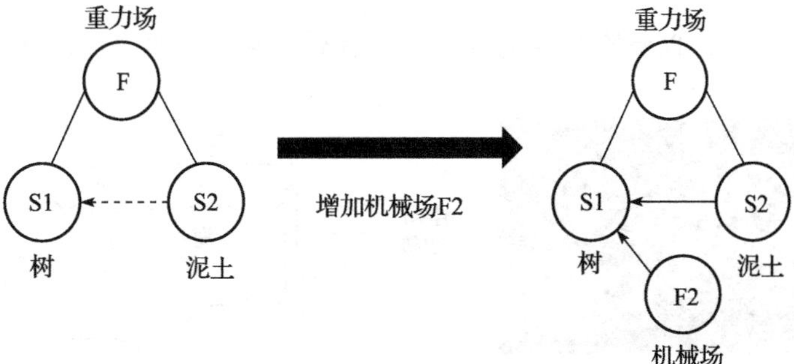

b）物–场模型的改进

图 9-14　增加场来改进物 – 场模型

对于效应不足的完整物－场模型，还可以使用上文提到的解法6来进行改进，解法6就是在原有的物－场模型中引入一个新的物质S3并加上另一个场F2来提高有用的效应，以此来实现设计者期望得到的功能。

创新反思 9-2

海洋中的船舶

船舶长期处于盐度较高的海洋环境中，腐蚀极为严重，所以在船舶的防腐工作上，设计者纷纷寻找各种船舶的腐蚀防护措施。防腐蚀涂料技术就是其中的一种，它是采用合适的船舶涂料（S2），以正确的工艺技术，使其覆盖在船舶的各个部位（S1），形成一层又一层完整的、致密的涂料，从而使船舶各个部位的钢铁表面与外界的腐蚀环境相隔开来，以防止船舶被海水腐蚀，所以也称为船舶的涂层保护。

这些涂层在一开始能对船舶起到较好的防腐蚀作用，但是时间久了，这些涂料难免会被磨损掉，或者因为在涂装时船舶表面没有清理干净而导致存在细微裂缝。这些都会造成海水的渗透，使得涂层下面的金属表面发生腐蚀作用进而被破坏，这不仅会影响船舶的性能，还会影响船舶航行的安全。

所以，仅仅依靠涂层难以保证船舶的绝对安全，此时可以为原系统加入一个直流的电场（F2）和一种比铁更活泼的金属（S3），如锌、铝或镁合金等，来提高船舶的防腐能力。其工作原理是由外部供应直流电流，然后将这些比船体金属更活泼的金属安装在船体水下部分作为阳极被腐蚀，而船体作为阴极得到保护，因为电位会向低的方向变化，所以达到一定的防腐电位时就可以使船体金属表面的腐蚀原电池的电位差消失，以消除腐蚀电流，最终达到防腐的目的，如图9-15所示。

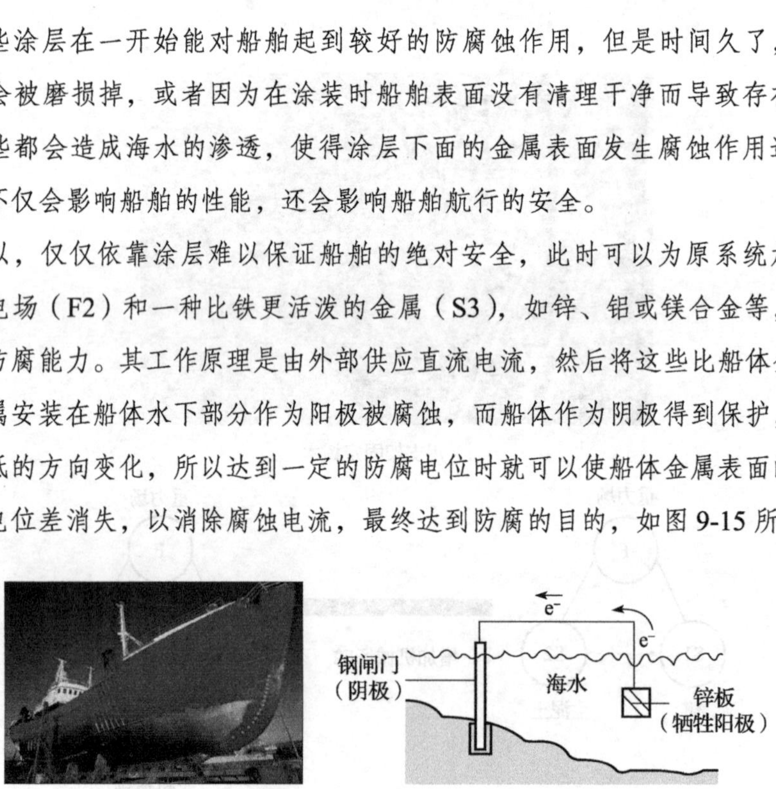

a）涂料防腐　　b）电化学防腐

图9-15　增加新的物质和场改进物－场模型

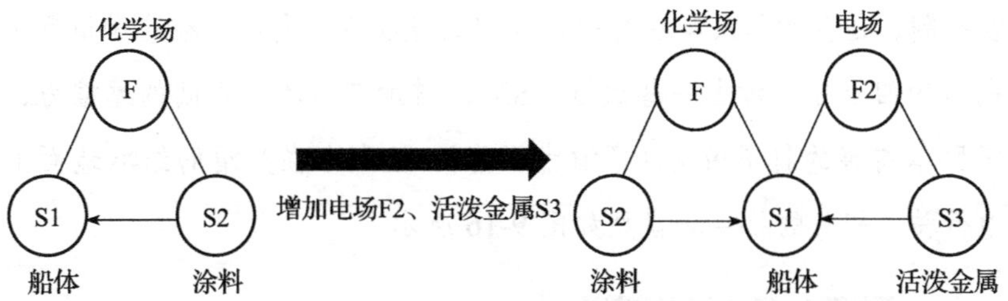

c）物–场模型的改进

图 9-15 （续）

提示问题

1. 请总结一下上述案例用到的改进物 – 场模型的方法的特点。

2. 结合上述应用案例，请举出一两个类似的应用案例（可以运用发散思维和头脑风暴）。

9.2.6　有害效应的完整模型

有害效应的完整物 – 场模型是指三个元素完整但是所组成的模型中产生了有害效应。对于有害效应的完整物 – 场模型，可以使用上文介绍的解法 2 和解法 3 来进行改进，把模型中的有害效应消除，例如，胡连军等（2013）针对混镍粉电火花腐蚀制备纳米空心镍球存在蚀除电极金属液滴与工作液中的小气泡不能充分结合，形成中空结构的问题，构建了物 – 场模型，并搜索多种场的使用，最后采用超声波场代替原有的机械场，开发出超声波制备纳米空心镍球装置，极大地改善了原有系统的质量和效率。

应用解法 2 对有害效应的完整物 – 场模型进行改进就是在模型中新加入一种物质 S3 来阻止有害的作用，从而使原有的模型变成有效且完整的物 – 场模型。

创新反思 9-3

结冰的地面驾驶汽车

当人们在结冰的地面驾驶汽车的时候，由于街边的地面过于光滑，往往会使轮胎与地面之间的摩擦力减小，容易出现打滑和交通事故。这不仅使行驶中的汽车变得难以控制，还会增加汽车在行驶过程中的危险性。所以，在这种情况下，人们通常为汽车的四个轮子加上一些铁链（S3），增加其与冰面之间的摩擦力，从而消除或降低原本有害的打滑效应（摩擦力下降），让汽车在光滑的结冰地面上可以较为平稳地行驶，相关的物 – 场模型如图 9-16 所示。

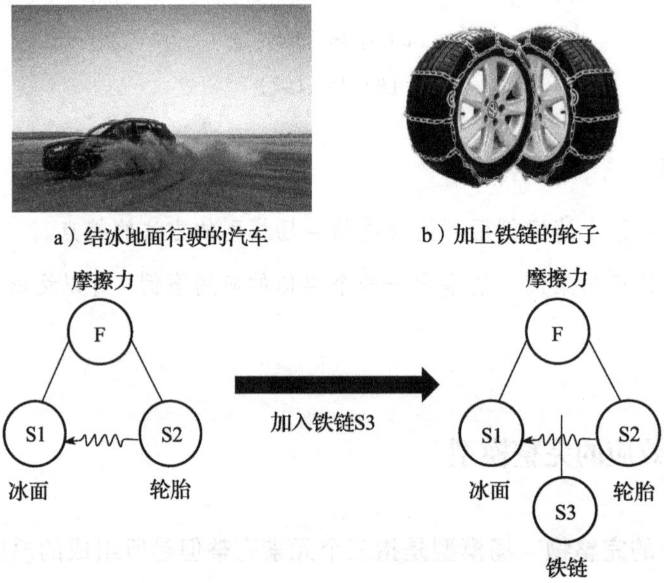

a）结冰地面行驶的汽车　　b）加上铁链的轮子

c）物–场模型的改进

图 9-16　增加新物质破解有害效应的物 – 场模型

提示问题

基于本例，再举出一个有害效应的完整物 – 场模型，并尝试找到解决方案。

应用上文提到的解法 3，也可以改进有害效应的物 – 场模型。在有害效应的物 – 场模型中增加另外一个场 F2 来抵消有害效应，从而实现设计者期望实现或改进的功能。

创新反思 9-4

通过管道运输金属颗粒

在生产加工领域，使用管道来运输金属颗粒时，将金属颗粒从管道的一端用高速空气送入管道，金属颗粒在管道中被空气从另一端送出。但是，在管道的转弯处，金属可以频繁地撞击管道壁，从而使管道容易损坏。为了消除金属对管道壁的撞击，根据解法 3 的提示，可以在管壁转角外面放置一块磁铁，这样磁铁产生的磁场就可以把飞行中的部分金属颗粒吸附在弯管内壁，形成保护层，从而部分抵消原来的有害效应，相关物 – 场模型和解决方案如图 9-17 所示。

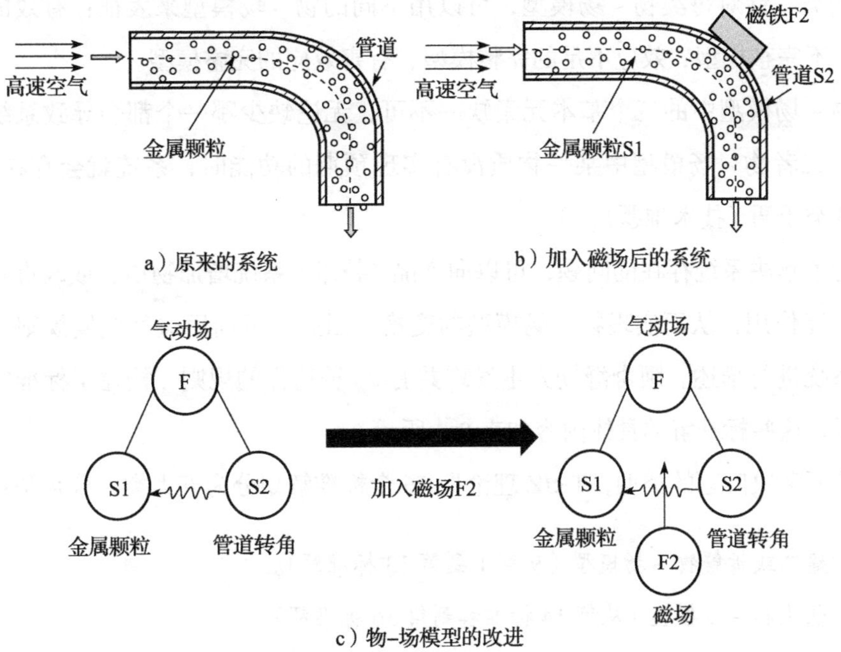

图 9-17　增加新的场来破解有害效应的物 – 场模型

提示问题

请尝试举出一个有害效应的物 – 场模型，并找到解决方案。

9.3　标准解概述

标准解和物 – 场模型是经典 TRIZ 的核心内容，也是主要的发明问题求解方法之一。阿奇舒勒和他的团队通过对大量专利的统计分析，发现针对物 – 场模型的解法可以总结为 76 种，并且可以应用在不同的工程技术领域，因此称它们为标准解。

首先，可以建立某个具体问题的物 – 场模型，并对产品改进或创新设计问题相关的系统进行描述，而标准解能够对存在问题的物 – 场模型提供解决方案，并生成概念方案。

标准解应用的思路主要是围绕物 – 场模型所描述的工程系统改进目标，通过标准解集合寻找与物 – 场模型相对应的标准解，并通过联想启发、合作和讨论，得到最终的问题解决方案。

在上文中，我们提到物 – 场模型可以用来描述系统中存在的问题，并且可以分为四类。针对每类物 – 场模型，可以用不同的物 – 场模型来表征：有效的完整模型、不完整模型、效应不足的完整模型、有害效应的完整模型。

物 – 场模型中的三个基本元素缺一不可，无论缺少哪一个都会导致系统的不完整，或者物 – 场模型中某一物质没有实现预期的功能时，系统就会存在问题，导致各类矛盾（技术难题）。

为了解决系统存在的问题，可以向产品（技术）系统增加物质，或改进物质之间的相互作用，从而实现物 – 场模型的变换。因此，可利用这种变换规则对各类技术系统进行描述。阿奇舒勒先生发现共有 76 种这样的规则，构建了标准解的方法体系，这些标准解的具体内容如表 9-4 所示。

按所解决问题的类型，TRIZ 理论把 76 个标准解划分为五大类，分别是：

- 建立或拆解物 – 场模型（从第 1 到第 13 标准解）。
- 强化物 – 场模型（从第 14 标准解到第 36 标准解）。
- 向超系统或微观级转化（从第 37 到第 42 标准解）。
- 检测和测量问题（从第 43 到第 59 标准解）。
- 简化与改进系统（从第 60 到第 76 标准解）。

此外，标准解的五大类还可以进一步划分为 18 个子级，具体划分如表 9-4 所示。

表 9-4 标准解的分类

级别	名称	子级数	标准解数
1	建立或拆解物 – 场模型	2	13
2	强化物 – 场模型	4	23
3	向超系统或微观级转化	2	6
4	检测和测量问题	5	17
5	简化与改进系统	5	17
	合计	18	76

从表 9-4 可以看出，TRIZ 的 76 个标准解是一个分层结构的方法体系，对应着针对不同物 – 场模型所对应的产品改进问题，具有较为广泛的应用空间。

物 – 场模型和标准解的提出是传统 TRIZ 理论的重要贡献之一。但是，如何在产品改进和创新设计过程中灵活应用物 – 场模型和 76 个标准解，还需要较为丰富的工程经验和专业知识作为基础。

9.4　标准解的应用

9.4.1　物 – 场模型的工作流程

标准解的应用和物 – 场模型分析法是密不可分的。采用物 – 场模型进行功能分析应用于产品改进或创新设计的工作流程如图 9-18 所示。

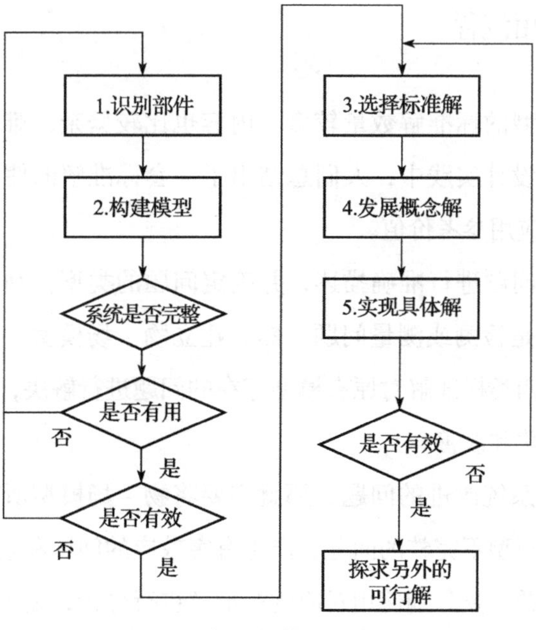

图 9-18　物 – 场模型工作流程

从图 9-18 可以看出，采用物 – 场模型和标准解来解决产品创新或改进设计问题，大致可以分为以下几个步骤：

- 第一步，识别功能系统中的部件，定义物 – 场模型所需的三个元素。
- 第二步，根据功能分析和分解的结果，构建系统功能的物 – 场模型。
- 第三步，根据功能类别，分析系统的功能模型，确定物 – 场模型的类型，尝试发现待改进的物－场模型，然后在 76 个标准解中寻找适应的标准解作为初步的解决方案。

- 第四步，进一步拓展标准解的外延，以达到系统的有效和完善。
- 第五步，实现具体的解。
- 第六步，探求另外的可行解。

从具体的工程应用角度看，物－场模型和 76 个标准解具有较为丰富的应用场景；但是，产品创新设计是一个较为复杂的系统工程，在应用标准解方法的过程中，还需要集成相关的专业知识和产品设计经验，才能更好地实现产品或工程系统的改进和完善。

9.4.2 标准解应用流程

由于物－场模型的标准解数量较多，内容也比较繁杂，难以记忆和使用，因此，在不断的产品设计实践中，人们总结出了一套标准解的使用流程，如图 9-19 所示，具有重要的应用参考价值。

首先，需要对问题进行准确描述，并确定问题的类型，判定问题属于需要改进系统的问题，还是检测或测量问题，然后建立物－场模型，若是检测或测量问题，则直接使用第四类标准解对原有模型存在的问题进行解决，然后使用第五类标准解做进一步的简化和改善。

其次，如果是系统改进的问题，那就需要将物－场模型所存在的问题进一步细分，可以分为：模型不完整的问题、产生有害效应的问题和效应不足或过度的问题。针对这三类问题，要分别使用对应的标准解进行分析，因为第一类标准解可以进一步分解成两个子级，分别是建立物－场模型和拆解物－场模型，其中属于第一个子级的标准解可以用来解决模型不完整的问题，属于第二个子级的标准解可以用来解决产生有害效应的问题，而对于效应不足或过度的问题，可以使用第二类和第三类标准解来解决。

最后，初步得到解决的物－场模型可以用第五类标准解进一步简化和改善，最后得出最终解。

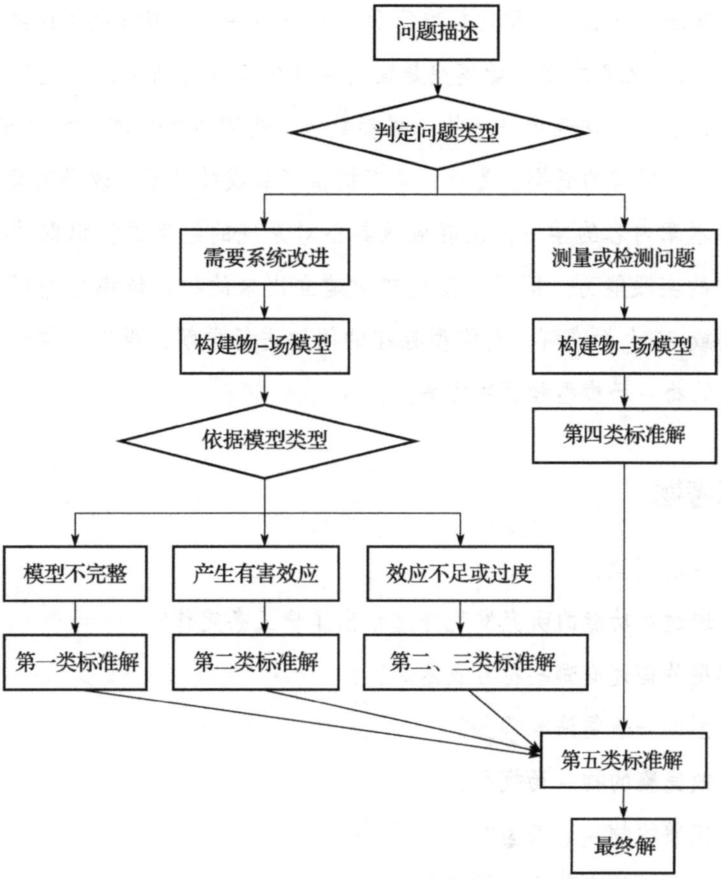

图 9-19　标准解法的应用流程

当然，标准解系统与矛盾矩阵的应用理念是一样的，由于是针对已有专利进行统计分析的结果，所以推荐的标准解并不一定是最合适的方法，只是较为常用的发明问题求解方法，因此还需要灵活应用。

本章小结

面向产品创新设计的 TRIZ 理论体系中，物 – 场模型和标准解是核心内容之一，也是 TRIZ 方法框架中应用较为广泛的功能分析和发明问题求解方法。本章基于经典 TRIZ 中相关的概念和方法，首先对什么是物 – 场模型进行了较为详细的介绍，并总结出一些常见的场用来指导物 – 场模型的构建，使大家对物 – 场模型分析方法建立较为直观的认识。其次，本章对物 – 场模型的四个类别进行了详细的解释说明，同时结合相关例题和案例介绍了物 – 场模型的符号描述，以及物 – 场模型的一般解法。最后，本章对标准解及其应用的条件和流程做了详细的讲解。

一般而言，TRIZ 的物 – 场模型是面向功能的直观分析方法，能够帮助产品改进或创新设计者在无法确定系统的工程参数时，也可以找出相应的初步解决方案，通过实现物 – 场模型的变换，为设计者们提供产品或技术系统改进的策略。

通过对本章内容的学习，读者应该具备对系统的组件进行识别并建立相应的物 – 场模型的实践能力。同时，要能够对建立出来的物 – 场模型进行分类，并运用一般解法或 76 个标准解，对模型存在的问题进行求解，得出能够满足设计需求的有效完整的物 – 场模型和解决方案。

复习思考题

1. 什么是物 – 场模型?
2. 阿奇舒勒通过对功能的研究发现并总结出了哪三条定律?
3. 物 – 场模型的描述有哪些符号及意义?
4. 物 – 场模型的一般解法有哪些?
5. 什么是有效完整的物 – 场模型?
6. 什么是不完整的物 – 场模型?
7. 什么是效应不足的完整物 – 场模型?
8. 什么是有害效应的完整物 – 场模型?
9. 各种类型的物 – 场模型分别有哪些一般解法?
10. 什么是标准解?
11. 标准解是如何分类的?
12. 不完整的物 – 场模型应该选用哪些标准解?
13. 效应不足的完整物 – 场模型应该选用哪些标准解?
14. 有害效应的完整物 – 场模型应该选用哪些标准解?
15. 现代战争中，由于科技的发展，各种装备车辆的装甲越来越厚，性能也越来越好，如坦克、装甲运兵车、突击战车等，请问如何提高武器的性能威力来消灭或俘虏敌人而且能缴获敌人的所有装备呢?
16. 我们平常用的飞镖，由于一般人只是业余玩家，各种姿势都不是很标准，因此常常出现飞镖飞中镖靶却钉不住而脱靶的情况。那么怎么才能让初学者不因钉不住而脱靶呢？

17. 在交通事务中，为了节省到达目的地的时间，我们要求车速越快越好，但为了防止发生车子相撞的事故，又要求车速越慢越好，怎么解决这个问题？

实践案例 9-1

如何清理汽车的腐蚀性污垢

汽车在使用过程中受阳光辐射、酸雨侵蚀和使用环境等影响，时间一长表面会沉积各种腐蚀性污垢，如油脂、工业尘垢、沥青、树油、昆虫和水泥等，继而使漆面暗淡无光、漆质氧化，缩短汽车车漆寿命，因此，必须清除这些污垢。但是，对于沉积时间较长的沥青、树油或昆虫等污垢以及煤烟、焦油等工业尘垢，用普通洗涤剂和水很难冲洗掉，比如，铸造厂或钢铁厂烟囱排出的烟尘内含有黏性含铁颗粒，往往飘落在车身的表面，用普通洗涤剂清除不掉漆面上的含铁工业烟尘，甚至刚黏附上几天的烟尘也清洗不掉。

提示问题

如何应用物－场模型分析方法，以及相应的标准解来改进这些污垢的清洗呢？请画出相关的物－场模型，并指出相关的解决方案。

实践案例 9-2

如何处理分解塔中的余热

某化工产品的生产装置中，混合液在分解塔中进行反应时放出大量的热量，不及时移走这些热量的话，分解塔内温度将不断升高，会产生大量过量焦油，不仅使产品质量下降，而且会堵塞管道造成事故。

为维持该分解塔内88℃的恒定温度，可利用外循环冷却的方法，具体做法为采用U形管式换热器（双管程列管式，双管程换热器多了一个管程，因此每程的换热管数量比单管程少了一半，也就是流通面积少了一半。所以在同样的流量下，管内的理论流速也就比单管程多了一倍），用冷却水（走管程）冷却混合液（走壳程），所用换热器A的主要参数为：壳程直径为1m，双管程，换热管长2.5m，规格为$\phi 38\times2.5$mm，换热管数为370根，总传热面积大约为110m^2。现将塔内温度降为60℃操作，要求冷却器的热负荷增至4×10^5kW/h，则新的问题出现，该换热器不能满足变化了的条件，即换热器自身的换热能力小于工艺要求的热负荷。

提示问题

请明确该问题是哪一种基本的物－场类型，画出相应的物－场模型，并提供相应的解决方案。

实践案例9-3

如何解决电饭煲的噪声问题

某种型号的电饭煲是国内某家电制造商的畅销机型，该电饭煲采用动力涡轮负压破泡技术，采用隔断式动力传递装置解决了煮饭时的泡沫溢出问题，消泡效果极佳。但是，该电饭煲投放市场一段时间后，用户陆续反映，该型号电饭煲存在高分贝噪声问题，用户体验极差。为了解决该问题，工程师采用了各种措施，但是都无法在现有方案基础上很好地解决问题，只得放弃先进的隔断式动力传递方式，采用刚性轴方案勉强避免该问题的出现，但该问题始终无法得到彻底解决，困扰了企业相当长的时间，如图9-20所示。

为了消除有害作用，工程师引入物质S3小钢珠，将有害作用摩擦力降到极小，建立良好的、具有自定心功能的支撑。在涡轮破泡长时间后产生的噪声问题中，应用物－场模型与76个标准解得出标准解，通过引入小钢珠的方法使噪声消除，最后设计出三套概念性方案：在旋转轴下底部加入小钢珠；在旋转轴下底部嵌入小钢珠；在涡轮扇叶中心轴孔下底部嵌入小钢珠。

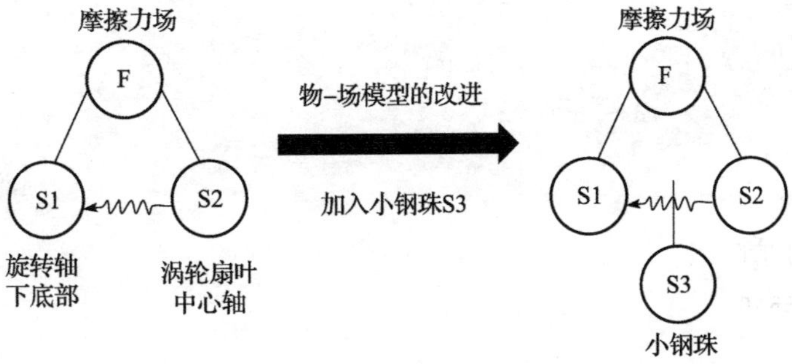

图 9-20　增加新的物质来破解有害的物 – 场模型

提示问题

1. 这三个方案都可以解决这类问题吗？原理是什么？

2. 方案二和方案三都是将钢珠通过嵌入的方式进行实现，三种方案各自的优缺点有哪些？

3. 对于三种方案的选择，你有什么想法？依据是什么？

参考文献

[1] 孙永伟，伊克万科．TRIZ：打开创新之门的金钥匙 I [M]．北京：科学出版社，2020．

[2] 朱槐春，邓援超，徐一鸣，等．基于 TRIZ 理论的高速套袋机移外袋装置的应用 [J]．包装工程，2020，41（21）：190-195．

[3] 王成亮．服务创新与服务价值网络研究 [M]．北京：企业管理出版社，2020．

[4] 胡连军，李彦，李翔龙，等．基于物 – 场模型的纳米空心镍球的制备方法研究 [J]．工程设计学报，2013，20（3）：180-184．

[5] 闫洪波，檀润华，杨泽中，等．TRIZ 理论在涡轮破泡消噪中的应用研究 [J]．机械设计与制造，2019（6）：25-27.

第 10 章
CHAPTER10

产品创新问题求解：科学效应库方法

产品创新是通过工作原理、方法或性能提升等方面的改进实现产品价值的增加。在第 1 章的 1.3 节中，我们介绍了关于创新或发明的等级划分，其中有关产品或技术系统工作原理的改变或改进，一般被认为是比较重要的发明和产品创新；而应用科学效应实现产品工作原理和方式的改变或升级就是实现重要发明或产品创新设计的重要途径和方式。

10.1 发明专利中的相似原理

为了更好地理解科学效应在发明专利中的应用，我们先看看几个经典发明问题的求解案例。

- 发明问题 1：如何实现葵花子、松子和夏威夷果等坚果的快速去壳，并得到里面完整的果仁？
- 发明问题 2：如何对坚硬的钻石进行切割加工？
- 发明问题 3：如何清洗工业管道中的过滤网？

葵花子、松子、夏威夷果等都是生活中常见到的坚果，但它们都被坚硬的外壳包裹着，那么有什么办法可以将这些坚果的坚硬外壳剥开，让人们能够方便地享受它们内部包含的美味果仁呢？一种常用的坚果去壳法就是将坚果放进一个密闭的容器中加热，使之处在一种高温高压的状态下，容器内的温度不断升高，且容器内气体的压强也不断增大。当温度升高到一定程度的时候，坚果的果实和果壳便会逐渐变软，内部的水分也会变成水蒸气。由于温度较高，水蒸气的压强很大，使已变软的坚果膨胀。但是，此时果壳内外的压强是平衡的，所以它不会在容器内爆开。当密闭容器的盖子被打开，坚果被突然释放在常温常压下时，锅内的气体迅速膨胀，压强很快减小，使坚果的壳内外压差变大，果壳内部的高压水蒸气也急剧膨胀，因而瞬间爆开，使坚硬的壳被剥开，如图 10-1 和图 10-2 所示。

图 10-1　松子去壳法（来自 1950 年的国外专利）

图 10-2　葵花子去壳法（来自 1950 年的国外专利）

如何对坚硬无比的钻石进行切割加工呢？我们都知道钻石的前身是金刚石，是自然界中天然存在的最坚硬的物质，经常被用作工业中的切割工具。那么金刚石自身是如何被切割的呢？其实在金刚石的内部也有很多细微的裂纹，压力的骤然改变可以使得坚硬无比的金刚石沿着其内部的裂纹裂开，从而轻松完成切割。

【课堂练习 10-1】工业领域中的一个关于管道内部滤网清洗的方法也是运用了类似的原理，请考虑如何应用类似的压力差原理实现清洗。

生活中，人们经常将管道过滤网安装在水、油、气管道等各种设备上，所以各类过滤网器具是一种不可缺少的装置，其作用是清除管道内的杂质，保护各类阀门和水泵等设备的正常运转。在使用一段时间后，积累的污物会牢固地聚集在过滤网的表面及网孔内，严重影响过滤效果，此时就算直接把过滤网拿出也是很难清洗干净的。因此，经常采用的清理方法是使管道内过滤网的内表面和外表面形成压力差。当压力差达到预设值时，便启动自清洗循环，即突然产生一股吸力强劲的反冲洗水流将过滤网上的污物清洗干净，并直接排出。

可以看到，虽然上述的这几个问题都来自不同的领域，包括食品加工领域和工业领域，而且需要解决的问题也不一样（去壳、切割、清洗等），但是它们应用的是同一个原理，叫作“瞬间压力差原理”。

阿奇舒勒先生在对大量高水平专利的分析过程中发现了这样一个现象：那些不同凡响的发明专利很多都利用了某种科学效应，或是出人意料地将已知的某种科学效应或几个效应组成的效应链应用到以前没有使用过该效应的技术领域，从而得到了新的发明。

迄今为止，人类发明和正在应用的任何一个技术系统都必定依赖于人类已经发现或尚未被证明的科学原理，因此，最基础的科学效应和科学现象是人类创造发明的重要源泉。阿基米德定律、伦琴射线、超导现象、电磁感应、法拉第效应等都早已经成为我们日常生产生活中各种工具和产品所采用的技术和理论。科学原理，尤其是科学效应和现象的应用，对发明问题的解决具有重要的帮助。

10.2 科学效应与科学效应库

10.2.1 科学效应的定义

科学效应是自然界中原因和结果的必然联系，这种必然联系往往可以用数学语言来描述。科学效应的发现往往伴随科学上的重大发现。大家较为熟知的科学效应有热胀冷缩、电磁感应、欧姆定律、压电效应等。科学效应可以通过将有关的量互相联系起来的定律来描述，即按照定律规定的原理将输入量转化为输出量，实现相应的功能。

利用科学效应（简称效应）进行产品创新设计是在科学理论的指导下，实施科学现象的技术结果，以实现相应的功能。将科学效应有序地安排，并提供高效的检索方式，即成为科学效应知识库。

阿奇舒勒及后续的TRIZ方法研究者通过对海量专利的仔细分析，将自然科学及工程领域涉及的常用科学效应按照从功能到知识的原则进行了重新编排，形成了基本科学知识效应库。其目的就是将那些在工程技术领域中经常用到的功能和特性，与人类已经发现的科学原理和科学效应所能够提供的功能和特性对应起来，从而方便产品创新工程师进行知识检索，获得创意灵感和产品改进的解决方案。

科学效应和科学现象知识库是 TRIZ 体系中容易应用的工具之一。它就像为浩瀚的知识海洋装上了准确高效的“定位和搜索引擎系统”，只要使用者确定了需要实现的功能或需要改变的属性，就可以在“定位和搜索引擎系统”中输入相应的关键词，然后就可以查找到相应的知识。在计算机辅助创新（computer-aided innovation，CAI）软件的帮助下，TRIZ 中的知识库得到了极大丰富，搜索使用也更加便捷。科学效应所体现的自然规律和固有可靠性（严格遵守自然法则），使其成为获得解决问题资源的最佳途径之一。

10.2.2　科学效应库的组织结构

产品或技术系统的功能依靠物理、化学或几何效应而存在。迄今为止，人类已经发现的科学原理和效应在数量上非常惊人，那么如何将这些宝贵的知识组织起来，便于工程技术人员进行检索和使用呢？通过对全世界 250 万份高水平发明专利的研究，TRIZ 将高难度的问题和所要实现的功能进行了归纳总结，最后总结出常见的技术系统功能共有 30 个，并赋予每个功能相应的一个代码。科学效应库的常用功能如表 10-1 所示。

表 10-1　科学效应库的常用功能

功能代码	实现的功能	功能代码	实现的功能
F1	测量温度	F16	传递能量
F2	降低温度	F17	建立移动物体与固定物体间的相互作用
F3	提高温度	F18	测量物体的尺寸
F4	稳定温度	F19	改变物体的尺寸
F5	探测物体的位置和运动	F20	检查表面的状态和性质
F6	控制物体的运动	F21	改变表面的性质
F7	控制液体及气体的运动	F22	检查物质容量的状态和特征
F8	控制浮质（悬浮颗粒）的流动	F23	改变物体空间性质
F9	搅拌混合物，形成溶液	F24	形成要求的结构，稳定物体结构
F10	分离混合物	F25	探测电场和磁场
F11	稳定物质位置	F26	探测辐射
F12	产生（或控制）力	F27	产生辐射
F13	控制摩擦力	F28	控制电磁场
F14	破坏（解体）物体	F29	控制光
F15	积蓄机械能和热能	F30	产生及加强化学变化

有了功能代码之后，设计者就可以根据这些功能的代码来查找TRIZ所推荐的此代码下的各种可用的科学效应和科学现象。一般而言，实现这些功能时经常用到的科学效应和现象共有100个。常见功能对应的科学效应和现象清单的示例参考表10-2，30个功能与100个科学效应和现象之间的详细对应关系请参考附录B中的表。

表10-2　常见功能和科学效应和现象之间的对应关系（示例）

功能代码	科学效应和现象	科学效应序号
F1——测量温度	热膨胀	E75
	热双金属片	E76
	珀耳帖效应	E67
	汤姆逊效应	E80
	热电现象	E71
	热电子发射	E72
	热辐射	E73
	电阻	E33
	热敏性物质	E74
	居里效应（居里点）	E60
	巴克豪森效应	E3
	霍普金森效应	E55

从表10-2可以看出，针对测量温度的功能，在已有的发明专利中，最常用的科学效应或科学现象（原理）有12种，其中就包括大家耳熟能详的热膨胀效应、热电效应、热辐射、居里效应等。

【课堂练习10-2】 请尝试设计一个基于居里效应和热电现象的温度控制阀，可以在互联网上查找资料，与身边的同学一起讨论。

10.2.3　科学效应库的应用步骤

科学原理尤其是科学效应和科学现象的应用对发明问题的解决具有重要的启示意义，也是产品创新设计过程中强有力的辅助工具。应用科学效应和现象应遵循相关的流程，如图10-3所示。

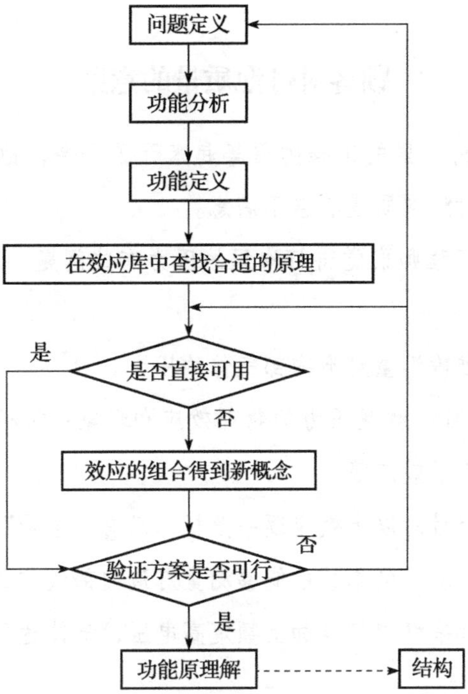

图 10-3　科学效应库的应用流程

基于图 10-3 所展示的科学效应库（知识）应用流程，可以总结出以下的科学效应库的应用步骤：

第一步，根据实际情况对问题进行定义分析，确定解决此问题所要实现的功能。

第二步，根据功能从科学效应或科学现象清单（附录 B）中确定与此功能相对应的功能代码，此代码应该是 F1 ～ F30 中的一个。

第三步，从科学效应或科学现象清单中查找到此功能代码下 TRIZ 所推荐的科学效应和现象，获得相应的科学效应和现象的名称。

第四步，筛选所推荐的每个科学效应和现象，优选出适合解决本问题的科学效应和现象。

第五步，查找优选出来的每个科学效应和现象的详细解释，应用于该问题的解决，并验证方案的可行性；如果问题没能得到解决或功能无法实现，重新分析问题或查找合适的效应。

第六步，形成最终的解决方案。

创新反思

顾客对灯泡质量的意见

电灯泡厂的厂长将厂里的工程师召集起来开了个会，他让这些工程师看一叠顾客的批评信，顾客对灯泡质量非常不满意。

（1）问题分析：工程师们觉得灯泡里的压力有些问题。压力有时比正常的高，有时比正常的低。

（2）确定功能：准确测量灯泡内部气体的压力。

（3）TRIZ 推荐的可以测量压力的物理效应和现象：机械振动、压电效应、驻极体、电晕放电、韦森堡效应等。

（4）效应取舍：经过对以上效应逐一分析，只有“电晕”的出现依赖于气体成分和导体周围的气压，所以电晕放电能够测量灯泡内部气体的压力。

（5）方案验证：如果灯泡灯口加上额定高电压，气体达到额定压力就会产生电晕放电。

（6）最终解决方案：用电晕放电效应测量灯泡内部气体的压力。

提示问题

如果应用压电效应或韦森堡效应会出现什么负面效果？

应用科学效应和现象解决技术问题本质上如同查找知识字典一样，也有点像我们到超市购买商品。当我们选择好要购买的商品种类、款式或型号之后，衡量一下几种同类商品的性价比，就可以做出选择。其实，TRIZ 提供的所有工具都一样，只要我们能够准确地描述产品创新设计所面临的问题，很多好的解决方案就会纷至沓来。

10.3　科学效应在产品创新设计中的作用

10.3.1　产品创新设计

产品创新一般是指在产品技术变化基础上进行的技术创新。产品创新本质也是一个如何实现产品价值增加的过程，既包括新产品的研究开发，也包括新产品的商业化和市场推广等环节。

广义的产品创新是企业技术创新中最重要、最基本的内容之一，也是企业技术创新的核心。在市场竞争如此激烈的时代，一个商业企业想要生存和发展，要想自己的产品被市场和消费者所接受，就必须根据市场的需求和变化来进行产品改进和新产品研发，不断地推出能够满足用户要求的创新性产品。所以，产品创新已经成为企业生存和发展的根本。如果从不同的角度去对产品创新进行分类，最简洁、最重要的分类可能就是分为渐进式创新和突破性创新。

1. 渐进式创新

渐进式创新是指通过不断的、渐进的、连续的小创新，最后实现管理创新的目的，是一种量变的创新过程。比如，目前大部分家用小轿车和传统家用电器等产品的迭代更新都属于渐进式产品创新过程，其背后是无数次工艺的改进。事实上，市场上超过 90% 的产品创新都可以认为是渐进式创新。

2. 突破性创新

突破性创新是使产品、工艺或服务等具有前所未有的性能特征，或者在保持类似功能特征的情形下，使产品、工艺或服务等的性能大幅上升，或者成本急剧下降，或是创造出了一种全新的产品或服务。突破性创新经常会给现存的企业带来巨大的挑战，但它却是新兴企业成功进入市场的重要基础和后发优势，并且有可能引起整个产业的重新洗牌，或者创造一个全新的细分市场和消费者群体。

10.3.2 科学效应与产品创新

工程技术人员在进行产品创新设计的过程中，经常需要用到各个专业领域的知识来对产品的创新方案进行设计和确定。科学效应的有效利用，可以很好地提高产品创新的效率和成功率。但是，对于普通的产品开发人员来说，受限于自身的精力与知识面，在进行产品创新的过程中经常会遇到三种思路上的障碍，分别是思维惯性、有限知识和试错的成本。此外，产品设计工程师充分认识并掌握各个工程领域的科学效应是相当困难的一件事情，也是不现实的一件事情。因此，有必要将科学效应以更为合理的方式组织起来，形成可以重复利用的科学效应库，从而可以指导产品创新设计者。

在获取知识的过程中，大部分人注重知识的学习，却很少有人从知识应用的角度去思考创新相关的问题。离开学校后，在工作环境中，即使是产品设计相关的工程技术人员也很少从发明创造的角度去思考已掌握知识的应用。很多情况下，科学效应知识被工程技术和产品创新设计人员逐渐遗忘。

事实上，科学原理对于发明问题的解决有着重要的基础性意义。迄今为止，研究人员已经总结了大概10 000个效应，但常用的只有1 400多个。相关研究表明，工程技术人员掌握并应用的效应相当有限。例如，爱迪生在他的1 023项专利里只用了23个效应。深入研究科学效应或现象在发明创造中的应用，有助于提高工程技术人员的创意思维能力和新产品的创造力。因此，TRIZ理论将科学效应作为专门的问题解决工具加以研究和整理。其中，阿奇舒勒先生及其领导的研究人员从1969年开始系统地收集各类科学效应；1979年，阿奇舒勒和他的团队发表了一本关于物理效应的手册；1981～1982年，苏联的《科技杂志》(*Tehnikai nauka*)发表了一系列关于科学效应应用的文章；1988年，著名发明理论专家Salamatov出版了一本关于化学效应的著作；1989年，Vikentjev和Jefremov发表了一篇将几何效应用于发明创造的论文。所有这些效应都是以论文格式发表的，并且是俄语。

传统的科学效应一般是按照其所在的领域进行组织和划分，侧重于科学效应的内容、推导和属性的说明。产品创新设计人员对自身领域之外的其他领域知识通常具有局限性，这导致他们对其他科学效应进行搜索的困难。

在TRIZ理论中，按照“从技术目标到实现方法”的方式组织科学效应库，创新人员可以根据TRIZ的分析工具决定需要实现的“技术目标”，然后选择需要的“实现方法”，即相应的科学效应。TRIZ的科学效应库的组织结构极大地方便了创新人员对其领域之外的科学原理的应用。TRIZ理论基于对世界专利库的大量专利的分析，总结出了大量的物理、化学和几何效应，每一个效应都可能用来解决某一类问题，为工程师在产品上进行创新提供了极大的帮助。1992年，计算机辅助创新领域的知名软件厂商Invention Machine公司就以计算机的形式用英文发布了一批科学效应和应用案例，而另外一个知名的 CAI 软件——Goldfire Innovator 的科学效应库采集了 9 000 多个科学效应和相关的应用案例。

10.4　发明专利中的科学效应

专利是专利权的简称，是指一项解决某一特定问题的技术方案，包括发明、实用新型或外观设计等。专利的申请需要向国务院专利行政部门提交相关材料，经过法定流程审查合格后，在规定的时间内，专利申请人可获得该项发明创造的专有权。在我国，专利包括发明专利、实用新型专利、外观设计专利三个种类。

通过对 250 万份世界级高水平发明专利的分析研究，阿奇舒勒和他的团队发现这样一个现象：那些不同凡响的发明专利通常都利用了某种科学效应，或是出人意料地将已知的效应或几个效应的组合应用到以前没有使用过该效应的技术领域，从而创造出了新的发明专利。阿奇舒勒指出：在工业和自然科学中的问题和解决方案是重复的，技术进化模式也是重复的，只有 1% 的解决方案是真正的发明，而其余部分只是以一种新的方式来应用以前已存在的知识或概念。

所以，隐藏在发明专利背后的规律可以归纳为以下三种：

- 在不同的技术领域，相同的技术发展模式反复出现。
- 在不同的技术领域，相同的问题和解决方案被反复使用。
- 科学效应在其所属领域之外被用来进行创新。

一个新的技术或产品改进问题大多数情况下都能从已经存在的原理和方法中找到该问题的解决方案；一个领域的发明专利所使用的科学效应或科学原理绝大多数情况下也能从已经存在的其他技术领域中找到。

本章小结

科学效应和现象在现代产品创新过程中具有重要的地位和作用。在经典的 TRIZ 体系中，通过对几百万份发明专利的分析，阿奇舒勒和他的团队发现，很多专利启示都利用了同一个或相似的科学效应。

本章首先通过坚果去壳、钻石切割以及滤网清洗的工作原理来对什么是科学效应及其现象进行了详细的介绍，使人们对科学效应建立了较为深刻的认知，然后给出了科学效应的定义以及科学解释，并重点介绍了科学效应库的组织结构。随后，本章列举了研究者们总结出来的常见的30个功能及其功能代码，并对部分功能所用到的常见科学效应和现象用图表的方式进行了展现，以方便设计人员在使用TRIZ科学效应库时进行查找。

此外，本章对科学效应在产品创新中的作用以及发明专利中的科学效应也进行了相应的说明。通过统一的功能性描述和查询方式，能够快速得到针对产品创新设计或发明问题的相关解决方案，能够帮助设计工程师们克服自身的思维惯性，拓宽知识面。通过对本章内容的学习，读者可以理解如何使用科学效应库，并对产品创新问题进行求解并得出相应的解决方案。

复习思考题

1. 什么是科学效应？
2. 什么是科学效应库？
3. 科学效应库有什么作用？请举例说明。
4. 如何应用科学效应库？具体的流程和步骤是什么？
5. 科学效应在渐进式创新中如何发挥作用？
6. 科学效应在突破性创新中如何发挥作用？
7. 发明专利与科学效应之间存在什么样的联系，或隐藏着什么规律？
8. 科学效应库中的科学效应可以划分为什么类型？
9. 30个常用产品功能可否进一步拓展？依据是什么？
10. 尝试从科学效应库中找出让脏衣服实现自我清洁的方法。
11. 在医学领域，通过手晃锥形瓶对固体试剂进行溶解是临床上进行药学实验最常见的操作流程。但是这种溶解试剂的方法不仅速度慢、效率低，而且不能满足溶解大量固体药物的需求，因此，需要一种更好的方法来解决这个问题。请使用科学效应库来解决此问题。

实践案例 10-1

压电效应在发明问题中的应用

1880 年，Pierre Curie 和 Jacque Curie 兄弟发现：非中心对称晶体变形（施加机械力）引起正负离子的相对转移；如果正负离子向相反方向发生转移，电矩就会在转移方向形成；电矩与粒子的位移（机械变形）成比例并随晶体方向和含晶细胞结构而定。这就是著名的压电效应。

应用 1：利用压电效应控制空气流速（美国专利：5222713）。该发明专利声明的装置由弹性间隔片（如硅胶）和两个压电片组成，弹性间隔片位于两个压电片直径之间。当施加电场时，压电片改变体积。压电片体积上的改变与施加的电场强度成比例。压电片体积膨胀，压缩间隔片，间隔片阻止气体通道。电场强度可以改变，用来调整气流量或限定流量，如图 10-4 所示。

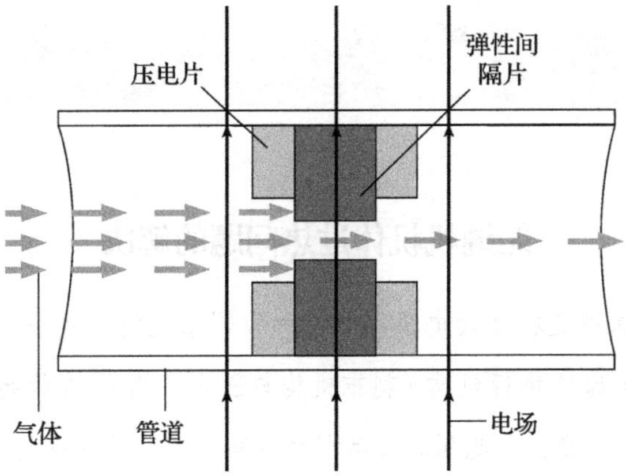

图 10-4　利用压电效应控制气流

应用 2：为了实现交通管制，有必要检测在道路某个区域上车辆的通过量。一般使用沿着路面放置的接触式传感器，但是这些传感器寿命很短，因此需要耐用的传感器来检测车辆。

解决方案：将压电式交通传感器放置在路面上。传感器包括一根压电材料的电缆。当车辆通过传感器时，汽车的重量使压电电缆变形。压电由于其内部电场的变化产生一个电压，该电压用来检测通过车辆，如图 10-5 所示。

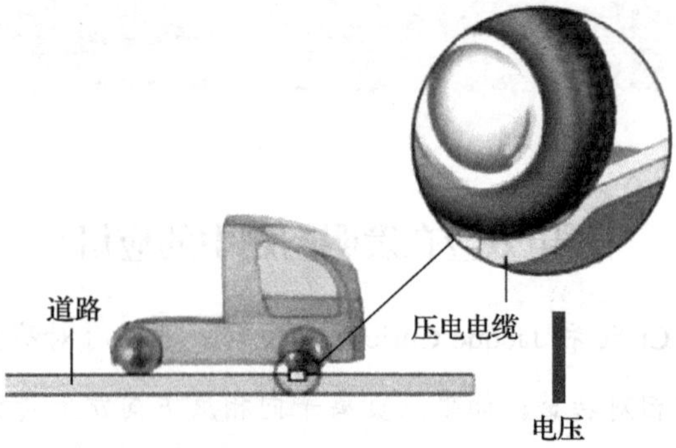

图 10-5　利用压电效应解决车辆检测问题（美国专利：5710558）

提示问题

1. 这两个利用压电效应解决的问题是同一类功能的吗？如果不是同一类功能问题，请指出各属哪一种（可以参考附录中的功能与科学效应对照表）。

2. 这两个压电效应的应用案例对你有什么启发？你能从身边找到压电效应应用的真实案例吗？

实践案例 10-2

绷缝机机体过热问题的解决

绷缝机的工作原理是在驱动电机的驱动和控制系统的控制下，带动机械传动结构动作，最终将运动传递给执行机构（刺布机构与送布机构），在执行机构的协同运动作用下，完成缝纫动作功能，与此同时带动润滑油路对相关元件进行润滑。

绷缝机在高转速连续运转下，经过 3 ～ 4 小时会造成机器表层温升 20℃左右，当夏季普遍室温在 30℃以上时，表层温度将会达到 50℃以上，给用户的使用造成诸多不便和潜在危害。

除刺布机构摩擦振动所引起的发热，机器驱动部分的两个电磁铁在大电流状态下也会造成电磁铁发热严重。同时，由于电磁铁的（电磁涡流效应）力热特性，在温度上升到一定程度时，保持力将大幅下降，产生电磁铁驱动力不够的问题，这也是由发热所引起的负面危害。

目前处理绷缝机减小温升的主流思路是提高材料导热率，如机器的油盘采取铝制材料，加快散热；或者以全自动气液蒸汽相结合的点对点散热方法，在绷缝机电磁铁发热源和绷缝机刺布机构发热源以及绷缝机机身安装气液蒸汽相结合的点对点散热器；或者对一些有相对滑动、容易卡死的元件进行供油润滑，润滑的同时也能起到一部分的降温作用。但是，目前对于降低机身温升（保持机器温度不变）这一根本问题，依旧没有很好的解决方案。

提示问题

1. 结合本章的知识点，应该如何应用科学效应知识库来解决案例中的根本问题？

2. 如何使新系统满足以下要求：新系统无论处于何种工况，机器的温度能够处于操作者体验舒适的人体适应温度范围内（35～45℃）？

参考文献

[1] 孙永伟，伊克万科．TRIZ：打开创新之门的金钥匙Ⅰ[M]．北京：科学出版社，2020．

[2] 李迅，王凯，于翔麟．基于知识粒度的科学效应库系统构建[J]．组合机床与自动化加工技术，2016（7）：96-98．

[3] 姚威，韩旭．C-K理论视角下的理想化创新方法CAFE-TRIZ[J]．科技管理研究，2018，38（8）：8-17．

[4] 石钎，熊艳，李彦，等．面向类比思维的创新问题求解过程[J]．机械设计与制造，2018（12）：5-9，13．

第 11 章

CHAPTER11

产品创新问题求解：撰写发明专利

相关报道显示，在“十二五”期间，我国受理各类发明专利申请 403.4 万件，居世界首位并保持数量上的领先。PCT（patent cooperation treaty）国际专利申请 11.7 万件，比“十一五”时期申请量增长了 2.2 倍；各类发明专利授权量达到 118.9 万件，比“十一五”时期增长了 1.5 倍。

2020 年 12 月 7 日，世界知识产权组织（World Intellectual Property Organization，WIPO）发布《世界知识产权指标》（WIPI）基础性报告。该报告显示，2019 年全球专利申请量超过 322 万件，其中中国国家知识产权局受理的专利申请数量达到 140 万件，排名全球第一，是排名第二的美国知识产权主管部门收到专利申请量的两倍多。㊀

把新产品推向市场，实现价值的增值，是产品创新的一个重要步骤，也是产品开发和设计的重要目标。为了保护新产品开发或产品改进的智慧结晶和企业研发成果，撰写和申请发明专利就成为重要的手段。

随着知识产权在国际经济竞争中的作用日益提高，越来越多的国家和地区都制定和实施了知识产权战略。面对国际上知识产权保护的发展趋势和中国在开放条件下面临的知识产权保护形势，必须加紧制定和实施知识产权战略，保护国家的技术安全，提升国内的自主创新能力，防止跨国公司的知识产权滥用。

进入 21 世纪以来，随着世界经济新格局的出现，以及以大数据、人工

㊀ 中国市场监管新闻网 http://www.cicn.com.cn/zggsb/2020-12/10/cms133495article.shtml。

智能、云计算和物联网为代表的新一轮技术革命的到来，全球范围内的知识产权制度也发生了显著变化。随着科学技术日新月异，产业结构调整步伐加快，国际竞争日趋激烈。知识或智力资源的占有、配置、生产和运用已成为经济发展的重要依托，发明专利的重要性也日益凸显。

【**课堂练习 11-1**】尝试通过多种信息渠道获取 PCT 专利的内涵、企业申请 PCT 专利的原因，以及申请 PCT 专利的好处。

11.1　知识产权与知识产权保护

知识产权（intellectual property，IP）与知识产权保护（intellectual property protection，IPR）是一对相互关联的概念。首先要申请知识产权，才能在出现侵权纠纷时向有关部门或法院申请 IPR。此外，在商业信用相对发达的经济体中，知识产权与知识产权保护具有更为重要的地位。

11.1.1　知识产权

知识产权是指人类智力劳动产生的智力劳动成果所有权，是依照各国法律赋予符合条件的著作者、发明者或智力成果拥有者在一定期限内享有的独占权利，一般认为其包括版权（著作权）和工业产权。

版权（著作权）是指创作文学、艺术和科学作品的作者及其他著作权人依法对其作品所享有的人身权利和财产权利的总称；工业产权则是指包括发明专利、实用新型专利、外观设计专利、商标、服务标记、厂商名称、货源名称或原产地名称等在内的权利人享有的独占性权利。自从 2008 年《国务院关于印发国家知识产权战略纲要的通知》颁布之后，我国陆续出台了《中华人民共和国商标法》《中华人民共和国专利法》《中华人民共和国著作权法》和《中华人民共和国反不正当竞争法》等法律法规文件。

根据《中华人民共和国民法典》的规定，知识产权属于民事权利，是创造性智力成果和工商业标记依法产生的权利的统称。“知识产权”一词最早于 17 世纪中叶由法国学者卡普·佐夫提出，后为比利时著名法学家皮卡第所发展。皮卡第将之定义为“一切来自知识活动的权利”。但是，一直到1967年的《建立世界知识产权组织公约》签订和世界知识产权组织成立以后，“知识产权”一词才逐渐为国际社会所普遍使用。

11.1.2　知识产权保护

随着科技的发展，为了更好地保护产权人的利益，知识产权制度应运而生并不断完善。侵犯专利权、著作权、商标权等侵犯知识产权的行为越来越多。17世纪上半叶就已经产生了近代专利制度；一百多年后出现“专利说明书”制度；又过了一百多年后，从法院处理侵权纠纷时的需要开始，才产生了“权利要求书”制度。

进入21世纪，知识产权与人类的生活更加息息相关，在商业竞争中可以看出知识产权的重要作用。2017年4月24日，我国最高人民法院首次发布《中国知识产权司法保护纲要（2016—2020）》。

从宏观层面上看，国家已经在法律制度层面为企业知识产权权益的保护提供了较强的法律依据，为企业在制定知识产权保护制度及具体实施方法方面指明了方向，但是目前还缺乏侵权案件的单独法律法规详细文件。㊀为保护企业商业机密，还需要制定更为完善的法律法规，制定企业与企业之间、企业与员工之间的商业机密文件的保护和侵权详细条例。

2018年11月9日，在首届中国国际进口博览会开幕式上，中国宣布，坚决依法惩处侵犯外商合法权益，尤其是侵犯知识产权的行为，提高我国知识产权审查质量和审查效率，引入惩罚性赔偿制度，显著提高违法成本。

2020年5月27日，全国打击侵犯知识产权和制售假冒伪劣商品工作领导小组印发《2020年全国打击侵犯知识产权和制售假冒伪劣商品工作要点》。

2020年11月30日，中共中央政治局举行第二十五次集体学习，专题研究加强我国知识产权保护工作。习近平总书记发表重要讲话，深刻阐述了知识产权保护工作的重大意义，总结了党的十八大以来我国知识产权保护工作的进展和成效，深入分析了我国目前知识产权保护存在的不足，明确了未来一个时期加强知识产权

㊀ 部分文字素材来自百度百科和其他网络材料，编者进行了相应修订。

保护工作的要求和重要部署。习近平总书记强调，“保护知识产权就是保护创新”[㊀]，这一重要论断深刻揭示了知识产权与科技创新之间相互促进、融合共生的紧密关系，为新形势下我国统筹推进知识产权保护和科技创新工作指明了方向。

【课堂练习 11-2】为什么我国愈发要重视知识产权和知识产权保护工作？我国当前在知识产权保护方面面临什么样的重大挑战？

11.2　专利

专利是工业产权的重要组成，本质是专利权的一种简称，是指一项解决某一特定问题的技术方案，即发明、实用新型和外观设计，并且已经向国务院专利行政部门提出专利申请，经依法审查合格后，向专利申请人授予的在规定的时间内对该项发明创造享有的专有权或独享权（exclusive privilege）。[㊁]在我国，专利包括发明专利、实用新型专利、外观设计专利三个种类。

1. 发明专利

发明专利的技术含量最高，发明人所花费的创造性劳动最多。新产品及其制造方法、使用方法都可申请发明专利。发明专利保护期限为 20 年。

2. 实用新型专利

只要有一些技术改进就可以申请实用新型专利，要注意的是，只有设计产品构造、形状或其结合时，才可申请实用新型专利。实用新型专利保护期限为 10 年。

3. 外观设计专利

只要涉及产品的形状、图案或其结合以及色彩与形状、图案的结合富有美感，并适于工业应用的新设计，就可以申请外观设计专利。外观设计专利保护期限为 15 年。

【课堂练习 11-3】简单分析一下发明专利、实用新型专利和外观设计专利的本质区别，以及企业申请这三种专利的具体依据和考量。

㊀ 出自习近平系列重要讲话《全面加强知识产权保护工作　激发创新活力推动构建新发展格局》。

㊁ 部分文字素材来自百度百科和国家知识产权局网站等网络资料，编者进行了相应修订。

发明专利是我国三个专利种类中最主要的一种。值得指出的是，发明不同于科学发现。发现是揭示自然界已经存在的但尚未被人们所认识的自然规律和本质，而发明则是运用自然规律或原理去解决具体问题的技术方案。因此，发现往往不能直接获得专利，只有发明才能获得专利。

一般而言，发明专利具有独占性、时间性、地域性三个特点。

（1）**独占性**。拥有发明专利可以独占市场，没有专利权人的允许，任何人不得为生产经营目的制造、使用、销售、许诺销售、进口该专利产品或依照其专利方法生产该产品。

（2）**时间性**。发明成果只在专利保护期内受到法律保护，失效专利包括期限届满或专利权放弃、不缴年费而中途丧失，任何人都可无偿使用。

（3）**地域性**。一项发明在哪个国家获得专利，就在那个国家受到法律保护，外国专利在中国不受保护，同样中国专利在外国也不受保护。因此，发明专利的地域性需要引起足够的重视。

《中华人民共和国专利法》（以下简称《专利法》）中所表述的发明分为产品发明和方法发明：产品发明包括机器、仪器、设备和用具等，方法发明包括制造方法等。对于某些技术领域的发明，如疾病的诊断和治疗方法、原子核变换方法取得的物质等都不授予专利权。计算机软件的发明，则要视其是否属于单纯的计算机软件或能够与硬件相结合的专用软件，加以区别对待，后者是可以申请专利保护的。至于涉及微生物的发明也是可以申请发明专利的，但要按期提交微生物保藏证明。

创新反思 11-1

爱迪生和居里夫人

发明大王爱迪生一生中发明了无数产品。1868 年 10 月 11 日，他发明了“投票柜台”，获得了第一项专利。之后，爱迪生不断继续发明新产品并进行专利申请。他一生拥有 1 093 项发明专利，其中最为著名的专利产品包括留声机、电灯、电力系统和声音电影等，这些产品大大丰富和改善了人类的生活。爱迪生试用了 6 000 多种材料、实验了 7 000 多次、寻找合适的电灯灯丝的故事，也被写入中小学教材，激励着一代又一代的青年立志从事创造性的工作。

居里夫人经过几年勤奋刻苦的努力后，从矿石中分离出放射性极强的镭元素。镭可以用来治疗癌症，具有很高的商业价值，有人建议居里夫人申请制备、提取镭的设备和方法的专利，被居里夫人拒绝，她希望将这一方法发明无偿奉献给人们。

提示问题

爱迪生和居里夫人关于发明的做法，你更倾向于哪一种？为什么？

爱迪生和居里夫人的故事分别是《专利法》中的产品发明和方法发明的典型代表。发明专利可以带来商业利润，因而申请专利可以有效保护知识产权，那么发明专利应该如何申请又如何审核呢？

11.3　专利的申请与审核

11.3.1　专利申请前的准备工作

一项能够取得专利权的发明创造需要具备多方面的条件。首先要具备授予专利权的条件，即新颖性、创造性和实用性。其次要符合《专利法》规定的形式要求以及履行各种相关申报和审批手续。不具备规定条件的申请，不但不可能获得专利权，还会造成申请人及专利管理部门双方时间、精力和财力的极大浪费。所以，为了减少申请专利的盲目性，在提出专利申请以前，应做好以下几个方面的准备工作。

首先，熟悉《专利法》及其实施细则，详细了解什么是专利，谁有权申请并取得专利权，怎样申请专利并能尽快获得专利权。同时，还应该了解专利权人的权利和义务，取得专利后如何维持和实施专利等内容。

其次，对准备申请专利的项目进行专利性调查。在决定是否提出专利申请以前，申请人至少要检索一下相关的专利文献。充分了解现有技术的情况，对于明显没有新颖性或创造性的技术方案，就没有必要提出专利申请。

再次，需要对准备申请专利的项目进行市场前景和经济收益的分析、调查。申请专利和维持专利权有效都要缴纳规定的费用，如果委托专利代理机构还要花费一笔代理费，对申请人特别是个人申请来说，也是一笔不小的开支。所以，专利申请人应对自己的发明创造的技术开发可能性、范围及技术市场和商品市场的条件进行认真的调研和预测，以便明确申请专利并获得专利权后，实施和转让专利可能获得的收益，明确不申请专利可能带来市场和经济损失。这些都是申请人决定是否申请专利、应申请哪一种专利、选择什么申请时机时应当考虑的重要因素。

最后，专利申请人需要了解专利文件的书写格式和撰写要求，专利申请的提交方式、费用情况和简要的审批过程。《专利法》规定，专利申请文件一旦提交以后，其修改不得超出原说明书和权利要求书记载的范围。所以，申请文件特别是说明书写得不好，会成为无法补救的缺陷，甚至导致很好的发明内容却得不到专利授权或者授权保护不力等问题。权利要求书写得不好，常常会限制专利权的保护范围。不了解费用情况或缴费的期限，以及不了解申请手续或审批程序，也往往会导致专利申请被撤回等法律后果。撰写申请文件有很多技巧，一般没有经过专门培训的发明人或申请人很难写好一份发明专利，办理各种申请手续要求很严格，需要严谨的工作态度，因此，申请人如果没有足够的把握，最好委托专利代理机构办理专利申请手续，这样成功率要比申请人亲自办理高很多。

11.3.2 专利权应具备的条件

授予专利权的发明创造应当具备的条件包括实质性条件和形式条件两个方面：实质性条件是指授予专利权的发明专利和实用新型专利应当具备新颖性、创造性和实用性；形式条件是指应当以《专利法》及其实施细则规定的格式，书面记载于专利申请文件上，并依据法定程序履行各种必要的手续。

1. 实质性条件

在实质性条件方面，具有新颖性的发明创造应符合三个方面的条件：

（1）在申请日前，没有同样的发明创造在国内外出版物上公开发表过。这里的出版物，不但包括书籍、报纸、杂志等纸质件，也包括录音带、录像带及唱片等音、影件。

（2）在国内没有公开使用过，或者没有以其他方式为公众所知。所谓公开使用过，是指以商品形式销售或用技术交流等方式进行传播、应用乃至通过电视和广播为公众所知。

（3）在该申请提交日以前，没有同样的发明或实用新型专利由他人向专利局提出过申请，并且记载在以后公布的专利申请文件中。所以，在提交申请以前，申请人应当对其发明创造的新颖性做调查，明显没有新颖性的技术方案就不必申请专利。

创造性是指申请专利的发明创造和目前的现有技术相比，发明要具有突出的实质性特点和更加显著的进步，在前人研究的基础上有更加深入的研究和思考，具有显著的先进性。

实用性是指该发明创造能够在工农业及其他行业的生产中批量制造，或能够在产业上或生活中应用，并能产生积极的效果，增加经济效益。

此外，《专利法》还规定，授予专利权的外观设计，应当与申请日以前在国内外出版物上公开发表过或者国内公开使用过的外观设计不相同或不相近似。当然，围绕外观设计专利的争议和诉讼也比较常见，主要是如何认定是否相同或相似的外观设计。

2. 形式条件

在形式条件方面，专利申请必须采用书面形式。书面形式是指申请文件为纸质件。磁带、软盘、录像带等信息载体均不认为是书面形式。不能用口头说明或者提供样品、样本或模型的方法来替代或省略书面申请文件。书面申请的原则，不仅在提出申请时采用，而且在专利申请过程中，办理各种手续时也必须采用。因此，在整个专利申请和审批过程中，只有书面文件才具备法律效力。

申请文件的纸张质量应相当于或稍高于书写纸（QB28-73）或胶版纸（QB25-62）的质量。申请文件的文字部分应当横向书写，纸张限于单面使用，纸面不得有无用的文字、记号、框、线等，文字应当自左向右打印，纸张左边和上边各留 25 毫米空白，右边和下边各留 15 毫米空白，便于中华人民共和国国家知识产权局在受理和审查时使用。各种文件一律采用 A4（210 毫米 ×297 毫米）尺寸的纸张，文件各部分的第一页必须使用统一制定的表格，有后续页码的，可采用相同尺寸和质量的白纸，并编页码号。所有表格可向国家知识产权局在全国各地的代办处面购或函购。

11.3.3　专利申请审核流程

将符合《专利法》授权客体的技术内容，按照《专利法》的要求，撰写成规定的文件格式，符合规定的语言描述规则后提交给国家知识产权局，如果国家知识产权局审查没有发现不符合相关专利法规的缺陷存在，就会对该请求授予专利权。

国家知识产权局公布的发明专利授权率为 40%～50%，也就是说，发明专利的总体授权率还不到一半，因此申报发明专利的风险是比较大的。发明专利申请的完整审核流程如图 11-1 所示，一般情况下分为受理、初步审查、公布、实质审查和授权五个阶段。

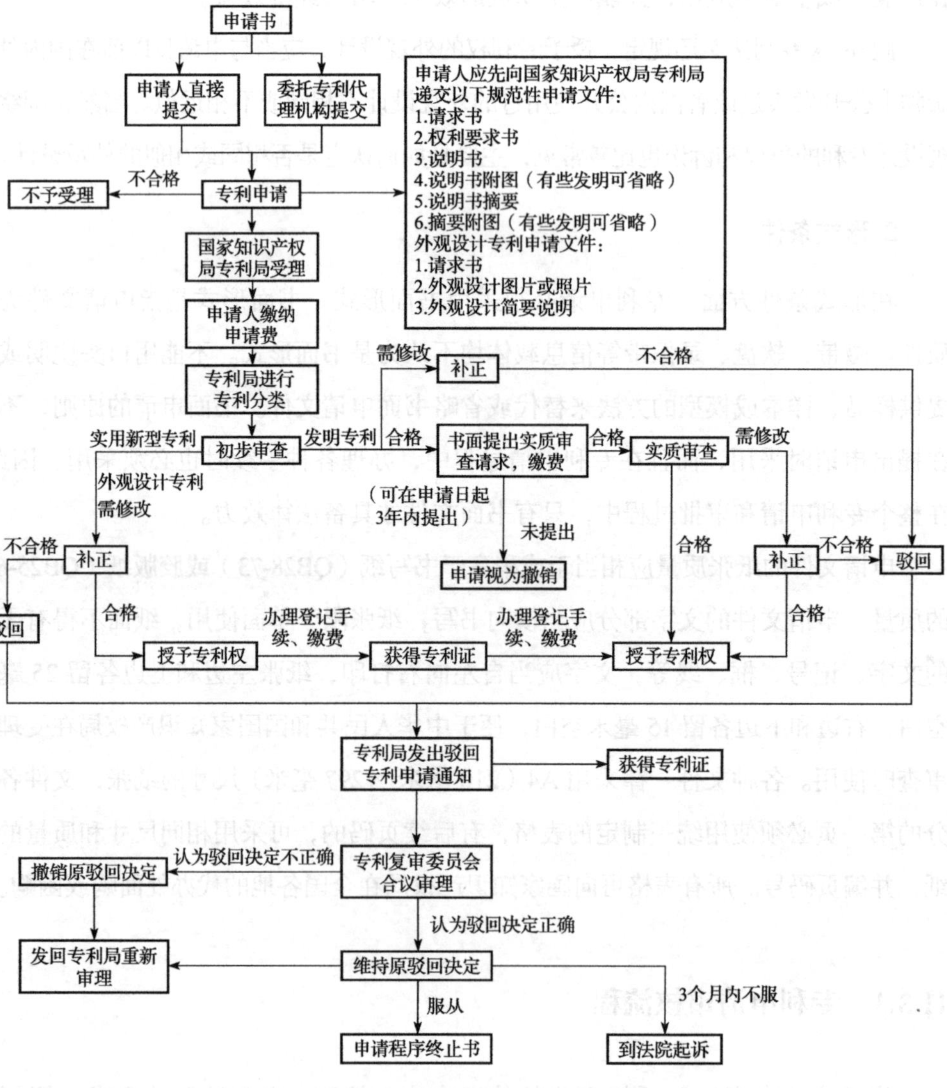

图 11-1　发明专利的完整申请审核流程

1. 受理阶段

专利局收到专利申请后进行审查，如果符合受理条件，专利局将确定申请日，给予申请号，并且核实过文件清单后，发出受理通知书，通知申请人。如果专利申请未以书面形式提出，或者未用中文书写的；申请文件未打字、印刷或字迹不清、有涂改的，附图或外观设计图片未用绘图工具和黑色墨水绘制或者模糊不清有涂改的；必要申请文件不齐备的；请求书中缺少申请人姓名或名称及地址不详的；专利申请类别不明确或无法确定的，以及外国单位和个人未经专利代理机构直接寄来的专利申请不予受理。

2. 初步审查阶段

经受理后的专利申请按照规定缴纳申请费的，自动进入初审阶段。初审前发明专利申请首先要进行保密审查，需要保密的，按保密程序处理。

初审时需要对专利申请是否存在明显缺陷进行审查，主要包括审查内容是否属于《专利法》中不授予专利权的范围，是否明显缺乏技术内容不能构成技术方案，是否缺乏单一性，申请文件是否齐备及格式是否符合要求。若是外国申请人还要进行资格审查及申请手续审查。不合格申请，专利局将通知申请人在规定的期限内补正或陈述意见，逾期不答复的，专利申请将被视为撤回。经答复仍未消除缺陷的，予以驳回。发明专利申请初审合格的，将发给初审合格通知书。对实用新型专利和外观设计专利申请，除进行上述审查外，还要审查是否明显与已有专利相同，或者不是一个新的技术方案或新的设计，经初审未发现驳回理由的，直接进入授权程序。

3. 公布阶段

发明专利申请从发出初审合格通知书起进入公布阶段，如果申请人没有提出提前公开的请求，要等到申请日起满 18 个月才进入公开准备程序。申请人请求提前公开的，则申请立即进入公开准备程序。经过格式复核、编辑校对、计算机处理、排版印刷，大约 3 个月后在专利公报上公布其说明书摘要并出版说明书单行本。申请公布以后，申请人就获得了临时保护的权利。

4. 实质审查阶段

发明专利申请公布以后，如果申请人已经提出实质审查请求并已生效的，申请人进入实审程序。申请人从申请日起满3年还未提出实审请求，或者实审请求未生效的，申请即被视为撤回。

在实审期间将对专利申请是否具有新颖性、创造性、实用性以及《专利法》规定的其他实质性条件进行全面审查。经审查认为不符合授权条件的或存在各种缺陷的，将通知申请人在规定的时间内陈述意见或进行修改，逾期不答复的，申请被视为撤回，经多次答复申请仍不符合要求的，予以驳回。实质审查中未发现驳回理由的，将按规定进入授权程序。

5. 授权阶段

经实质审查未发现驳回理由的，由审查员做出授权通知，申请进入授权登记准备，经对授权文本的法律效力和完整性进行复核，对专利申请的著录项目进行校对、修改后，专利局发出授权通知书和办理登记手续通知书，申请人接到通知书后应当在两个月之内按照通知的要求办理登记手续并缴纳规定的费用，按期办理登记手续的，专利局将授予专利权，颁发专利证书，在专利登记簿上记录，并在两个月后于专利公报上公告，未按规定办理登记手续的，视为放弃取得专利权的权利。

11.4 发明专利申报书的组成

申请发明专利的申请文件应当包括发明专利请求书、权利要求书、说明书、说明书摘要，各一式两份。申请文件的各部分应按照以下顺序排列：专利请求书、说明书摘要、摘要附图、权利要求书、说明书、说明书附图、其他文件。如果没有必要的话，某些发明专利申请可以不提交说明书附图和摘要附图。

11.4.1 专利请求书的组成

根据我国与专利相关的法律法规和实施细则，专利请求书的格式有固定的模板和必须填写的内容。不论哪种类型的专利请求书均具有以下特点。

（1）**新颖性**。申请专利权的发明和实用新型专利必须没有在国内外出版物上公开发表过或在国内公开使用过，也没有以其他方式为公众所知；申请专利权的外观设计必须与在国内外出版物上公开发表过或者国内公开使用过的外观设计不相同或不相似。这就保证了申请专利权的发明、实用新型、外观设计具有新颖性。

（2）**说明性**。专利请求书应当写明发明和实用新型的名称、发明人及申请人的姓名、地址及其他事项。

（3）**规范性**。专利请求书是一种专利申请文件，应当使用统一格式。国家专利局统一制作了各种专利请求书的表格式样，只需按规定正确填写，一式两份。

专利请求书是一种专利申请文件，它在专利申请文件中是具有总领作用的核心文件，综合了专利申请的各方面情况，在递交专利申请时，国家专利局按照专利请求书进行核实。要想获得发明创造的专利权，就必须向国家专利局提交专利请求书，办理专利申请必备手续。

11.4.2　说明书摘要的组成

专利说明书摘要主要内容有以下几项：

- 发明或实用新型专利的名称。
- 发明或实用新型专利所属技术领域。
- 发明或实用新型专利需要解决的技术问题。
- 发明或实用新型专利的主要技术特征。
- 发明或实用新型专利的用途。
- 说明发明或实用新型专利的化学式或附图。

11.4.3　权利要求书的组成

权利要求书包含六个部分。

第一部分，技术特征分析。它包括两个方面：列出全部技术特征、分析技术特征之间的逻辑关系。

第二部分，找发明点。它包括两个方面：技术对比，找出区别技术特征；在区别技术特征中确定发明点。

第三部分，确定所要解决的技术问题。这里应当根据第二部分中确定的发明点所产生的技术效果，与最接近的现有技术对比，确定发明所要解决的技术问题。

第四部分，确定必要的技术特征。必要技术特征是解决最根本技术问题必不可少的特征，实际产品必不可少的特征不一定是必要技术特征。

第五部分，撰写独立权利要求。在第四部分确定必要技术特征的基础上，完成独立权利要求的撰写。独立权利要求的撰写分为两个方面：一是确定主题名称。主题名称一般限于技术交底材料提供的产品或方法的名称，一般不需要概括。注意：主题名称不要出现区别特征，对必要技术特征在语言上进行调整。二是对第四部分确定的必要技术特征进行组合，与最接近的现有技术做比较，将它们共同的必要技术特征写入独立权利要求的前序部分，区别于最接近现有技术的必要技术特征写入特征部分。

第六部分，撰写从属权利要求。对其他附加技术特征进行分析，将那些对申请创造性会起作用的附加技术特征写成相应的从属权利要求。如果从属权利要求的数目不多，现有技术的特征也可以写入从属权利要求中。

【课堂练习 11-4】发明专利、实用新型专利和外观设计专利的权利要求书存在显著性区别吗？为什么？

11.4.4 说明书的组成

《专利法》实施细则规定了说明书 8 个部分的内容及行文的顺序，除发明名称外，一般情况下，各部分应当至少使用一个自然段，但不用加序号和列标题。

（1）发明或实用新型专利的名称。名称应当与请求书中名称一致，简洁、明确表达发明或实用新型的主题。名称应表明或反映发明是产品还是方法，例如“高光催化活性二氧化钛的制备方法”。名称还应尽量反映出发明对象的用途或应用领域。不能使用与发明创造技术无关的词来命名，字数控制在 25 个字以内。名称应写在说明书首页的顶部居中位置，下空一行写说明书正文。

（2）发明或实用新型专利所属的技术领域。所属技术领域是正文的第一自然段落，一般用一句话说明该发明或实用新型所属的技术领域，或所应用的技术领域。值得注意的是，这里所指技术领域是特定的技术领域，如“半导体制造”“碳氢化合物”，而不是“物理”“化学”等广义的技术领域。所属技术领域的书写可采用“本发明涉及一种……”的形式。

（3）现有技术和背景技术。申请人在这一部分应写明就其所知对发明或实用新型专利的理解、检索、审查有参考作用的现有技术，并且引证反映这些背景技术的文件。引证的如果是专利文件，应注明授权国家、公布或公告的日期、专利号及名称；如果是书刊类的现有技术，应写明该书籍或期刊的名称、著者、出版者、出版年月及被引用的章节或页码。这些现有技术中应包括相近和最接近的已有技术方案，即与申请专利的技术方案的用途相同、技术实质和使用效果接近的已有技术方案。这里特别应当突出最相近的技术方案，详细分析它的技术特征，客观指出存在的问题或不足，可能时说明这些问题或不足的原因。在这一部分也可写本技术的历史背景和现状。

（4）发明的目的。在这一部分里要针对现有技术的缺陷，说明该发明要解决的技术课题。语言应尽可能简洁，不能用广告式宣传语言，也不能采用言过其实的语言。所提出的目的应是所提出的技术方案实际上能达到的直接结果，而不应是发明人的主观愿望。一般采用“本发明的目的在于避免（克服）论述……中的不足（缺点）而提供一种……产品（方法）”的描述形式。

（5）发明或实用新型专利的技术方案。这一部分应清楚、简明地写出发明或实用新型专利的技术方案，使所属技术领域的普通技术人员能够理解该技术方案，并能够利用该技术方案解决所提出的技术课题，达到发明或实用新型的目的。写法可采用“本发明的目的是通过如下措施来达到……”语句开始，紧接着用与独立权利要求相一致的措辞，将发明的全部必要技术特征写出。然后，用逐个自然段，采用不肯定的语气记载与诸从属权利要求附加特征相一致的技术特征。在发明简单的情况下，后一部分可不写，而在实施例中或图片说明中进行说明，但与独立权利要求一一对应的一段是必要的。

（6）发明或实用新型专利与现有技术相比具有的优点、特点或积极效果。这一部分应清楚而有根据地说明发明与现有技术相比所具有的优点和积极效果，说明现有技术的缺陷、不足或存在的主要弊端。可以从方法或产品的性能、成本、效率、使用寿命以及方便、安全、可靠等诸方面进行比较。评价时应当客观公正，不能以贬低现有技术来抬高自己的发明。

（7）对附图的说明。如果必须用图来帮助说明发明创造技术内容时，应有附图并对每一幅图做介绍性说明，首先简要说明附图的编号和名称，例如，“图 1 是本发明的俯视图”“图 2 是本发明 *A*—*A* 的剖视图”，接着可以在此逐一说明附图中的每个标注的符号，或结合附图对发明的技术特征进一步阐述。

（8）实施例或具体的实施方式。这一部分应详细描述申请人认为实施发明的最好方式，并将其作为一个典型实例，列出与发明要点相关的参数与条件。必要时，可以列举多个典型、实例，有附图的应对照附图加以说明，关键要支持权利要求，而且要详细、具体。如果是涉及微生物方面的申请，文件中还应当写明该微生物的特征和分类命名，并注明拉丁文名称。

前述说明书的几个部分一般都要采用单独段落进行阐述。但对内容特别简单的发明创造，（5）（7）（8）可以合为一段进行阐述。

11.5 发明专利申报书撰写的要求

11.5.1 撰写专利请求书的要求

（1）专利请求书中的专利申请表应使用中文填写，表中文字应当打字或印刷，字迹为黑色。外国人名、地名无统一译文时，应同时注明原文。

（2）专利申请表中方格供填表人选择使用，若有方格后所述内容的，应在方格内标上“√”号。

（3）专利申请表中所有地址栏，国内地址应写明省（自治区或直辖市）、市、区、街道、门牌号码以及邮政编码。外国人地址应写明国别、州（市、县）。

11.5.2 撰写说明书摘要的要求

摘要是发明（或实用新型）说明书内容的简要概括。编写和公布摘要的主要目的是方便公众对专利文献进行检索，方便专业人员及时了解本行业的技术概况。摘要本身不具有法律效力。

（1）摘要应当写明发明的名称、所属技术领域、要解决的技术问题、主要技术特征和用途。不得有商业性宣传用语和对发明创造优点的过多的描述。

（2）摘要中可以包含最能说明发明创造技术特征的数字式或化学式。发明创造有附图的，应当指定并提交一幅最能说明发明创造技术特征的图，作为摘要附图。摘要附图应当画在专门的摘要附图表格上。

（3）除非经审查员同意，摘要的文字部分一般不得超过 300 个字，摘要附图的大小和清晰度应当保证在该图缩小到 4 厘米 ×6 厘米时，仍能清楚地分辨出图中的细节。

11.5.3　撰写权利要求书的要求

（1）一项权利要求要用一句话表达，中间可以有逗号、顿号、分号，但不能有句号，以强调其意思的不可分割的单一性和独立性。

（2）权利要求起始端不用书写发明名称，可以直接书写第 1 项独立权利要求，它的从属权利要求从序号 2 往下顺序排列。

（3）独立权利要求一般应当分两部分撰写：前序部分、特征部分。

前序部分：写明要求保护的发明主题名称和该项发明与最接近的现有技术共有的必要技术特征。

特征部分：写明发明（或实用新型）专利区别于现有技术的技术特征，这是权利要求的核心内容，这部分应紧接前序部分，用“其特征是……”或者“其特征在于……”等类似用语与上文连接。独立权利要求的前序部分和特征部分应当包含发明的全部必要的技术特征，共同构成一个完整的技术解决方案，同时限定发明（或实用新型）的保护范围。

（4）从属权利要求也应分两部分撰写：引用部分、限定部分。

引用部分：写明被引用的权利要求的编号及发明（或实用新型）专利的主题名称，例如“权利要求 1 所述的间隙式胶合剂喷涂装置……”。

限定部分：写明发明（或实用新型）附加的技术特征。它们是对独立权利要求的补充，以及对引用部分的技术特征的进一步限定。也应当以“其特征是……”或者“其特征在于……”等类似用语连接上文。

从属权利要求的引用部分，只能引用排列在前的权利要求。同时引用两项以上权利要求时，只允许使用“或”连接，例如“根据权利要求 1 或 2 所述的高光催化活性二氧化钛的制备方法，其特征是：所述的无机酸为硝酸，pH 值为 0.8 ～ 1.2”。这样的权利要求称为多项从属权利要求。一项多项从属权利要求不能作为另一项从属权利要求的引用对象。

（5）权利要求书应当以说明书为依据，其中的权利要求应当受说明书的支持，其提出的保护范围应当与说明书中公开的内容相适应。

创新反思 11-2

权利要求书范文：一种高光催化活性二氧化钛的制备方法

（1）一种高光催化活性二氧化钛的制备方法，其特征是：取钛的醇盐，加入无机酸作为水解催化剂在低温下搅拌，升温后保持回流，分层，取下层乳白液加入阳离子表面活性剂，调节 pH 值至 9 ～ 10，陈化，冷却至室温；抽滤，进行氨水回流稳定化处理，然后用水洗涤至中性，烘干；将所得粉体在 400 ～ 800℃温度范围内焙烧。

（2）根据权利要求 1 所述的高光催化活性二氧化钛的制备方法，其特征是：所述的钛的醇盐为钛酸四丁酯、钛酸异丙酯、钛酸乙酯中的一种，取摩尔浓度为 0.3 ～ 2mol/L，溶剂为乙醇、异丙醇、丁醇的一种或两种的混合，加入酸性的水溶液中水解，得到溶胶。

（3）根据权利要求 1 或 2 所述的高光催化活性二氧化钛的制备方法，其特征是：所述的无机酸为硝酸，pH 值为 0.8 ～ 1.2。

（4）根据权利要求 1 所述的高光催化活性二氧化钛的制备方法，其特征是：钛的醇盐的水解速度通过温度来控制，水解是在冰水浴中进行的，以控制水解速度，获得较小的晶粒，然后通过升高温度在 70 ～ 90℃回流 2 ～ 4 小时。

（5）根据权利要求 1 所述的高光催化活性二氧化钛的制备方法，其特征是：所述的水解后得到的半透明溶胶与表面活性剂在氨水逐滴加入下形成复合杂化体，其陈化条件是，温度为 15 ～ 30℃下封闭 8 ～ 24 小时。

（6）根据权利要求 1 所述的高光催化活性二氧化钛的制备方法，其特征是：所用的表面活性剂为季铵盐类阳离子表面活性剂。

（7）根据权利要求 5 所述的制备方法，其特征是：所述的陈化后的杂化体进行水热反应的温度为 80 ～ 200℃，时间为 8 ～ 72 小时。

（8）根据权利要求 1 所述的高光催化活性二氧化钛的制备方法，其特征是：稳定化处理的条件是温度为 80 ～ 100℃，用氨水调节 pH 值为 8 ～ 10，时间为 24 ～ 72 小时。

（9）根据权利要求 1 所述的高光催化活性二氧化钛的制备方法，其特征是：干燥后的粉体以 1 ～ 5℃ /min 的升温速率加热至 400 ～ 800℃，空气条件下焙烧 4 小时。

（10）一种用以上方法制得的纳米二氧化钛光催化剂，其特征是：由锐钛矿和板钛矿的混合晶相组成，具有大比表面积、超细粒径、高结晶度和高稳定性及双模式孔径分布。

资料来源：素材来自国家知识产权局网站（http://www.cnipa.gov.cn/）和公开数据。

提示问题

权利要求书是否越详细越好？为什么？

11.5.4　撰写说明书的要求

说明书是专利申请文件中很重要的一种文件，它起着公开发明的技术内容、支持权利要求的保护范围的作用。

（1）应清楚、工整地写明发明的内容，使所属技术领域的普通专业人员能够根据此内容实施发明创造。说明书中不能隐瞒任何实质性的技术要求。

（2）说明书中的各部分内容，一般以单独段落进行阐述为好。

（3）说明书中要保持用词的一致性。要使用该技术领域通用的名词和术语，不要使用行话，但是其以特定意义作为定义使用时，不在此限。

（4）使用国家计量部门规定的国际通用计量单位。

（5）说明书中可以有化学式、数学式。说明书附图应附在说明书之后。

（6）在说明书的题目和正文中，不能使用商业性宣传用语，如“最新式的……”“世界名牌……”。不能使用不确切的语言，如“相当轻的……”“……左右”等。也不允许使用以地点、人名等命名的名词，如“孝感麻糖”“陆氏工具”。商标、产品广告、服务标识等也不允许在说明书中出现。说明书中不允许有对他人或他人的发明创造加以诽谤或有意贬低的内容。

（7）涉及外文技术文献或无统一译名的技术名词时，要在译文后注明原文。

创新反思 11-3

专利说明书范文：表面微坑加工方法

本发明涉及表面加工方法及装置，尤其涉及表面微坑加工方法及装置。

在许多具有相对运动的摩擦副中，摩擦内孔表面必须生成储油结构，以储存润滑油，减少摩擦与磨损，保证运动副的寿命。通常采用平顶珩磨加工作为内孔表面最终加工工序，以形成交叉网纹沟槽式平顶储油结构；或者采用松孔镀铬方法对缸套内孔表面镀铬即镀硬铬后，进行逆电解，其表面形成网状沟槽式储油结构，再研磨加工的工艺过程。

平顶珩磨和松孔镀铬方法都可以在一定程度上提高摩擦副的耐磨性。但是，由于网状沟槽互相连通，储存在沟槽里的润滑油将被沿着沟槽挤出去，摩擦副寿命的提高并不显著。

本发明的目的是提供一种结构简单、易于制造、效率高的表面微坑加工方法及装置。为了达到上述目的，本发明采取下列措施：表面微坑加工方法是使用一个或多个球形工具头，使其沿着加工平面或曲面相对移动，同时在工具头上施加低频振动，依靠振动冲击在待加工表面形成微坑。表面微坑加工装置具有机架，在机架上设有电机、刀杆，电机经皮带轮及皮带接传动轮，传动轮偏心轴与滑块相接，刀杆一端设有滑道并与滑块相接，刀杆另一端设有刀具，刀杆与机架由转动轴相接。

本发明的优点如下：

（1）微坑均匀分布在内孔表面上，且所有微坑互相独立、互不贯通，储存在微坑内的润滑油在摩擦副运动过程中不会被挤出去。

（2）微坑加工方法效率高。对内径93毫米、长度181毫米的工件来说，可在2～3分钟内完成数以万计的微坑加工。

（3）可以取代平顶珩磨和松孔镀铬方法。采用松孔镀铬方法约需4小时（镀层厚0.05～0.06毫米），采用镀硬铬加上微坑加工方法只需2.5小时。

（4）大大节约电力能源。

（5）显著延长了摩擦副的运动寿命。

（6）微坑加工装置结构简单，易于制造、装配和调整，生产成本低。

（7）机床改装简单。圆柱形工件表面的微坑加工通常可在普通车床上改装实现。

提示问题

专利说明书如果披露了全部技术细节，如何防止被抄袭呢？

11.5.5　说明书附图的一般要求

附图是用来补充说明说明书中的文字部分的，是说明书的组成部分。发明专利说明书根据内容需要，可以有附图，也可以没有附图。实用新型专利说明书必须有附图。附图和说明书中对附图的说明要图文相符。文中提到附图，而实际上却没有提交或少交附图的，将可能影响申请日。附图的形式可以是基本视图、斜视图，也可以是示意图或流程图，只要能完整、准确地表达说明书的内容即可。附图不必画成详细的工程加工图或装配图。复杂的图表一般也作为附图处理。

（1）图形线条要均匀清楚、适合复印要求。图形应当大体按各部分尺寸的比例绘制。

（2）几幅图可以画在一张图纸上，也可以一幅图连续画在几张图纸上。不论附图种类如何，都要连续编号，标明“图 1”“图 2”等。

（3）为了标明图中的不同组成部分，可以用阿拉伯数字做出标记。附图中做出的标记应当和说明书中提到的标记一一对应。申请文件各部分中表示同一组成部分的标记应当一致。

（4）除非经审查员同意，附图中只允许有诸如“水”“汽”“开”“关”“*A*—*A* 剖面”等少量简单文字，不应有其他注释。对附图图片的说明或解释应当放在说明书相应的段落中。

11.6　国内外专利申报的区别

11.6.1　知识产权受理机构的区别

我国的专利商标都是通过不同机构划分出来的，通过分工合作形式对各自的业务工作进行管理。我国国家知识产权局下设专利局、商标局对应受理专利、商标管理业务，此外还有版权局负责著作权管理工作。而国外的专利机构设置与我国不尽相同，例如美国直接统一专利和商标的管理机构，即专利商标局，统管专利与商标的申请工作。

11.6.2　专利类型的差异

国内外的专利申请类型不同，以美国为例，美国的专利申请分为三类，包括发明专利、植物发明专利和外观设计专利。国内外专利申请一般需要考虑到各国政策规定的专利申请差别，因而大多存在不同。

11.6.3　知识产权申报时间的区别

在国内，企业的发明专利申请，通常是在产品进行研发、生产之后，甚至到新产品已经研发、生产完成后即将上市，才意识到需要申请专利去保护产品所有权，然而发明专利的审查周期通常为2年，较难满足它们在短时间内完成申报的要求。

在国外，专利制度是与工业革命相辅相成的，国外企业的产品研发周期已经与专利的审查周期相适应。在研发人员萌生产品研发想法初期，就已经开始专利申请书的撰写和申请了，经过一个研发周期到产品上市的时候，专利权的审核也基本结束。

11.7　借助TRIZ提高专利申请的质量

在上文中，我们已经较为详细地介绍了关于专利申请的基本要求，其中影响专利通过审核，获得专利授权的核心要求或条件就是所谓的实质性条件和形式条件。其中，形式条件的满足具有一定的机械性，只需要根据知识产权受理机构要求的文件格式准备相应的文件，严格遵守相关的法律法规，按申请和受理流程做即可。但是，能否满足专利的实质性条件，以及关于新颖性、创造性和实用性的要求，是专利是否能够通过审核的关键因素。因此，借助前面几章介绍的产品创新设计方法，尤其是以 TRIZ 为核心的功能分析与建模、功能裁剪、技术系统进化法则、矛盾分析和发明原理，以及物 – 场模型和标准解等工具，可以很好地提高专利申请书撰写的针对性，尤其是对满足专利的实质性条件具有积极的作用。

11.7.1　功能建模与导向搜索提升技术情报采集能力

上文曾经提到，在专利申请的准备阶段，需要对已有的技术和专利进行较为详尽的检索和技术情报采集。此时，针对拟申请专利的功能进行建模，以及功能导向搜索就是极为重要的技术情报采集方法。

功能建模是需要对产品或技术系统的主要功能进行识别和分类，尤其是与关键价值参数相关的功能，需要准确识别功能对象、功能载体和功能参数，并绘制交互矩阵表和功能结构图，可以帮助工程师把握产品或工程系统改进的地方。

功能导向搜索（function oriented search，FOS）是一种基于对目前世界上已有成熟技术进行功能分析的基础上用于解决问题的工具。我们常用的搜索引擎，如百度、搜狗等，大多都是基于关键词搜索。功能导向搜索有所不同，它是将功能进行通用化处理，行为和对象双管齐下。比如我们可以将水、油等物体通用化为“液体”，将焊接等通用化为“连接”，将橙汁浓缩通用化为“将浆状物中的液体分离”。

功能导向搜索可以通过寻找和借鉴现有的解决方案，而不是创造全新的方案来显著提高发明创造和专利申请的效率。如果在其他行业找到一个成功的解决方案，它就可以通过问题转化为一个既有的概念创意，这比发明一个新的解决方案更为简洁、高效。此外，功能导向搜索可以帮助我们在已有的解决方案中寻找所需要的方案，不管这种方案是在其他企业，还是在其他行业。由于功能导向搜索使用的是现有的解决方案，与新发明相比，实现起来更容易，所要消耗的资源（人力、时间、研发经费等）也更少。而且，由于采用这种方法得出来的解决方案大多经过证实，项目失败的风险也相对较低。

创新反思 11-4

矿渣分离功能的标准化

炼钢过程中需要的脱氧剂，脱氧剂生产过程中会产生一定量的氧化物混合渣，每生产 1 吨脱氧剂就会产生 0.3 吨废渣，其中主要成分是氧化铝、氧化铁、二氧化硅以及其他微量元素（氧化锰、氧化钙）。铝系脱氧剂废渣是冶炼铝系脱氧剂产生的浮渣，废渣氧化铝、氧化铁的来源主要是：铝的熔点低，冶炼过程中极易与氧结合被氧化为氧化铝；废钢熔化后，表面的锈蚀（氧化铁、四氧化三铁）上浮到废渣中。由于废渣中存在铁的氧化物和铝的氧化物，所以在生产耐火材料时影响质量，可是这些金属氧化物对工厂而言能够分拣的话，又可以缩减成本。因此，如何实现高效率的矿渣分离就成为一个关键的技术问题。

首先，基于 FOS 的基本理念，将矿渣分离的问题采用功能建模的理念予以标准化，如图 11-2 所示。

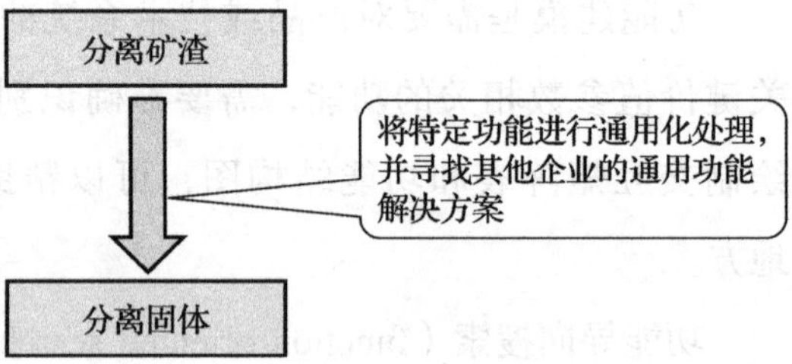

图 11-2 矿渣分离功能的标准化

其次，根据“分离固体”或“移动固体”等功能关键短语进行相关的知识检索，尤其是专利文本检索，检索结果如下：

（1）利用密度差异。采取淘洗法、浮选法等，密度大的沉在下面。

（2）利用磁性差异。采取磁选法，受磁场吸引程度差异分离。

（3）利用颗粒大小差异。采取风选分离法、水选分离法，颗粒小的吹或冲得更远。

（4）利用离心分离法。借助离心力，使比重不同的物质进行分离。

（5）利用化学方法。

最后，根据反复对比和相关的技术储备，采取化学方法最为高效，并且节省成本，还可以回收一部分金属资源。因此，最终选择将废渣放入酸溶液，变成含铁、铝离子的盐，利用氧化还原反应提取铁和铝。

提示问题

FOS 对于功能建模有什么特殊的要求？

11.7.2　技术系统进化法则提升专利的新颖性

在第 7 章中，我们介绍了有关技术系统进化法则对于产品创新设计问题的识别。通过导入技术系统进化法则的知识和理念，可以极大改进产品创新和发明专利申请的方向。

首先，技术系统进化法则本身就是来源于对海量专利的分析，是对已有高质量发明专利的知识总结。

其次，技术系统进化法则具有鲜明的技术预见能力，可以为产品迭代和改进提供具有重要参考价值的技术情报。

最后，技术系统进化法则还可以用于对已有产品或技术系统的创造性和实用性进行分析。通过对比竞争对手，或者相似产品的功能和性能演变趋势，可以进一步加强对自身产品新颖性的认知和规划，从而提高专利申请的质量。

11.7.3　矛盾分析、发明原理、物 - 场模型等方法提高专利的创造性和实用性

专利审核的实质性条件除了新颖性之外，还需要考察创造性和实用性。严格来说，新颖性和创造性之间存在某种交集，但是实用性却需要突出具体的用途和主要功能。

在我国《专利法》中，发明分为产品发明和方法发明，产品发明包括机器、仪器、设备和用具等，方法发明包括制造方法等。此外，能够与硬件相结合的专用软件，也可以申请专利保护的。

矛盾分析和发明原理方法，以及物 - 场模型和标准解、科学效应库等求解方面问题的方法对于发明专利的申请和说明书的撰写具有重要的作用，尤其是在阐述创造性和实用性方面，更加具备实践价值。

本章小结

本章完整介绍了有关专利申请及审核、专利申请书的组成部分、专利申请书的撰写要求等相关概念、理论和案例。

通过本章的学习，读者应具备专利申请的意识，同时了解如何为专利申请做相应准备，写出符合要求的专利申请材料，避免出现材料准备上的问题。

复习思考题

1. 什么是专利？
2. 我国的专利包括哪几个方面？
3. 专利的申请审核流程是什么？
4. 如何在专利申请前为申请专利做相应准备？
5. 专利申请材料包括哪几个部分？
6. 专利申请材料的各部分由什么组成？
7. 专利申请材料的各部分有什么撰写规则？
8. 国内外专利申请有什么不同？
9. 技术系统进化法则如何与专利申报相结合？
10. 什么是功能导向搜索？
11. 发明原理方法对于专利申报的作用有哪些？
12. 物－场模型和标准解方法对发明专利申报的作用有哪些？
13. 国内外专利申请为什么在申请时间上存在不同？我国应该在这方面采取什么改进措施？
14. 由于专利的地域性限制，中国专利在外国不受保护，然而中国产品的专利在国内申请量远高于在海外的申请量，试分析原因，并提出改进措施。
15. 如何借助功能导向搜索方法来提高专利申请的成功率？

实践案例

如何撰写一份规范的发明专利申报书

以下是一份发明专利申报书的范文，请仔细阅读该专利文本，并思考相关问题，尤其是需要思考专利申报书如何体现专利的实质性和实用性审查要求。

发明专利申报书范本（部分）：一种双极性无线充电线圈[⊖]

1. 说明书摘要

本发明公开了一种双极性无线充电线圈，适用于无线电能传输技术领域。该无线充电线圈包括对称的发射端和接收端两部分。发射端，包括发射线圈层、发射端支撑层、发射端磁介质层和发射端磁屏蔽层；接收端，包括接收线圈层、接收端支撑层、接收端磁介质层和接收端磁屏蔽层。本线圈用于无线充电时，发射端和接收端的磁场耦合程度较高，发射线圈和接收线圈品质因数较低，提高了电能传输的效率，适用于大功率无线充电，同时该线圈结构可以减少对周围环境产生的磁场辐射。

2. 摘要附图

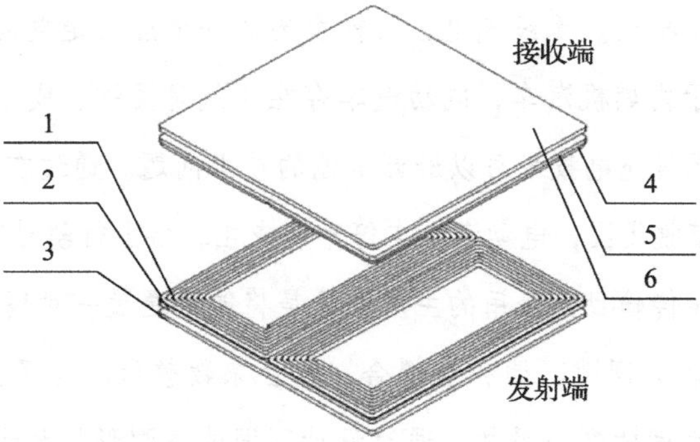

3. 权利要求书

（1）一种双极性无线充电线圈，可以用于无线充电领域，其特征在于它包括：发射端，由发射线圈层、发射端支撑层、发射端磁介质层和发射端磁屏蔽层组成，发射线圈层、发射端支撑层、发射端磁介质层和发射端磁屏蔽层从上到下依次固结；接收端，由接收线圈层、接收端支撑层、接收端磁介质层和接收端磁屏蔽层组成，接收线圈层、接收端支撑层、接收端磁介质层和接收端磁屏蔽层从上到下依次固结。

（2）根据权利要求 1 所述的一种双极性无线充电线圈，其特征在于：所述发射端和所述接收端结构关于与所述发射线圈层和所述接受线圈层距离相等的面对称。

（3）根据权利要求 1 所述的一种双极性无线充电线圈，其特征在于：所述发射端线圈和所述接收端线圈由左右两部分组成双矩形结构。

⊖ 本案例素材来自互联网和国家知识产权局网站及数据库，编者进行了部分修订。

（4）根据权利要求 1 所述的一种双极性无线充电线圈，其特征在于：所述发射端磁介质层和所述接收端磁介质层由功率铁氧体组成，所述功率铁氧体呈长方体。所述功率铁氧体长度方向与所述双矩形结构的短边方向平行。

（5）根据权利要求 4 所述的一种双极性无线充电线圈，其特征在于：所述功率铁氧体沿着双矩形结构的长边方向等间距排列。

4. 说明书

技术领域

[0001] 本发明涉及无线电能传输技术领域，特别是涉及一种双极性无线充电线圈。

背景技术

[0002] 近年来，随着电力电子技术的不断发展，无线充电系统的效率和功率不断提高，应用范围不断扩大。无线充电，目前主要的一个应用是电动汽车领域。由于电池技术瓶颈，相较于内燃机汽车，电动汽车存在续航时间短、成本高昂等短期内无法解决的问题。利用无线充电技术可以避开电池的技术问题。通过在地下铺设发射线圈、电动汽车底盘固定接收线圈，电动汽车在停车场或在道路上行驶时便可以实现充电。

[0003] 无线电能传输目前采用的主流方法是将能量通过一对耦合的线圈进行传输。由于线圈之间存在较大间隙，为松散耦合，耦合系数较低。为了提高能量传输效率，需要提高两侧线圈之间的耦合系数。通过设计不同的线圈形状和大小可以改变线圈之间的耦合系数。目前，常见的线圈结构有圆形线圈、矩形线圈、螺线管形线圈等。普通结构的线圈漏感较大、耦合系数较低，因而传输效率较低。此外，由于电动汽车在充电的过程中，汽车底盘上的接收线圈与铺在地下的发射线圈不容易对齐，容易发生偏移。这种情况下普通结构的线圈传输效率会进一步降低。

发明内容

[0004] 本发明主要解决的技术问题是提供一种双极性无线充电线圈，能够减少线圈漏感，提高线圈之间的耦合系数。它应用于电动汽车无线充电时，能够更好地适应两侧线圈发生偏移的情况，从而可以提高传输效率。

[0005] 为了实现上述目的，本发明采用的一个技术方案是提供一种双极性无线充电线圈。其特征在于，包括：

[0006] 发射端，由发射线圈层、发射端支撑层、发射端磁介质层和发射端磁屏蔽

层组成，发射线圈层、发射端支撑层、发射端磁介质层和发射端磁屏蔽层依次固结。

[0007] 接收端，由接收线圈层、接收端支撑层、接收端磁介质层和接收端磁屏蔽层组成，接收线圈层、接收端支撑层、接收端磁介质层和接收端磁屏蔽层依次固结。

[0008] 所述的一种双极性无线充电线圈，优选的，所述发射端和所述接收端结构关于与所述发射线圈层和所述接受线圈层距离相等的面对称。

[0009] 所述的一种双极性无线充电线圈，优选的，所述发射端线圈和所述接收端线圈由左右两部分线圈按照 8 字形缠绕组成双矩形结构。

[0010] 所述的一种双极性无线充电线圈，优选的，所述发射端磁介质层和所述接收端磁介质层由功率铁氧体组成，所述功率铁氧体呈长方体。所述功率铁氧体长度方向与所述双矩形结构的短边方向平行。

[0011] 所述的一种双极性无线充电线圈，优选的，所述功率铁氧体沿着双矩形结构的长边方向等间距排列。

[0012] 本发明的有益效果是：首先，相较于普通线圈结构，本发明采用了双矩形结构。由于双矩形结构的线圈磁场耦合程度较大，因而耦合系数较大，有效提高了线圈的传输效率。等距排列的条形功率铁氧体可以引导线圈下方的磁场沿着功率铁氧体流动，因而减少了漏感，增强了励磁电感，进一步提高了线圈的传输效率。其次，在线圈的外侧有屏蔽层，有效减少了磁场的辐射。此外，本发明能够更好地适应汽车在充电过程中发生偏移的情况。

附图说明

[0013] 图 1 是本发明用于一种双极性无线充电线圈的电能传输示意图。

[0014] 图 2 是本发明用于一种双极性无线充电线圈——较佳实施实例的立体结构示意图。

[0015] 图 3 是本发明用于一种双极性无线充电线圈的磁介质层中的功率铁氧体排列示意图。

[0016] 图 4 是本发明用于一种双极性无线充电线圈的发射线圈中电流流向示意图。

[0017] 附图中各部件的标记如下：101—电源、102—发射端电路、103—线圈发射端、104—线圈接收端、105—接收端电路、106—负载、1—发射线圈层、2—发射端支撑层、3—发射端磁屏蔽层、4—接收线圈层、5—接收端支撑层、6—接收端磁屏蔽层、7—发射端磁介质层或接收端磁介质层具体实施方式。

[0018] 下面结合附图对本发明的较佳实施实例进行详细阐述，以使本发明的优点和特征能更易于被本领域技术人员理解，从而对本发明的保护范围做出更为清楚明确的界定。

[0019] 在本发明的描述中需要理解的是，术语“上”“下”“左”“右”指示的方位或位置关系为基于附图所示的方位和位置关系，仅仅是为了方便描述本发明的结构和操作方式，而不是指示或暗示所指的部分必须具有特定的方位、以特定的方位操作，因而不能理解为对本发明的限制。

[0020] 图1所示的是一种双极性无线充电线圈——较佳实施实例立体结构图。包括：发射端，从下到上依次为发射端磁屏蔽层3、发射端磁介质层7、发射端支撑层2、发射线圈层1。接收端，从下到上依次为接收线圈层4、接收端支撑层5、接收端磁介质层6、接收端磁屏蔽层7。发射线圈层1由左右两部分按8字形缠绕形成双矩形结构固定在发射端支撑层2上面，发射线圈中电流流向示意图如图4所示。发射端支撑层2采用亚克力板材料，大小与发射线圈层1大小相同。发射端支撑层2与发射端磁屏蔽层3之间是发射端磁介质层7。发射端磁介质层7如图3所示，由等距排列的长方体形状的功率铁氧体固结在发射端支撑层2下面组成。功率铁氧体长度方向与发射线圈层1双矩形短边方向平行，等距排列的条形功率铁氧体可以引导线圈下方的磁场沿着功率铁氧体流动，因而减少了漏感，增强了励磁电感。发射端磁介质层7下面是发射端磁屏蔽层3，由铝板组成，起到磁场屏蔽的作用。接收端结构与发射端结构关于距离发射线圈层1和接收线圈层4相等的面对称，因此接收端结构不再赘述。

[0021] 图2所示的是一种基于双极性无线充电线圈的电能传输系统示意图，包括：电源101、发射端电路102、线圈发射端103、线圈接收端104、接收端电路105、负载106。其中，电源101供给发射端电路102稳定的电能，发射端电路102将电流转变为高频交流电传输给线圈发射端103，通过磁场耦合线圈接收端104线圈层中感应出高频交流电，从而电能由发射端传输到了接收端，然后电能经过接收端电路105供给负载。

[0022] 以上所述仅为本发明的实施实例，并非因此限制本发明的专利范围，凡是利用本发明说明书及附图内容所做的等效结构或等效流程变换，或直接或间接运用在其他相关的技术领域，均同理包括在本发明的专利保护范围内。

说明书附图

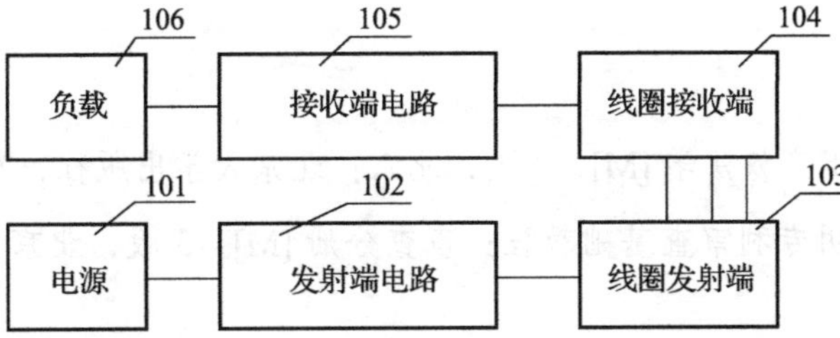

图 1

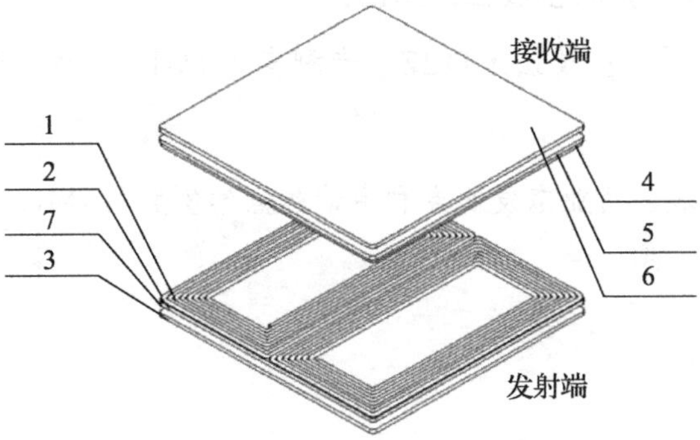

图 2

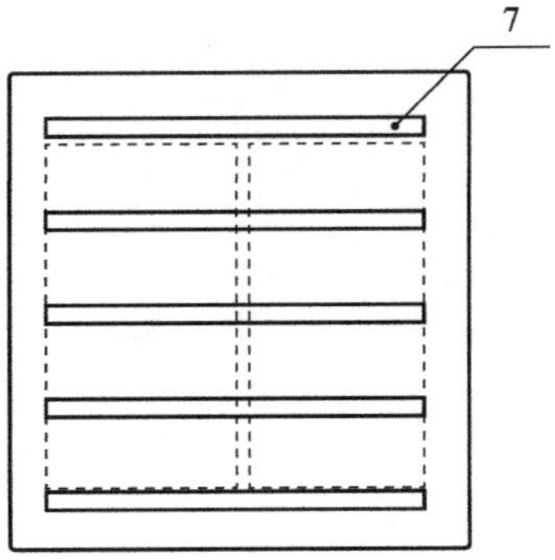

图 3

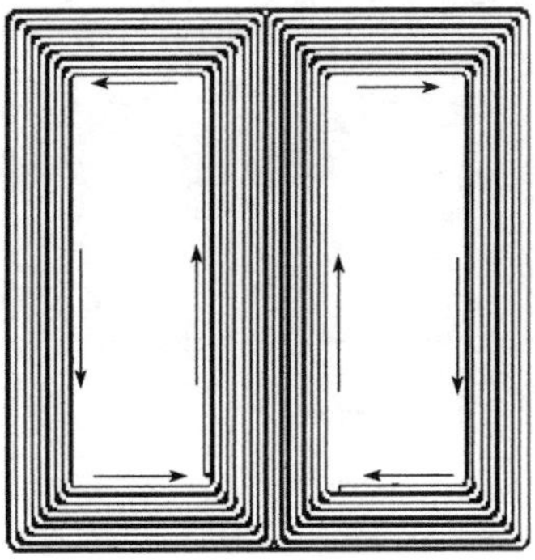

图 4

提示问题

1. 结合本章介绍的知识点，学习这种双极性无线充电线圈的发明专利申请的书写方式。

2. 简述专利文本的主要内容和格式要求。

3. 简述该专利如何满足实质性要求（新颖性、创造性和实用性）。

参考文献

[1] 吴汉东．知识产权法学 [M]．7版．北京：北京大学出版社，2019．

[2] 田力普．发明专利审查基础教程：审查分册 [M]．3版．北京：知识产权出版社，2012．

[3] 国家知识产权局专利局专利审查协作北京中心．发明专利初审典型案例释疑 [M]．北京：知识产权出版社，2016．

[4] 陶友青．创新思维：技法 · TRIZ · 专利实务 [M]．武汉：华中科技大学出版社，2018．

[5] 肖光庭．新领域、新业态发明专利申请热点案例解析 [M]．北京：知识产权出版社，2020．

第 5 篇

PART 5

产品或技术创新的批判性思考

第 12 章

CHAPTER12

产品或技术创新：批判性思考与负责任的创新

无论是产品还是技术创新均是首先考虑经济价值的增值，具有一定的片面性。进入 21 世纪以来，以欧盟的“地平线”计划为代表的区域性创新政策已经在反思第一次和第二次工业革命爆发以来，尽管极大地推动了社会进步和经济发展，但同时也带来了诸如环境、生态和气候等方面的负外部性，这是片面追求经济利益最大化的必然后果。

2018 年 11 月，“基因编辑婴儿”事件引发全球学术界的高度关注，关于科技创新与科研伦理之间的边界和平衡再次引发世界范围的讨论和争鸣。尽管“基因编辑婴儿”事件的责任人员随后也受到了相关法律制裁，但有关科技创新伦理的讨论依然在很长时间内受到广大民众的关注。

2019 年 1 月，广东省正式印发《关于进一步促进科技创新的若干政策措施》，提出加强科研诚信和科研伦理建设，强调科研伦理底线不容突破。这表明，在庆祝科技进步的同时，还需要更紧迫的伦理关怀，那些“有边界”和“有底线”的创新才是负责任的创新，目前已经成为广泛共识。

科技伦理不只是涉及科学研究中的伦理问题，也不只是科研人员要遵守科技伦理，还包括科技成果应用中的技术伦理。对基础科学的研究还可以大胆假设，但对新技术的伦理评估以及成果应用和产业化，则需要更为小心和谨慎。爱因斯坦曾经说过：“科学是一种强有力的工具，怎样用它，究竟是给人带来幸福还是带来灾难，全取决于人自己，而不取决于工具。”

【课堂练习 12-1】科技伦理对于技术创新具有约束作用吗？是否会对技术创新造成某种阻碍？为什么？

12.1　创新和可持续发展

在第 1 章中，我们介绍了创新的定义。一般而言，传统熊彼特经济学视角的创新更多强调经济价值的增值。如果一味追求经济价值，而忽略了价值的其他维度，例如社会价值、环境生态价值和文化价值等，整个人类社会发展就会面临严峻的生态、环境和人文恶化的风险，从而导致社会发展的不平衡和经济发展的不可持续。

可持续发展（sustainable development）是 20 世纪 80 年代提出的一个概念。1987 年，世界环境与发展委员会在《我们共同的未来》报告中正式使用了可持续发展的概念，得到了国际社会的广泛认同。

一般而言，可持续发展指既满足当代人的需要又不削弱后代人满足需要之能力的发展模式和相应的能力建设，包括经济社会发展模式的变革和以绿色技术创新为代表的国家或区域能力建设两个基本范畴。与西方发达国家相比，我国人均资源相对不足，生态环境基础相对薄弱，选择并实施可持续发展战略是中华民族对于全球未来的积极贡献。

可持续发展观作为人类全面发展和持续发展的高度概括和重要发展倡议，不仅要考虑自然层面的问题，而且要在更大程度上考虑人文层面的问题。因此，目前有关可持续发展的研究文献都把探究视野拓展到了自然和人文两个维度，不仅要研究可持续的自然资源、自然环境与自然生态问题，还要高度关注可持续的人文资源、人文环境与人文生态问题。从单纯地关注“自然—社会—经济系统”局部的自然属性，到更加关注社会经济属性，以把握人与自然的复杂关系，寻找全球持续发展的途径。因此，可持续发展研究已经演变为一个跨学科、重交叉的重要研究领域。进入 21 世纪以后，有关可持续发展的研究更是呈现爆发式增长，如图 12-1 所示。

从图 12-1 可以看出，近 5 年有关可持续发展的研究呈现出更为显著的增长趋势。2018 ～ 2020 年 3 年发表的可持续发展的相关论文总数占 2000 ～ 2020 年 21 年论文总数的 48.3%，仅 2020 年发表的“可持续发展”相关学术论文占比就达到了 21.2%。

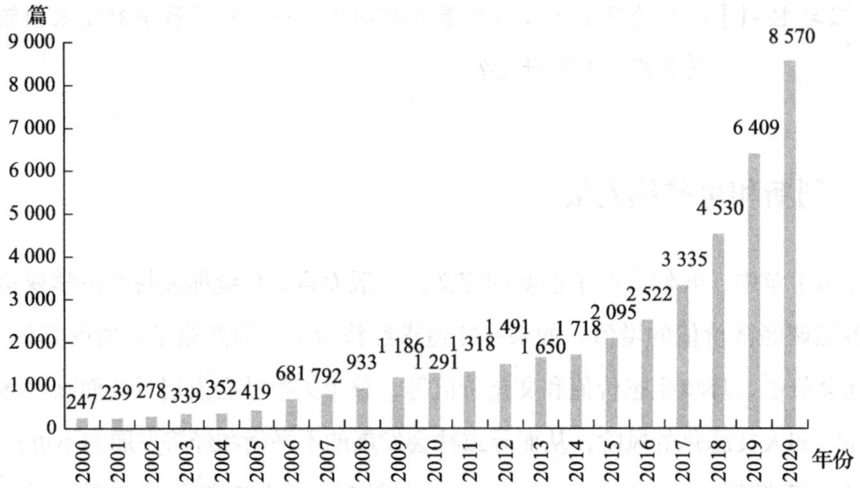

图 12-1　在 Web of Science 数据库中关于“可持续发展”的论文数量变化

创新反思

面对太平洋的“垃圾大陆”，有什么解决办法

过去 20 年里，对于海洋污染情况的研究开始引起人们更为广泛的关注。但是最新的研究显示，人类对于海洋污染的严重程度依然缺乏深入的了解。

科技的发展是一把“双刃剑”，在给人类社会带来经济发展和生活便利的同时，也可能带来对生态和环境的巨大破坏。如何与自然环境和谐共处，在建立“人类命运共同体”问题上达成广泛共识，是应对全球性危机的重要基础。

2020 年 5 月 28 日的海洋垃圾监测显示，面积超过四个日本的太平洋“垃圾大陆”(主要是以塑料为主的漂浮型垃圾）开始逼近人类的海域。

随着人类垃圾的不断排放，这块面积已经超过 140 万平方千米的垃圾大陆还在不断扩大。最新的研究显示，目前引起民众关注的“垃圾大陆”，即漂浮在海洋表面的垃圾其实只占人类排放到海洋垃圾总量的大约 1%，科学家们还不清楚其余 99% 的垃圾最终的流向和循环方式。2019 年 5 月，一组探险团队在马里亚纳海沟潜水至 10 927 米处，打破深潜最深纪录的同时，也在海沟的底部发现了一个塑料垃圾。从目前人类饮水和普通食品中的塑料颗粒看，很多塑料分子为主的“白色垃圾”通过空气、海产品和水循环重新进入人体，而关于这些污染对人类社会的危害，我们还知之甚少。

《科学进展》发布的报告依据世界银行报道的 217 个国家和地区的垃圾产生及其特征数据，计算出 2016 年世界各国的塑料垃圾产生总量，美国是所有国家中产生塑料垃圾数量最多的国家，以占全球 4% 的人口生产了全球 17% 的塑料垃圾。这些垃圾除了被转移到发展中国家，相当一部分流入了海洋。

2019 年 6 月，世界自然基金会（WWF）发布的《通过问责制解决塑料问题》报告显示，除非在塑料废弃物的管理方式上做出重大改变，否则到 2030 年，可能再有 1.04 亿吨塑料进入生态系统。全球塑料体系预计将导致地球上的塑料污染量翻倍，其中受冲击最严重的依然是海洋。

资料来源：案例资料来自腾讯新闻网（https://xw.qq.com/cmsid/20200106A0OEAW00），编者对部分内容进行了改写和整合。

提示问题

1. 处理和回收太平洋的“垃圾大陆”并不存在技术壁垒，但是回收和处理成本非常高昂，目前全球依然未能达成广泛共识，你有什么好的建议吗?

2. 你认为目前执行的垃圾分类方法能有效地阻止“白色污染”继续扩大吗？为什么？

3. 针对目前严峻的“白色污染”问题，基于产品创新视角，你有什么好的产品创意吗？

4. 创新所产生的问题，依然需要创新去解决，针对这个观点，你有什么想法？

12.2　负责任的创新

针对科学研究和创新可能带来的负外部性，尤其是一些新兴技术的应用和产业化可能带来的生态、环境、安全和健康方面的负面影响和冲击，全球科技管理和学术共同体日益关注负责任的研究与创新（responsible research and innovation）议题。

一般认为，在国家或区域性科技发展计划和创新资助政策中，完整提出“负责任的创新”概念的是 2013 年 12 月欧盟委员会正式发布的“地平线 2020”科技发展计划，该计划实施时间为 2014 ～ 2020 年，预计耗资约 770 亿欧元，是第七个欧盟科研框架计划之后欧盟的主要科研规划。在这份高达 770 亿欧元的科技计划中，欧盟委员会明确提出了“负责任的研究与创新”，并引起了全世界尤其是科技和创新领域研究者的高度关注。

2016 年 5 月，我国正式发布的《国家创新驱动发展战略纲要》中，明确提出“把创新驱动发展作为国家的优先战略，以科技创新为核心带动全面创新”。围绕着“创新驱动发展”这一理念，中国正逐步形成有利于创新成果涌现的政策环境与社会氛围。然而，在创新的过程规约、风险治理、社会影响管理等方面，相关的研究才刚刚起步，负责任的创新理论在中国的发展与实践有着充分的必要性与广阔的空间。

有研究认为，“负责任的创新”是继“可持续发展”之后欧美国家提出的新发展理念，其主要内容是将企业社会责任（corporate social responsibility，CSR）与创新实践密切结合，并且从伦理角度有效评估和影响创新的各个环节，以保证创新成果的可持续性和社会可接受性。但是，也有学者认为，需要辩证和结合中国情境来正确看待“负责任的创新”理念，其相关研究在概念界定、方法建构、反思批判和理论推介等方面虽然取得了一些成果，但也存在伦理中心主义倾向，未来可通过横向融合与分化、纵向上升与下沉推进负责任创新的研究发展。同时，必须意识到负责任的创新对发展创新与伦理理论、推动实施创新驱动战略具有重要意义。

【课堂练习 12-2】负责任的创新与科技伦理的概念是一致的吗？请尝试分析一下负责任的创新与科技伦理之间的联系和区别。

12.3 创新与科技伦理的平衡

基因编辑、大数据、人工智能、合成生物和自动驾驶等新兴技术在释放技术红利、带来便利的同时，也催生了新的科技伦理风险和科技治理挑战。加强科技伦理制度化建设，推动科技伦理规范全球治理，已是全社会的共识。

2019 年 7 月 24 日，中央全面深化改革委员会第九次会议审议通过了《国家科技伦理委员会组建方案》。这意味着中国将加快建立健全科技伦理审查和风险评估制度，并制定更为严格的法律法规。科学技术打开的究竟是阿里巴巴的大门还是潘多拉的魔盒，“科技伦理先行”将为其辨明方向。

2021 年 2 月 2 日，特斯拉及 SpaceX 创始人埃隆·马斯克（Elon Musk）在回复一位 Twitter 网友时表示，他所创立的脑机接口公司 Neuralink 正在努力确保植入物的安全性，并与美国药品监督管理局（FDA）保持密切联系。如果一切顺利，也许可以在 2021 年晚些时候进行初步的人体试验。

马斯克的 Neuralink 是在 2017 年成立的专门为了从事脑机接口相关技术研发而成立的高科技公司。自该公司创立以来，马斯克一直在努力招聘科技人才加盟。该公司所研究的脑机对接装置包括一个微型探头，探头上有 3 000 多个电极。电极连接着比头发还要细的软线路，用以监视 1 000 个人脑神经元的活动。据了解，Neuralink 还开发了一个“神经外科手术机器人”，据说它可以每分钟将 192 个电极插入大脑。事实上，马斯克的 Neuralink 已经获得了 FDA 认可，可以进行人脑实验；其具体实现路径，就是在人脑打一个孔，将芯片放入，而这整个过程只需要一个小时，一个自动手术机器人就可以完成。

针对马斯克的脑机接口技术和应用存在巨大的学术和伦理争议。在 2019 中国计算机大会的新闻发布会上，中科院院士梅宏教授提出，“我们对人脑机理的探究是必要的，但这种技术路线是危险的，如果技术滥用后果将不堪设想”。相关领域研究人员也认为，脑机接口技术不但对人的大脑有损伤或感染的安全隐患，还可能会侵犯个体的生理和隐私的边界。

继续保持创新活力同时兼顾科技伦理的底线，正成为全球范围内的广泛共识。但是，要想准确定位创新与科技伦理之间的边界，以及保持二者之间在经济社会发展体系中的微妙平衡，依然需要做更多大量而细致的工作，营造更为公平、公正、公开和包容的创新文化，以及建设和完善相关的制度体系。

本章小结

本章对可持续发展、负责任的创新和科技伦理等前沿热点话题进行了介绍。通过“创新驱动”实现国家经济社会系统的高质量发展，已经成为我国新一轮国家中长期科技发展规划和“十四五”规划建设的重要战略目标。但是，伴随技术创新的可持续发展和科技伦理相关议题也需要引起我们的高度关注和重视。本章从“创新和可持续发展”“负责任的创新”“创新与科技伦理的平衡”三个方面进行了较为系统化的知识梳理和介绍。

复习思考题

1. 什么是科技伦理？
2. 创新的伦理风险有哪些？
3. 什么是可持续发展？
4. 什么是创新驱动战略？
5. 什么是负责任的研究与创新？
6. 可持续发展与负责任的创新之间存在什么样的联系和区别？
7. 产品创新需要考虑伦理问题吗？为什么？
8. 如何实现经济发展与负责任的创新之间的平衡？
9. 负责任的创新会引发伦理中心主义倾向从而制约社会发展吗？
10. 如何通过有机整合创新驱动、负责任的创新实现经济社会的可持续、高质量的发展？

实践案例

基因编辑技术在争议中获得诺贝尔奖

2020 年 10 月 7 日，诺贝尔化学奖获奖名单公布，来自加州大学伯克利分校的詹妮弗·杜德纳（Jennifer Doudna）教授和德国马普感染生物学研究所的埃马纽尔·夏彭蒂耶（Emmanuelle Charpentier）教授因发明 CRISPR/Cas9 基因编辑工具而荣获奖项。

基因编辑（gene editing），又称基因组编辑（genome editing）或基因组工程（genome engineering），是一种新兴的、比较精确的能对生物体基因组特定目标基因进行修饰的一种基因工程技术或过程。2012 年上述两位女性科学家研究发现的 CRISPR/Cas9，是目前基因技术中最锐利、最常见、最好的基因编辑工具之一，它能够使科学家极其精确地改变动物、植物、微生物的DNA，被称为“基因剪刀”。

从2012年研发成果公布至今，CRISPR/Cas9技术已经开始进入包括肿瘤、血友病、地中海贫血、先天性眼部疾病在内的各类疾病治疗领域，部分研究已经步入临床试验阶段。在农业应用方面，国内包括高彩霞在内的众多遗传工程专家正在以这项技术培育小麦、水稻和玉米等各类作物的新品种。

另外，在2020年5月，詹妮弗·杜德纳教授领导的研究小组利用CRISPR技术，提出了一种只需5分钟就能检测出新冠病毒的方法，并可以量化样本中的病毒数量。虽然这一研究尚未进入商业化阶段，但CRISPR基因编辑技术快速、精准的优势已经在现代疾病诊疗领域逐步显现出来了。

2018年11月26日，南方科技大学研究人员贺建奎宣布一对名为露露和娜娜的基因编辑婴于11月在中国健康诞生，由于这对双胞胎的一个基因（CCR5）经过修改，她们出生后即能天然抵抗艾滋病病毒。这一消息迅速激起轩然大波，震惊了世界。2018年11月26日，国家卫生健康委员会回应“基因编辑婴儿”事件，依法依规处理；随后11月27日，科技部副部长徐南平表示，本次“基因编辑婴儿”如果确认已出生，属于被明令禁止的，将按照中国有关法律和条例进行处理；中国科协生命科学学会联合体发表声明，坚决反对有违科学精神和伦理道德的所谓科学研究与生物技术应用；11月28日，国家卫生健康委员会、科技部发布了关于“免疫艾滋病基因编辑婴儿”有关信息的回应——对违法违规行为坚决予以查处。

针对CCR5基因，有研究人员指出，CCR5基因是人体正常的基因。CCR5基因的异常可能会导致CCR5分子蛋白的功能缺失，从而引发免疫功能下降（例如，出现对流感病毒及西尼罗河病毒等病原体的易感性增加，以及机体免疫系统对乙肝病毒清除能力下降等表现）、神经–精神疾病（例如精神分裂症）以及造血和心血管系统相关疾病。这提示，CCR5基因编辑婴儿未来的人生，充满着不确定的健康风险。

2018年，《自然·医学》杂志报道，由于人类细胞中存在着一种被称为P53的蛋白，其具有监视外来基因片段侵入和整合到细胞中的作用，从而避免细胞发生致癌的风险。在P53基因功能正常时，细胞对于CRISPR/Cas9技术的操作，具有很强的抵抗力，能清除被CRISPR/Cas9技术编辑的效果。因此，只有在P53功能异常的细胞中，CRISPR/Cas9技术的操作才容易成功。由此可见，使用CRISPR/Cas9技术编辑过的婴儿，可能会存在着癌症高发的风险。更为令人担心的是，由于CRISPR/Cas9技术编辑过的基因和异常的P53基因，具有可遗传性，基因编辑过的人类可能会将异常的P53基因遗传给后代，从而降低人类后代的整体抗癌能力，削弱人类的健康和生存能力。正因如此，即使在发明CRISPR/Cas9基因编辑技术的美国，该技术也几乎没有用于人类胚胎细胞基因编辑的研究与应用。

2019年3月19日，世界卫生组织在瑞士日内瓦宣布，将在未来两年内制定一个强有力的人类基因编辑国际治理框架，该框架将具备可扩展、可持续的特点，并适用于国际、地区、国家及地方各个层面。世界卫生组织新成立的人类基因编辑全球治理和监督标准咨询委员会则强调，应创建人类基因编辑研究的“中央登记体系”，以便为正在开展的工作建立一个开放、透明的数据库。

资料来源：中国青年网（https://baijiahao.baidu.com/s?id=1679941513320240140&wfr=spider&for=pc）和诺贝尔奖委员会网站（https://www.nobelprize.org/）

提示问题

1. 既然CRISPR/Cas9基因编辑技术存在一定的技术和伦理风险，为什么2020年诺贝尔化学奖还是授予了该技术的发明者？此外，为什么不是授予诺贝尔生理医学奖项？

2. 基因编辑婴儿究竟会引发什么样的伦理风险？

3. 如果未来基因编辑技术的准确率进一步提高，你会接受这项技术应用于人体胚胎的基因编辑吗？

4. 如何从批判性思维角度更为客观地评价基因编辑技术？

参考文献

[1] OWEIR, MACNAGHTEN P, STILGOE J, et al. Responsible research and innovation: from science in society to science for society, with society [J]. Science & Public Policy, 2012，39（6）：751-760.

[2] STILGOE J, OWEN R, MACNAGHTEN P. Developing a framework for responsible innovation [J]. Research Policy，2013，42（9）：1568-1580.

[3] 晏萍，张卫，王前.“负责任创新”的理论与实践述评 [J]. 科学技术哲学研究，2014，(2)：84-90.

[4] 刘战雄．负责任创新研究综述：背景、现状与趋势 [J]．科技进步与对策，2015（11）：155-160．
[5] 梅亮，陈劲．负责任创新：时域视角的概念、框架与政策启示 [J]．科学学与科学技术管理，2016，37（5）：17-23．
[6] 孙文奇，王骏．责任为谁而负：对“负责任创新”理论的一点反思 [J]．民主与科学，2020（1）：55-58．

附录A
APPENDIX A

标准解

表 A-1 标准解（第 1 级）

序号	标准解	编号	所属子级	所属级
1	完善系统三元素，若只有 S2，增加 S1 和场 F	S1.1.1	S1.1 建立物－场模型	第1级 建立或拆解物－场模型
2	在 S1 或 S2 内部加入添加物	S1.1.2		
3	加入外部添加物改变 S1 和 S2	S1.1.3		
4	以环境资源作为内部或外部添加物加入	S1.1.4		
5	若系统不能改变，改变系统以外的环境	S1.1.5		
6	增加一个附加物，并在之后除去来控制微小量	S1.1.6		
7	引入中介物实现系统所需要的功能	S1.1.7		
8	同时需要大小效应，小效应处引入保护性物质	S1.1.8		
9	引入外部物质来消除有害效应	S1.2.1	S1.2 拆解物－场模型	
10	改进现有物质消除有害效应	S1.2.2		
11	有害效应由场引起，引入 S3 吸收有害效应	S1.2.3		
12	有用和有害效应同存，增加场 F2 抵消有害效应	S1.2.4		
13	磁场产生有害效应，则利用居里点或相反磁场	S1.2.5		

表 A-2 标准解（第 2 级）

序号	标准解	编号	所属子级	所属级
14	将原模型转化为串联的物－场模型	S2.1.1	S2.1 向合成物－场模型转化	第 2 级 强化物－场模型
15	将原模型转化为并联的物－场模型	S2.1.2		
16	对可控性差的场，用易控场代替	S2.2.1	S2.2 加强物－场模型	
17	将 S2 由宏观变为微观	S2.2.2		
18	将 S2 改变为多孔或有毛细孔的材料	S2.2.3		
19	改变系统使其更具柔性或适应性	S2.2.4		
20	利用驻波对液体或粒子进行定位	S2.2.5		
21	单一或不可控物质变为确定结构非单一物质	S2.2.6		

（续）

序号	标准解	编号	所属子级	所属级
22	使F与S1或S2的自然频率匹配或不匹配	S2.3.1	S2.3 通过匹配节奏加强物－场模型	第2级 强化物－场模型
23	使F1和F2的固有频率匹配	S2.3.2		
24	两个不相容或独立的动作相继完成	S2.3.3		
25	在一个系统中增加铁磁材料和（或）磁场	S2.4.1	S2.4 铁磁－场模型（合成加强物－场模型）	
26	将16和25结合，利用铁磁材料和磁	S2.4.2		
27	利用磁流体	S2.4.3		
28	利用含有磁粒子或液体的毛细结构	S2.4.4		
29	利用附加场如涂层，使非磁体带磁	S2.4.5		
30	若物体不能带磁性，将铁磁物质引入环境中	S2.4.6		
31	利用自然现象	S2.4.7		
32	利用动态，可变成自调整的磁场	S2.4.8		
33	加铁磁粒子改变材料结构	S2.4.9		
34	与F场的自然频率相匹配	S2.4.10		
35	用电流产生磁场代替磁粒子	S2.4.11		
36	利用电流变流体的性质和其他方法一起使用	S2.4.12		

表A-3 标准解（第3级和第4级）

序号	标准解	编号	所属子级	所属级
37	系统传递1：产生双系统或多系统	S3.1.1	S3.1 向双系统和多系统转化	第3级 向超系统或微观级转化
38	改进双系统或多系统之间的连接	S3.1.2		
39	系统传递2：在系统之间增加新的功能	S3.1.3		
40	双系统及多系统的简化	S3.1.4		
41	系统传递3：利用整体与部分之间的相反特性	S3.1.5		
42	系统传递4：传递到微观水平来控制	S3.2.1	S3.2 转向微观级	
43	替代系统中的检测和测量，使之不再需要	S4.1.1	S4.1 间接法	第4级 检测和测量问题
44	测量一复制品或肖像	S4.1.2		
45	利用两个检测量代替一个连续测量	S4.1.3		
46	增加物场系统或改变/加强非有效的场	S4.2.1	S4.2 建立测量的物－场模型	
47	测量引入的附加物	S4.2.2		
48	环境中加附加物使系统产生场，检测此场的影响	S4.2.3		
49	分解或改变环境中已有的物质，测量产生的效应	S4.2.4		
50	利用自然现象	S4.3.1	S4.3 加强策略物－场模型	
51	测量系统或要素激发的固有频率，确定系统变化	S4.3.2		
52	测量与已知特性相联系的物体的固有频率	S4.3.3		
53	增加或利用铁磁物质或磁场以便测量	S4.4.1	S4.4 向铁磁－场模型转化	
54	增加磁场粒子以便测量，测量所导致的磁场变化	S4.4.2		
55	不能建立一个复合系统，则添加铁磁粒子到系统中	S4.4.3		
56	若系统中不能增加铁磁物质，则将其加到环境中	S4.4.4		
57	测量与磁性有关现象，如居里点等	S4.4.5		
58	若单系统精度不够，可用双系统或多系统	S4.5.1	S4.5 测量系统的进化方向	
59	测量时间或空间的一阶或二阶导数	S4.5.2		

表 A-4 标准解（第 5 级）

序号	标准解	编号	所属子级	所属级
60	间接方法	S5.1.1	S5.1 引入物质	第 5 级 简化与改善系统
61	将要素分为更小的单元	S5.1.2		
62	附加物用完后自动消除	S5.1.3		
63	环境不允许用某材料，则用对环境无影响的东西	S5.1.4		
64	使用一种场来产生另一种场	S5.2.1	S5.2 引入场	
65	利用环境中已存在的场	S5.2.2		
66	使用属于场资源的物质	S5.2.3		
67	状态传递 1：替代状态	S5.3.1	S5.3 变相	
68	状态传递 2：双态	S5.3.2		
69	状态传递 3：利用转换中的伴随现象	S5.3.3		
70	状态传递 4：传递到双态	S5.3.4		
71	利用元件或物质间的作用使其更有效	S5.3.5		
72	自控制传递	S5.4.1	S5.4 应用物理效应和现象的特性	
73	当输入场较弱时，加强输出场	S5.4.2		
74	通过分解获得物质粒子	S5.5.1	S5.5 根据实验的标准解法	
75	通过结合获得物质粒子	S5.5.2		
76	实现高等与低等结构物质间的状态替代	S5.5.3		

附录B

APPENDIX B

常用功能对应的科学效应或科学现象清单

表 B-1　常用功能对应的科学效应或科学现象清单（部分）

功能代码	TRIZ 推荐的科学效应和现象		科学效应和现象序号
F1	热膨胀		E75
	热双金属片		E76
	琅耳帖效应		E67
	汤姆逊效应		E80
	热电现象		E71
	热电子发射		E72
	热辐射		E73
	电阻		E33
	热敏性物质		E74
	居里效应（居里点）		E60
	巴克豪森效应		E3
	霍普金森效应		E55
F2	一级相变		E94
	二级相变		E36
	焦耳 – 汤姆逊效应		E58
	珩耳帖效应		E67
	汤姆逊效应		E80
	热电现象		E71
	热电子发射		E72
F3	电磁感应		E24
	电介质		E26
	焦耳 – 楞次定律		E57
	放电		E42
	电弧		E25
	吸收		E84
	发射聚焦		E39
	热辐射		E73
F3	珀耳帖效应		E67
	热电子发射		E72
	汤姆逊效应		E80
	热电现象		E71
F4	一级相变		E94
	二级相变		E36
	居里效应		E60
F5	引入易探测的标识	标记物	E6
		发光	E37
		发光体	E38
		磁性材料	E16
		永久磁铁	E95
	反射和发射线	反射	E41
		发光体	E38
		感光材料	E45
		光谱	E50
		放射现象	E43
	形变	弹性形变	E85
		塑性形变	E78
	改变电场和磁场	电场	E22
		磁场	E13
	放电	电晕放电	E31
		电弧	E25
		火花放电	E53
F6	磁力		E15
	电子力	安培力	E2
		洛伦兹力	E64

（续）

功能代码	TRIZ 推荐的科学效应和现象		科学效应和现象序号
F6	压强	液体或气体的压力	E91
		液体或气体的压强	E93
	浮力		E44
	液体动力		E92
	振动		E98
	惯性力		E49
	热膨胀		E75
	热双金属片		E76
F7	毛细现象		E65
	渗透		E77
	电泳现象		E30
	Thoms 效应		E79
	伯努利定律		E10
	惯性力		E49
	韦森堡效应		E81
F8	起电		E68
	电场		E22
	磁场		E13
F9	弹性波		E19
	共振		E47
	驻波		E99
	振动		E98
	气穴现象		E69
	扩散		E62
	电场		E22
	磁场		E13
	电泳现象		E30
F10	在电或磁场中分离电场		E22
	磁场		E13
	磁性液体		E17
	惯性力		E49
	吸附作用		E83
	扩散		E62
	渗透		E77
	电泳现象		E30

功能代码	TRIZ 推荐的科学效应和现象		科学效应和现象序号
F11	电场		E22
	磁场		E13
	磁性液体		E17
F12	磁力		E15
	一级相变		E94
	二级相变		E36
	热膨胀		E75
	惯性力		E49
	磁性液体		E17
	爆炸		E5
	电液压冲压，电水压震扰		E29
	渗透		E77
F13	约翰逊－拉别克效应		E96
	振动		E98
	低摩阻		E21
	金属覆层润滑剂		E59
F14	放电	火花放电	E53
		电晕放电	E31
		电弧	E25
	电液压冲压，电水压震扰		E29
	弹性波		E19
	共振		E47
	驻波		E99
	振动		E98
	气穴现象		E69
F15	弹性形变		E85
	惯性力		E49
	一级相变		E94
	二级相变		E36
F16	对于机械能	形变	E85
		弹性波	E19
		共振	E47
		驻波	E99
		振动	E98
		爆炸	E5
		电液压冲压，电水压震扰	E29

（续）

功能代码	TRIZ 推荐的科学效应和现象		科学效应和现象序号
F16	对于热能	热电子发射	E72
		对流	E34
		金热传导	E70
	对于辐射	反射	E41
	对于电能	电磁感应	E24
		超导性	E12
F17	电磁场		E23
	电磁感应		E24
F18	标记	起电	E68
		发光	E37
		发光体	E38
	磁性材料		E16
	永久磁铁		E95
	共振		E47
F19	热膨胀		E75
	形状记忆合金		E87
	形变		E85
	压电效应		E89
	磁弹性		E14
	压磁效应		E88
F20	放电	电晕放电	E31
		电弧	E25
		火花放电	E53
	反射		E41
	发光体		E38
	感光材料		E45
	光谱		E50
	放射现象		E43
F21	摩擦力		E66
	吸附作用		E83
	扩散		E62
	包辛格效应		E4
	放电	电晕放电	E31
		电弧	E25
		火花放电	E53
	弹性波		E19
	共振		E47
	驻波		E99
	振动		E98
	光谱		E50
F22	引入容易探测的标识	标记物	E6
		发光	E37
		发光体	E38
		磁性材料	E16
		永久磁铁	E95
	测量电阻值	电阻	E33
	反射和放射线	反射	E41
		折射	E97
		发光体	E38
		感光材料	E45
		光谱	E50
		放射现象	E43
		X 射线	E1
	电-磁-光现象	电-光和磁-光现象	E27
		固体发光	E48
		热磁效应（居里点）	E60
		巴克豪森效应	E3
		霍普金森效应	E55
		共振	E47
		霍尔效应	E54
F23	磁性液体		E17
	磁性材料		E16
	永久磁铁		E95
	冷却		E63
	加热		E56
	一级相变		E94
	二级相变		E36
	电离		E28
	光谱		E50
	放射现象		E43
	X 射线		E1

（续）

功能代码	TRIZ推荐的科学效应和现象		科学效应和现象序号
F23	形变		E85
	扩散		E62
	电场		E22
	磁场		E13
	珀耳帖效应		E67
	热电现象		E71
	包辛格效应		E4
	汤姆逊效应		E80
	热电子发射		E72
	热磁效应（居里点）		E60
	固体发光		E48
	电－光和磁－光现象		E27
	气穴现象		E69
	光生伏打效应		E51
F24	弹性波		E19
	共振		E47
	驻波		E99
	振动		E98
	磁场		E13
	一级相变		E94
	二级相变		E36
	气穴现象		E69
F25	渗透		E77
	带电放电	电晕放电	E31
		电弧	E25
		火花放电	E53
	压电效应		E89
	磁弹性		E14
	压磁效应		E88
	驻极体，电介体		E100
	固体发光		E48
	电－光和磁－光现象		E27
	巴克豪森效应		E3
	霍普金森效应		E55
	霍尔效应		E54
F26	热膨胀		E75
	热双金属片		E76
	发光体		E38
	感光材料		E45
	光谱		E50
	放射现象		E43
	反射		E41
	光生伏打效应		E51
F27	放电	电晕放电	E31
		电弧	E25
		火花放电	E53
	发光		E37
	发光体		E38
	固体发光		E48
	电－光和磁－光现象		E27
	耿氏效应		E46
F28	电阻		E33
	磁性材料		E16
	反射		E41
	形状		E86
	表面		E7
	表面粗糙度		E8
F29	反射		E41
	折射		E97
	吸收		E84
	发射聚焦		E39
	固体发光		E48
	电－光和磁－光现象		E27
	法拉第效应		E40
	克尔现象		E61
	耿氏效应		E46
F30	弹性波		E19
	共振		E47
	驻波		E99
	振动		E98
	气穴现象		E69
	光谱		E50
	放射现象		E43
	X射线		E1
	放电		E42
	电晕放电		E31
	电弧		E25
	火花放电		E53
	爆炸		E5
	电液压冲压，电水压震扰		E29

推荐阅读

中文书名	作者	书号	定价
公司理财（原书第11版）	斯蒂芬 A. 罗斯（Stephen A. Ross）等	978-7-111-57415-6	119.00
财务管理（原书第14版）	尤金 F. 布里格姆（Eugene F. Brigham）等	978-7-111-58891-7	139.00
财务报表分析与证券估值（原书第5版）	斯蒂芬·佩因曼（Stephen Penman）等	978-7-111-55288-8	129.00
会计学：企业决策的基础（财务会计分册）（原书第17版）	简 R. 威廉姆斯（Jan R. Williams）等	978-7-111-56867-4	75.00
会计学：企业决策的基础（管理会计分册）（原书第17版）	简 R. 威廉姆斯（Jan R. Williams）等	978-7-111-57040-0	59.00
营销管理（原书第2版）	格雷格 W. 马歇尔（Greg W. Marshall）等	978-7-111-56906-0	89.00
市场营销学（原书第12版）	加里·阿姆斯特朗（Gary Armstrong），菲利普·科特勒（Philip Kotler）等	978-7-111-53640-6	79.00
运营管理（原书第12版）	威廉·史蒂文森（William J. Stevens）等	978-7-111-51636-1	69.00
运营管理（原书第14版）	理查德 B. 蔡斯（Richard B. Chase）等	978-7-111-49299-3	90.00
管理经济学（原书第12版）	S. 查尔斯·莫瑞斯（S. Charles Maurice）等	978-7-111-58696-8	89.00
战略管理：竞争与全球化（原书第12版）	迈克尔 A. 希特（Michael A. Hitt）等	978-7-111-61134-9	79.00
战略管理：概念与案例（原书第10版）	查尔斯 W. L. 希尔（Charles W. L. Hill）等	978-7-111-56580-2	79.00
组织行为学（原书第7版）	史蒂文 L. 麦克沙恩（Steven L. McShane）等	978-7-111-58271-7	65.00
组织行为学精要（原书第13版）	斯蒂芬 P. 罗宾斯（Stephen P. Robbins）等	978-7-111-55359-5	50.00
人力资源管理（原书第12版）（中国版）	约翰 M. 伊万切维奇（John M. Ivancevich）等	978-7-111-52023-8	55.00
人力资源管理（亚洲版·原书第2版）	加里·德斯勒（Gary Dessler）等	978-7-111-40189-6	65.00
数据、模型与决策（原书第14版）	戴维 R. 安德森（David R. Anderson）等	978-7-111-59356-0	109.00
数据、模型与决策：基于电子表格的建模和案例研究方法（原书第5版）	弗雷德里克 S. 希利尔（Frederick S. Hillier）等	978-7-111-49612-0	99.00
管理信息系统（原书第15版）	肯尼斯 C. 劳顿（Kenneth C. Laudon）等	978-7-111-60835-6	79.00
信息时代的管理信息系统（原书第9版）	斯蒂芬·哈格（Stephen Haag）等	978-7-111-55438-7	69.00
创业管理：成功创建新企业（原书第5版）	布鲁斯 R. 巴林格（Bruce R. Barringer）等	978-7-111-57109-4	79.00
创业学（原书第9版）	罗伯特 D. 赫里斯（Robert D. Hisrich）等	978-7-111-55405-9	59.00
领导学：在实践中提升领导力（原书第8版）	理查德·哈格斯（Richard L. Hughes）等	978-7-111-52837-1	69.00
企业伦理学（中国版）（原书第3版）	劳拉 P. 哈特曼（Laura P. Hartman）等	978-7-111-51101-4	45.00
公司治理	马克·格尔根（Marc Goergen）	978-7-111-45431-1	49.00
国际企业管理：文化、战略与行为（原书第8版）	弗雷德·卢森斯（Fred Luthans）等	978-7-111-48684-8	75.00
商务与管理沟通（原书第10版）	基蒂 O. 洛克（Kitty O. Locker）等	978-7-111-43944-8	75.00
管理学（原书第2版）	兰杰·古拉蒂（Ranjay Gulati）等	978-7-111-59524-3	79.00
管理学：原理与实践（原书第9版）	斯蒂芬 P. 罗宾斯（Stephen P. Robbins）等	978-7-111-50388-0	59.00
管理学原理（原书第10版）	理查德 L. 达夫特（Richard L. Daft）等	978-7-111-59992-0	79.00

推荐阅读

中文书名	作者	书号	定价
创业管理（第4版） （“十二五”普通高等教育本科国家级规划教材）	张玉利等	978-7-111-54099-1	39.00
创业八讲	朱恒源	978-7-111-53665-9	35.00
创业画布	刘志阳	978-7-111-58892-4	59.00
创新管理：获得竞争优势的三维空间	李宇	978-7-111-59742-1	50.00
商业计划书：原理、演示与案例（第2版）	邓立治	978-7-111-60456-3	39.00
生产运作管理（第5版）	陈荣秋，马士华	978-7-111-56474-4	50.00
生产与运作管理（第3版）	陈志祥	978-7-111-57407-1	39.00
运营管理（第4版） （“十二五”普通高等教育本科国家级规划教材）	马风才	978-7-111-57951-9	45.00
战略管理	魏江等	978-7-111-58915-0	45.00
战略管理：思维与要径（第3版） （“十二五”普通高等教育本科国家级规划教材）	黄旭	978-7-111-51141-0	39.00
管理学原理（第2版）	陈传明等	978-7-111-37505-0	36.00
管理学（第2版）	郝云宏	978-7-111-60890-5	45.00
管理学高级教程	高良谋	978-7-111-49041-8	65.00
组织行为学（第3版）	陈春花等	978-7-111-52580-6	39.00
组织理论与设计	武立东	978-7-111-48263-5	39.00
人力资源管理	刘善仕等	978-7-111-52193-8	39.00
战略人力资源管理	唐贵瑶等	978-7-111-60595-9	45.00
市场营销管理：需求的创造与传递（第4版） （“十二五”普通高等教育本科国家级规划教材）	钱旭潮	978-7-111-54277-3	40.00
管理经济学（“十二五”普通高等教育本科国家级规划教材）	毛蕴诗	978-7-111-39608-6	45.00
基础会计学（第2版）	潘爱玲	978-7-111-57991-5	39.00
公司财务管理：理论与案例（第2版）	马忠	978-7-111-48670-1	65.00
财务管理	刘淑莲	978-7-111-50691-1	39.00
企业财务分析（第3版）	袁天荣	978-7-111-60517-1	49.00
数据、模型与决策	梁樑等	978-7-111-55534-6	45.00
管理伦理学	苏勇	978-7-111-56437-9	35.00
商业伦理学	刘爱军	978-7-111-53556-0	39.00
领导学：方法与艺术（第2版）	仵凤清	978-7-111-47932-1	39.00
管理沟通：成功管理的基石（第3版）	魏江等	978-7-111-46992-6	39.00
管理沟通：理念、方法与技能	张振刚等	978-7-111-48351-9	39.00
国际企业管理	乐国林	978-7-111-56562-8	45.00
国际商务（第2版）	王炜瀚	978-7-111-51265-3	40.00
项目管理（第2版） （“十二五”普通高等教育本科国家级规划教材）	孙新波	978-7-111-52554-7	45.00
供应链管理（第5版）	马士华等	978-7-111-55301-4	39.00
企业文化（第3版） （“十二五”普通高等教育本科国家级规划教材）	陈春花等	978-7-111-58713-2	45.00
管理哲学	孙新波	978-7-111-61009-0	49.00
论语的管理精义	张钢	978-7-111-48449-3	59.00
大学・中庸的管理释义	张钢	978-7-111-56248-1	40.00